마케팅
무작정 따라하기

마케팅 무작정 따라하기
The Business Practice Series - Marketing

초판 1쇄 발행 · 2019년 8월 30일
초판 3쇄 발행 · 2024년 3월 30일

지은이 · 조명광
발행인 · 이종원
발행처 · (주)도서출판 길벗
출판사 등록일 · 1990년 12월 24일
주소 · 서울시 마포구 월드컵로 10길 56(서교동)
대표전화 · 02)332-0931 | **팩스** · 02)322-0586
홈페이지 · www.gilbut.co.kr | **이메일** · gilbut@gilbut.co.kr

기획 및 책임편집 · 박윤경(yoon@gilbut.co.kr) | **마케팅** · 정경원, 김진영, 김선영, 최명주, 이지현, 류효정
유통혁신팀 · 한준희 | **제작** · 이준호, 손일순, 이진혁, 김우식 | **영업관리** · 김명자, 심선숙, 정경화 | **독자지원** · 윤정아

편집진행 및 교정 · 김동화 | **디자인** · 배진웅 | **표지일러스트** · 정민영 | **본문일러스트** · 조윤혜 | **전산편집** · 이미경
인쇄 · 예림인쇄 | **제본** · 예림바인딩

- 이 책은 저작권법에 따라 보호받는 저작물이므로 무단전재와 무단복제를 금합니다.
  이 책의 전부 또는 일부를 이용하려면 반드시 사전에 저작권자와 길벗출판사의 서면 동의를 받아야 합니다.
- 잘못 만든 책은 구입한 서점에서 바꿔 드립니다.

ISBN 979-11-6050-866-6 13320
(길벗 도서번호 070352)

정가 18,000원

독자의 1초까지 아껴주는 정성 길벗출판사

(주)도서출판 길벗 | IT교육서, IT단행본, 경제경영서, 어학&실용서, 인문교양서, 자녀교육서 www.gilbut.co.kr
길벗스쿨 | 국어학습, 수학학습, 어린이교양, 주니어 어학학습, 학습단행본 www.gilbutschool.co.kr

마케팅
무작정 따라하기

조명광 지음

길벗

프롤로그

열린 마음으로
마케팅의 세계에 들어가라

마케팅을 무작정 따라하라는 말을 들으면 한 권의 책을 독파하고 강사가 알려주는 법칙대로 핸들만 돌리면 운전면허를 따고 완벽하게 주차할 수 있을 거라는 환상을 가질 수도 있습니다. 하지만 아쉽게도 마케팅을 무작정 따라하다가는 시트콤에서 흔히 나오는 장면처럼 차를 몰고 부산을 향해 달릴 수도 있습니다. 그런데 책 제목은 《마케팅 무작정 따라하기》라니! 정말 아이러니하지 않습니까?

많은 마케터가 학교에서, 선배에게, 책을 통해 마케팅을 배우고 있지만 여전히 마케팅이 무엇인지 손에 잡히지 않습니다. 장롱면허 소지자처럼 주차도, 운전도 힘이 듭니다. 수많은 마케터가 이렇게 말합니다.

"마케팅은 정답이 없다."

이 말이 나온 근본적인 원인은 여러 방법을 통해 마케팅을 배웠다 하더라도 정작 마케팅 계획을 하나라도 세우려 하면 핸들을 처음 잡는 운전면허시험 응시자 같다는 생각이 들게 한다는 것입니다.

'마케팅은 정답이 없다'라는 말을 들으면 마케팅은 굳이 면허가 필요치 않은 분야라는 것을 바로 눈치채는 사람도 있을 것입니다. 하지만 면허가 필요하지 않다고 해서 '교통 법규를 몰라도 되겠구나'라고 생각하면 큰 오산입니다. 《마케팅 무작정 따라하기》는 운전면허시험을 위한 최초의 시험 문제지입니다. 빨간색 불과 초록색 불, 노란색 불의 의미, 차도와 인도 정도는 구분할 줄 알아야 운전면허시험에 도전장을 내밀 수 있다는 말입니다. 그래야 사고를 내지 않을 수 있습니다. 마케팅 면허를 주는 곳은 없습니다. 물론 마케팅에 대한 수료증이나 학위를 주는 곳은 있죠. 대표적인 곳이 학교이고, 학교를 졸업하면 많은 사설 학원과 협회가 기다리고 있습니다.

마케팅을 무작정 따라하라는 말은 마케팅이라는 세상에 처음 들어서거나 마케팅 영역을 이해하고 싶은 직장인들에게 무작정 따라해보라는 말로, 마케팅 업무의 문턱을 낮춰주겠다는 의미입니다.

단순히 몇 가지 이론이나 용어의 정의에 대해서만 다룬다면 굳이 책을 출간할 이유가 없습니다. 그런 것쯤은 인터넷에 검색해보면 쉽게 알 수 있습니다. 마케팅 용어의 이론이나 용어에 집착할 필요는 없습니다. 물론 전문 용어를 잘 알고 있으면 그 분야에 대해 명확히 이해하고 일을 잘하는 것처럼 보일 수도 있지만 현대의 마케팅은 과거 공급 중심 시대, 매체 중심 시대와 달리 그 정의조차 제대로 내리기 힘들 정도로 복잡해졌습니다.

《마케팅 무작정 따라하기》는 기본적인 용어 파악은 물론, 전체적인 시장 흐름을 볼 수 있는 시각과 관점을 키우는 데 필요한 내용을 담고자 했습니다. 열린 마음으로 마케팅 세계에 들어오길 바랍니다.

조명광

차례

프롤로그 열린 마음으로 마케팅의 세계에 들어가라 … 04

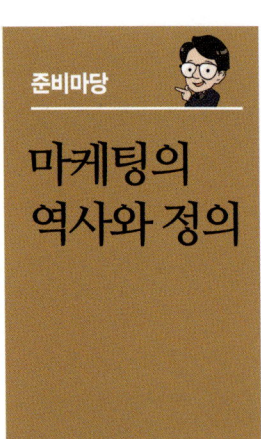

준비마당
마케팅의 역사와 정의

| 1장 | 마케팅을 어떻게 정의해야 할까 … 14

01 | 마케팅의 역사 … 15
마케팅을 이해하려면 시장의 변화를 알아야 한다 … 15
인류 문명의 발달 속에서 마케팅이 시작되다 … 16

02 | 마케팅의 정의 … 18
시대에 따라 달라지는 마케팅의 정의 … 18
AMA의 마케팅 정의 … 21

03 | 마케팅의 범위와 관리 철학 … 24
마케팅의 위상 변화 … 24
마케팅의 관리 철학 … 27
마케팅의 범주 … 32
마케팅의 영역 … 34
마케팅의 역할 … 36

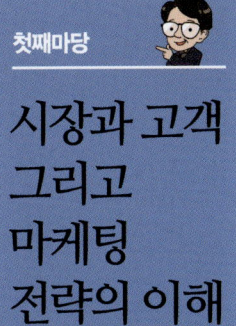

첫째마당

시장과 고객 그리고 마케팅 전략의 이해

| 2장 | 마케팅의 시작은 시장의 이해부터　42

01 | 왜 환경 분석이 중요한가　43
생존을 위해 가장 먼저 해야 할 환경 분석　43
거시 환경 분석: PESTE 분석　44
미시 환경 분석: 3C 분석　50
시장조사 기법　63

| 3장 | 핵심 고객의 마음에 자리 잡는 방법　68

01 | STP 전략의 원형　69
인간의 역사와 함께하는 STP　69

02 | 시장세분화(Segmentation)　72
소비자의 입맛대로 변화하는 시장 환경　72
시장세분화의 의미와 필요성　74
시장세분화 기법　79
세분화 변수의 복합적 사용　89
시장세분화를 위한 조건　91

03 | 목표 시장 선정(Targeting)　94
목표 시장 선정의 의미와 필요성　94
목표 시장 선정과 마케팅 전략 특화　96

04 | 포지셔닝(Positioning)　103
포지셔닝의 요건　103
포지셔닝과 가치 제안의 의미　107

| 4장 | 마케팅믹스 레시피 만들기　114

01 | 4P믹스의 원형과 진화　115
마케팅을 심플하게 바라보는 관점, 4P　115

02 | 상품(Product) — 121
고객 시대의 상품 — 121
상품 분류 — 123
상품 기획 — 128
상품의 개발 과정과 수명주기에 따른 전략 — 133

03 | 가격(Price) — 139
기업의 흥망이 결정되는 중요한 이슈 — 139
가격 전략 — 141

04 | 유통(Place) — 146
고객에게 가치를 제공하는 활동 — 146
유통의 기본 구조와 역할 — 148
시장의 진화와 탈유통의 가속 — 150
O2O와 옴니채널 — 153
유통 전략 — 154

05 | 프로모션(Promotion) — 157
고객을 움직이게 하는 모든 활동 — 157
프로모션의 정의와 역할 — 159
프로모션 믹스 전략 — 163
IMC 전략의 정의 — 165
IMC 전략의 실행 — 167

둘째마당

마케팅 설계와 브랜드 전략

| 5장 | 시장을 공략할 마케팅 설계하기　　　　　**172**

01 | 마케팅 전략의 정의와 방향　　　　　173
소비자 관점에서 세우는 마케팅 전략　　　173
전략 수립 과정　　　　　　　　　　　　　175

02 | 마케팅 전략 수립의 구조와 절차　　177
마케팅 전략 수립을 위한 전제　　　　　　177
마케팅 전략 수립 절차　　　　　　　　　　181

03 | 마케팅 전략 수립을 위한 방법과 도구　194
전략 수립 전에 해야 할 것들　　　　　　　194
문제 해결 능력　　　　　　　　　　　　　195
기획력　　　　　　　　　　　　　　　　　197
전략 수립에 필요한 몇 가지 도구　　　　　198

04 | 골라 담는 마케팅 전략　　　　　　210
마케팅의 종류와 용어의 이해　　　　　　　210

| 6장 | 브랜드 이해하기　　　　　　　　　　**216**

01 | 브랜드와 브랜드 전략　　　　　　　217
끊임없는 변화를 통한 브랜드의 재탄생　　217
브랜드의 유래와 역사　　　　　　　　　　219
브랜드가 중요해진 배경　　　　　　　　　220
브랜드의 정의　　　　　　　　　　　　　　223
브랜드의 기능과 역할　　　　　　　　　　226
브랜드의 체계와 속성　　　　　　　　　　227
브랜드의 구조와 아이덴티티　　　　　　　230
브랜드 전략　　　　　　　　　　　　　　　235

02 | 브랜드 경영

고객과의 관계 구축하기 … 246
브랜드 자산 … 248
브랜드 평가 … 250
브랜드의 종말 … 252

03 | 브랜드 경험

브랜드의 목표는 이미지를 심어주는 것 … 255
브랜드 경험을 만들어주는 것들 … 256

셋째마당
트렌드와 고객 경험

| 7장 | 트렌드를 모르고 마케팅을 논하지 말라 … 266

01 | 마케팅과 트렌드의 관계
트렌드의 의미와 마케팅이 트렌드를 활용하는 법 … 267

02 | 트렌드 속 트렌드 … 271
트렌드의 속성을 먼저 이해하라 … 271
개인화(P: Personalization) … 279
O2O(O: Online to Offline) … 281
플랫폼(P: Platform) … 283
콘텐츠 간의 융합(C: Contents Mix) … 286
열린 세상(O: Openness) … 288
진정성(R: Reality) … 291
네트워크(N: Network) … 293

| 8장 | 고객 경험이 상품이다 … 296

01 | 고객 경험의 정의와 특성
고객 경험의 정의 … 297
경험의 특성 … 300

02 | 마케팅 전략은 고객 경험의 설계 302
가치관을 만들어주는 비즈니스 302
소비자에게 각인되는 5단계 304

03 | 고객 경험 설계 방법론 306
고객 중심 경영의 진화 306
MOT와 CDJ, CXJ Mapping 308

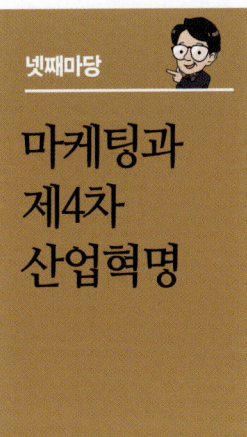

넷째마당

마케팅과 제4차 산업혁명

| 9장 | 마케팅도 제4차 산업혁명의 영향을 받는다 318

01 | 제4차 산업혁명과 마케팅의 변화 319
초연결 사회와 마케팅 319

02 | 콘텐츠 마케팅과 인플루언서 322
콘텐츠 마케팅의 새로운 주체자 322
콘텐츠 마케팅 323
인플루언서 327

03 | SNS 마케팅과 퍼포먼스 마케팅 330
SNS 마케팅과 퍼포먼스 마케팅의 개념 이해하기 330
SNS 마케팅 시장과 전략에서 실행까지 332
퍼포먼스 마케팅을 위한 전제조건 335

04 | 디지털과 인간 중심 마케팅 338
마케팅과 커뮤니케이션 338
마케팅의 진짜 목적은 진정성 전달 340

에필로그 마케팅, 무작정 따라하기도 어렵다 345
찾아보기 347

준비
마당

1장 | 마케팅을 어떻게 정의해야 할까

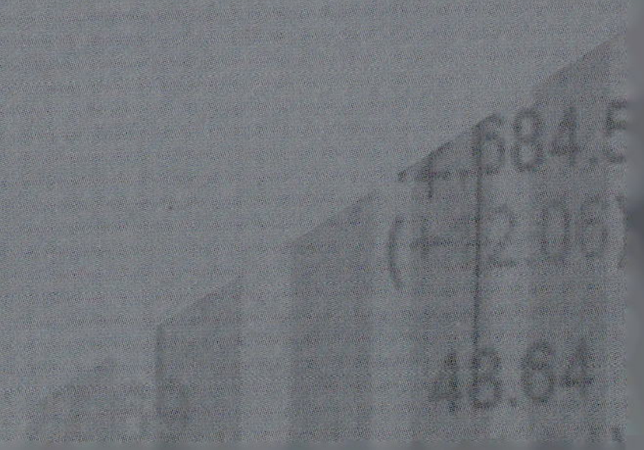

MARKETING

마케팅의
역사와 정의

MARKETING

1장

마케팅을
어떻게
정의해야 할까

마케팅의 역사

마케팅을 이해하려면 시장의 변화를 알아야 한다

마케팅을 정의하는 말은 매우 많습니다. 그렇다면 '정의'라는 말부터 이해해볼까요? 사전에서는 정의(定義)를 '어떤 말이나 사물의 뜻을 명백히 밝혀 규정함'이라고 정의하고 있습니다. 이 말은 마케팅을 해보지 않은 사람은 쉽게 정의할 수 없다는 의미를 내포하고 있죠. 명백히 밝힌다는 말은 경험과 체험 또는 실험을 통해 규정할 수 있기 때문입니다.

그래서 수많은 구루(Guru)가 마케팅에 대해 정의했지만, 직접 해보지 않은 사람들에게는 여전히 모호한 말일 수 있습니다. 사과를 먹어보지 않은 사람에게 사과가 맛있는 과일이라고 아무리 설명해봐야 맛있음을 정의할 수 없는 것과 같죠. 하지만 이런 정의마저 없다면 머릿속에 개념조차 잡을 수 없기 때문에 많은 사람이 정의를 해놓는 것입니다. 이렇게 마케팅을 정의하기에 앞서 시장이 어떻게 변해왔는지 살펴본다면 훨씬 편하게 정의를 이해할 수 있을 것입니다.

> 마케터들은 눈앞에서 일어나는 일들만 처리하기 바쁘다. 자신의 상품이나 서비스가 유행에 뒤떨어지지 않게 하는 것이 임무라 생각한다. 마케팅 역사는 왜 그런 일이 일어났는지가 아닌, 어떤 일이 일어났는지에만 초점을 맞춘다. 마케팅의 역사를 살펴보는 것은 마케팅 원칙들의 타당성을 검증해보는 것이다.
> 출처: 앨 리스(Al Ries), 잭 트라우트(Jack Trout), 《마케팅 전쟁》

마케팅의 역사는 인류 생존의 역사이자 커뮤니케이션의 역사라고 할 수 있습니다. 마케팅은 단어 자체가 이미 그 역사와 정의를 품고 있습니다. 시장이 어떻게 변해왔는지가 바로 마케팅의 역사입니다. 마케팅의 역사를 살펴봐야 하는 이유는 왜 그런 일들이 일어났는지를 알아야 지금의 시장도 볼 수 있기 때문입니다.

원시 부족 사회에서는 시장이 존재하지 않았습니다. 수렵 채집 사회였고, '교환'이란 것이 일어나기 전입니다. 시장이 필요하지 않은 시점이었죠. 이 시절에도 커뮤니케이션은 남아 있었습니다. 선사시대 때 사냥하거나 채집하는 모습을 벽화로 그려놓았는데, 이는 지금 필자가 글을 쓰는 이유와도 같습니다. 생존하기 위한 방법을 전수하고 싶은 마음도 있었을 것입니다. 넓게 보면 마케팅의 일부분이 이미 시작된 것이라고 볼 수 있죠.

> **알아두세요**
>
> **상품과 제품**
> 상품은 거래에 기준을 둔 개념이고, 제품은 생산에 기준을 둔 물건을 의미한다. 정확히는 다른 의미이지만 일반적으로는 동일하게 이해되기 때문에 이 책에서는 상품으로 통일하여 사용한다.

인류 문명의 발달 속에서 마케팅이 시작되다

인류 문명의 발달과 함께 시장도 형성되었는데, 이때부터 마케팅이 시작되었다고 볼 수 있습니다. 단순히 물물 교환 방식이 아니라, 돈이라는 매개의 출현과 함께 시장이 발달되었다고 보는 것이 더 타당할 듯합니다. 돈의 출현은 필요(Needs)와 욕구(Wants)가 등장할 수 있는 수단이 생겼다는 점에서 시장에서 중요한 의미를 가집니다. 수렵 채집 시대를 지나 생산 시대가 시작되었고, 잉여가 등장하면서 사람들은 물물 교환을 통해 필요한 것들을 획득하기 시작했습니다. 하지만 물물 교환은 실물을 나르고 얻어야 하는 불편함이 있었습니다.

이를 해결해준 것이 다양한 형태의 화폐입니다. 화폐의 등장은 잉여 생산물을 판매하여 생긴 돈으로 원하는 것을 구매하게 해주었습니다. 이때부터 시장이 오늘날의 형태를 갖추기 시작했습니다. 이렇게 시장의 형태가 갖춰지고 화폐가 시장의 매개체로 자리 잡으면서 돈과 시장은 마케팅의 기원이 되었습니다. 시장은 공급자와 소비자가 만나는 물리적 장소로 정의되었고, 그곳에서 효용을 판단하기 시작했습니다. 즉 쓸모 있느냐, 없느냐를 판단하기 시작한 것이죠.

인류 문명의 발달과 함께 시장도 진화했습니다. 문명은 사람이 생존에 필요한 것들을 생산하고, 거래하고, 소비하면서 발달하는데, 문명의 발달을 다른 말로 표현하면 '시장의 발달'이라 할 수 있습니다.

수천 년 동안 마케팅은 사고파는 거래 행위 자체로 정의되었지만, 19세기 후반부터 상품과 서비스를 사고파는 상업적 행위로 좀 더 상세히 정의되고, 20세기 초반에 학문적 영역으로 다루어지기 시작했습니다.

이때 중요한 단어들이 등장했습니다. 잉여, 필요, 욕구, 시장, 화폐, 생산자, 소비자, 효용 등이 바로 그것이죠. 마케팅을 이해하기 위한 가장 기초적인 용어들입니다. 이러한 용어들만 이해하더라도 마케팅을 쉽게 정의할 수 있습니다.

마케팅의 정의

시대에 따라 달라지는 마케팅의 정의

마케팅의 역사를 간략하게 살펴보고 나니 마케팅의 정의를 조금 더 수월하게 설명할 수 있습니다. 정의는 해당 분야의 범위와 내용, 경계와 주제 등을 정의하기 때문에 매우 중요합니다. 마케팅의 정의도 마찬가지입니다. 마케팅이 해야 할 일이 무엇인지 알려주어야 하기 때문이죠.

마케팅은 'Market+ing'로 구성된 단어입니다. 단어의 의미로만 본다면 '시장에서 일어나는 모든 일'이라 할 수 있습니다. 어떤 의미에서는 맞는 말이지만 너무 광의(廣義)여서 정의라고 하기에는 구체적이지 않습니다. 그래서 많은 기관과 마케팅 구루들이 여전히 변화하는 시장 환경 속에서 마케팅의 정의를 새롭게 내리고 있습니다.

마케팅의 어원을 살펴보면 'market'은 라틴어 'mercor(trade, deal in, buy)'에서 시작된 단어로, 영어로는 'market', 불어로는 'marché'로 변화되었고, 명사로는 '교환의 장소'이지만 동사로는 '사고판다'라는 의미입니다. 마케팅은 현재분사 형태로, 사고파는 일의 진행형이라고 보면 됩니다.

어원적 정의에서 살펴보았듯 세상이 그리 복잡하지 않을 때는 거래 행위 자체에 무게를 두는 정의로 시작되었습니다. 하지만 산업과 소비 환경의 변화는 마케팅의 정의를 계속 변화하게 만듭니다. 유사 이래 마케팅이란 것이 있어 왔고, 그 시대마다 정의되는 모습이 있지만 현대 마케팅의 정의는 1950년대에 나타났습니다. 필스버리(Pillsbury)의 부사장인 로버트 케이스(Robert Keith)는 '마케팅 혁명(Marketing Revolution)'이라는 제목의 글을 통해 마케팅 시대를 정의했습니다. 그 내용을 필자가 다음과 같이 정리했습니다.

❶ 생산 개념의 마케팅 시대(1869~1930년)

생산 과정에 포커스가 맞춰져 있던 시대입니다. 영국에서 시작된 산업혁명은 본격적인 마케팅 시대를 열었습니다. 산업혁명 전까지는 소비자의 수요에 대응할 만한 생산력이 갖춰지지 않아 항상 수요가 넘쳤습니다. 이런 상황에서 산업혁명은 생산성을 폭발적으로 늘렸고, 잠재되어 있던 수요를 폭발시켰습니다. 더구나 전기를 사용하기 시작하면서 대량생산이 가능해졌고, 효율성이 높아졌습니다. 이 시기에는 효율성이 마케팅의 가장 중요한 요소였습니다.

1908년부터 생산된 포드의 모델 T는 시동을 걸기 어렵고 좌석이 불편하다는 단점이 있었지만 저렴한 가격 덕에 미국의 도로를 점령했습니다. 심지어 1914~1915년에는 생산비 절감을 위해 검정색 모델만

출시했는데도 가성비가 좋아 지속적으로 인기를 끌었습니다. 포드는 컨베이어 벨트를 도입해 생산 시간을 단축시켰고, 모델 단순화를 통해 당시 850달러였던 가격을 1925년에는 250달러까지 내릴 수 있었습니다. 포드의 생산 방식은 오랫동안 제조사들의 가장 기본적인 생산 방식이 되었습니다. 하지만 이러한 생산 방식도 그리 오래가지는 못했습니다. 크라이슬러가 1924년에 개성 강한 디자인의 B-70으로 인기몰이를 한 것입니다.

생산성만으로 소비자의 수요를 채워주던 시대는 종말을 고했습니다. 소비자들은 생산성에서 한발 더 나아가 더 나은 품질과 성능, 혁신적 특성을 가진 상품을 요구하기 시작했습니다. 소비자의 욕구를 충족시켜줄 만한 상품들이 미디어에 소개되면서 새로운 마케팅 시대가 열렸습니다.

❷ 영업 개념의 마케팅 시대(1930~1950년)

새로운 상품과 상품의 편익을 시장에 설득하는 광고를 발달시키는 연구에 자본을 투입한 시대로, '설득의 마케팅 시대'라 정의합니다. 1922년 뉴욕에서 광고 방송을 하는 최초의 상업 방송 WEAF가 개국했습니다. 첫 TV 광고는 1941년 부로바 손목시계였습니다. 이것이 마케팅의 역사를 미디어의 역사와 함께 봐야 하는 이유입니다.

❸ 마케팅 개념의 마케팅 시대(1950년 이후)

1950년대부터 현대 마케팅 개념의 마케팅 시대가 되었다고 정의합니다. 고객들에게 잠재해 있거나 고객이 가지고 있는 니즈에 집중하는 마케팅 시대가 시작되었다고 할 수 있습니다. 물론 비즈니스 상황에 대한 역사적 사실을 무시하거나 수요·공급의 자연 현상을 잘못 이해하고 있다는 비판도 있지만 로버트 케이스의 정의 이후 좀 더 체계적인 연구가 진행되어 다양한 의견이 나타났습니다. 마케팅 시대의 변화가 결국 마케팅 정의의 변화이자 마케팅 개념의 변화를 정의하는데, 여러 학자가 이러한 마케팅의 개념을 설명하고 있습니다.

AMA의 마케팅 정의

시대적 변화와 함께 다양한 형태의 정의가 존재할 수밖에 없습니다. 마케팅을 정의할 때 항상 언급되는 곳이 있습니다. 바로 미국의 마케팅 학회인 AMA(American Marketing Association)입니다. AMA가 중요한 이유는 현대 마케팅의 역사가 바로 미국 마케팅의 역사이기 때문입니다. 그렇다면 AMA는 마케팅을 어떻게 정의해왔을까요?
1960년대에는 다음과 같이 정의했습니다.

생산자로부터 소비자에 이르는 상품 및 서비스의 흐름을 관리하는 비즈니스 활동의 성과다.
The performance of business activities that direct the flow of goods and services from producers to consumers.

1980년대에는 다이렉트 마케팅이 시작되고, 타깃 그룹의 정의가 중요해졌습니다. AMA는 1985년에 마케팅의 정의를 다음과 같이 수정했습니다.

개인과 조직의 목적을 충족시키는 교환을 만들어내기 위해 아이디어, 재화 그리고 서비스 개발, 가격 결정, 판매 촉진, 유통을 계획하고 실행하는 과정이다.
The process of planning and executing the conception, pricing, promotion, and distribution of ideas, goods, and services to

create exchanges that satisfy individual and organizational objectives.

이때부터 교환의 대상은 상품뿐 아니라 서비스로까지 확대되었고, 개발과 생산까지 포함하게 되었습니다. 그리고 1990년대에 이르러 로열티 프로그램이 등장했고, 분석 시스템과 데이터베이스에 관심을 갖기 시작했습니다. 뒤이어 2000년대에 이르러서는 고객과 조직을 위한 가치 창출에 집중하게 되었고, 마케팅의 정의도 변화했습니다. AMA는 2004년에 새로운 마케팅의 정의를 내놓았습니다.

마케팅은 조직적인 기능이며, 고객들을 위한 가치를 창출하고 소통하고 전달하는 일련의 과정이며, 조직과 이해관계자들에게 이익을 주는 방식으로 고객 관계를 경영하는 일이다.
Marketing is an organizational function and a set of processes for creating, communicating, and delivering value to customers and for managing customer relationships in ways that benefit the organization and its stakeholders.

마케팅이 영향을 주는 범위가 넓어지고, 복잡해지고, 이해관계자가 늘어나는 현상을 모두 설명하려다 보니 정의가 더욱 복잡해졌습니다. AMA가 2013년 7월에 발표한 마케팅의 정의는 이렇습니다.

마케팅이란 소비자, 의뢰인, 파트너 그리고 넓게는 사회 전반에 걸쳐 가치가 있는 제공물을 만들거나, 알리거나, 전달하거나, 교환하도록 하는 활동이나 조직 구성 또는 그러한 과정을 말한다.
Marketing is the activity, set of institutions, and processes for creating, communicating, delivering, and exchanging

offerings that have value for customers, clients, partners, and society at large.

마케팅의 정의는 그 영역이 초기 시장에서 필요했던 생산자와 소비자뿐 아니라 시장이 발달하면서 필요해진 시장 참여자들 그리고 사회 전반에 걸친 영향까지 고려하면서 진화해왔습니다. 이러한 마케팅 정의의 변화는 시장의 변화와 함께 마케팅이 그 시대에 어떤 역할에 주력했는지 알 수 있고, 마케팅의 범위가 어디까지 넓어졌는지 알 수 있습니다.

마케팅이 점점 중요해지고 범위를 넓혀나가는 이유는 공급 과잉 시대에 접어들었기 때문입니다. 생산만 하면 수요로 연결되던 시대에는 생산 자체가 마케팅이었지만 비약적인 기술 발전으로 생산이 수요를 넘어서는 순간부터 과잉 생산물에 대한 처분이 매우 중요해졌습니다. 또한 소비자의 잠재 욕구와 취향의 변화를 따라가기 위해서는 공급자들의 마케팅 전략 변화가 절실해졌습니다. 매스미디어의 확장과 발달, 물류의 진화는 마케팅에 더욱 많은 자원을 투입하게 만들었습니다. 이런 환경의 변화도 마케팅을 더욱 중요하게 만들었지만, 그보다 중요한 이유는 마케터가 마케팅 업무를 수행하기 위한 등대 같은 역할을 하며 기준점이 되기 때문입니다.

시대가 빠르게 변화하고, 소비자 개개인이 생산자이자 수요자가 되고, 미디어의 경계와 온·오프라인의 구분이 사라져가면서 마케팅을 정의하는 것이 더욱 어려워졌습니다. 이런 시대에 마케팅을 무작정 따라하기란 불가능에 가깝습니다. 다만 마케팅이 인류의 생존 역사와 함께 변화해온 만큼 우리 모두가 알 필요가 있는 삶의 방식이라고 정의하는 것이 더 타당해 보일 수도 있습니다. 그냥 인간의 삶의 방식에 대응하는 구성원들의 생존 방식이라고 정의한다면 너무 광범위한 이야기이지만, 현재의 마케팅 방정식을 고민하는 데는 더욱 도움이 될 것입니다.

마케팅의 범위와 관리 철학

마케팅의 위상 변화

마케팅의 역사와 정의를 살펴보면서 마케팅의 범위에 대해서도 언급했습니다. 좀 더 구체적으로 마케팅을 이해하고 그 의미를 살펴보려면 마케팅이 영향을 미치는 범위를 검토할 필요가 있습니다.

먼저 비즈니스에서 마케팅의 위치는 어디에 있을까요? 마케팅의 위치는 시장의 변화에 따라, 마케팅의 중요성이 높아짐에 따라 달라집니다. 초기에는 비즈니스를 운영하는 데 필요한 일련의 프로세스 수준에 머물렀다면 시간이 지날수록 생존 전략으로 자리매김하게 되었습니다.

비즈니스에서 전략은 매우 중요합니다. 어떤 전략을 선택하느냐가 기업의 성패에 지대한 영향을 미치기 때문입니다. 비즈니스 전략은 다양한 기능이 제 역할을 해줘야 합니다. 최근에는 마케팅 기능이 중요한 역할을 하게 되었습니다. 마케팅의 개념이 변하고 마케팅의 대상과 영역이 변하면서 할 일이 많아지다 보니 인사, 재무, 총무 등 전통적 기능들보다 마케팅 기능의 위치가 더욱 높아졌습니다. 마케팅이란 것도 생산이나 판매 개념의 마케팅 시대에는 생산된 재화가 소비자에게 이르는 과정이라는 업무의 일부였을 뿐입니다. 전체적인 수익 모델에서 마케팅이 해야 할 역할이 광고나 유통 등으로 일부분 정해져 있었다는 의미입니다.

그런데 기술이 발달하고 사회 구조와 시장의 모습이 변화하면서 마케팅의 중요성이 더욱 부각되었습니다. 생산만 하면 팔리던 시대, 상품의 우수성으로 소비자를 설득하던 시대에는 필요치 않았던 일들이 생기고(브랜드가 중요해지고 다른 브랜드와 차별화시켜주는 상징이라든가 브랜드가 제공해주는 경험이 중요해지는 등), 이런 일련의 활동을 관리하기 시작하면서 마케팅을 위해 필요한 영역이 더욱 넓어지고, 조직 확대가 필요해지고, 더 많은 자원이 투입되기 시작한 것입니다.

전통적인 시장에서는 공급자와 소비자의 역할이 이분법적으로 나뉘고 소비자는 공급자의 대상이었기 때문에 마케팅도 공급자 영역, 특히 공급자의 역할 중 하나로 존재했습니다. 하지만 점점 소비자의 니즈가 확대되고 잠재된 수요가 발생하면서 마케팅의 역할이 넓어졌습니다. 마케팅 역할이 확대되고, 시장 권력이 소비자에게 넘어가면서 시장 구조의 중심에 고객이 자리 잡게 되었습니다. 고객 중심으로 재편된 시장에서 마케팅은 여러 전략을 조정하고 조율하는 역할을 하게 되었습니다. 현재는 모든 기업 전략이 마케팅 전략이라 해도 과언이 아닙니다.

마케팅 위상의 변화를 그림으로 그려보면 다음과 같습니다.

① 공급자의 업무 중 일부분

마케팅은 공급자가 소비자에게 상품이나 서비스를 전달하는 데 있어 필요한 여러 가지 업무 중 일부분이었습니다.

시장

공급자		소비자
생산	재무	
마케팅	인사	

❷ 공급자의 업무 중 비중 확대

시장이 확대되고 경쟁이 치열해지면서 공급자에게 마케팅의 역할이 더욱 중요해졌습니다.

시장		
공급자		소비자
마케팅	생산	
	재무	
	인사	
	-	

❸ 공급자의 업무를 조율하는 위치로 성장

소비자가 시장의 권력을 가져가면서 모든 공급자의 중심에는 소비자가 자리하게 되었고, 소비자와 만나는 역할을 주로 하는 마케팅 업무는 공급자의 모든 업무를 조율하는 위치에 서게 되었습니다. 이러한 상황이 되자 마케팅 관리자들의 철학이 더욱 중요해졌습니다.

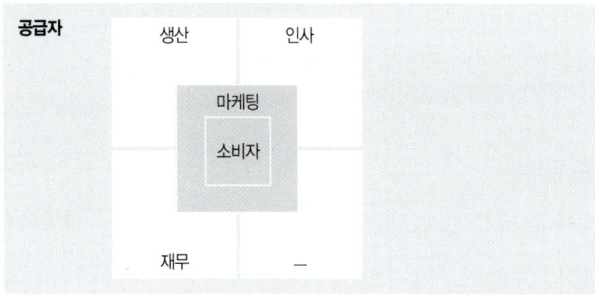

마케팅의 관리 철학

Dibb & Simkin, 2004년	Lancaster & Reynolds, 2005년	Blythe, 2005년	Drummmond & Ensor, 2005년	Morgan, 1996년
생산 지향성	생산 지향성	생산 지향성	생산 지향성	원가 철학
재무 지향성	판매 지향성	상품 지향성	상품 지향성	상품 철학
판매 지향성	마케팅 지향성	판매 지향성	판매 지향성	생산 철학
마케팅 지향성		소비자 지향성	재무 지향성	판매 철학
소비자 지향성		사회 지향성	마케팅 지향성	모순 철학
경쟁 지향성		관계 지향성		마케팅 철학
상호 지향성				사회 지향적 마케팅 철학

주요 학자들이 나눈 마케팅 철학과 방향
출처: Dainora Grundey, 'The Marketing Philosophy and Challenges for the New Millennium(새로운 밀레니엄 세대를 위한 마케팅 철학과 과제)', Scientific Bulletin – Economic Sciences: Marketing, Commerce and Tourism, Vol. 9, no. 15, 2010, p. 170

여러 학자가 마케팅의 개념을 정리하였습니다. 그중 마케팅 이론의 대부라 불리는 필립 코틀러(Philip Kotler)는 1967년에 출간된 이후 마케터들의 필독서로 계속 업데이트되고 있는 《마케팅 관리론》에서 마케팅 관리 철학과 지향성을 다섯 가지 유형으로 정리했습니다. 물론 이것이 모든 마케팅 전략을 설명해주는 것은 아니지만 마케팅 영역의 대부분을 설명하고 있습니다.

❶ 생산 개념(Production Concept)

소비자들은 기본적으로 저렴하고 쉽게 구입할 수 있는 상품을 선호합니다. 따라서 생산이나 유통에 있어 최우선은 '효율성 향상'이라는 사고방식을 가지고 있습니다. 생산 개념은 유사 이래로 매우 중요한 철학이지만 소비자 중심의 시장에서는 소비자들의 필요나 욕구를 제대

> **알아두세요**
>
> **필립 코틀러**
> **(1931년 5월 27일~)**
> 미국의 경영학자로, '마케팅의 아버지'라 불린다. 유수의 글로벌 기업에서 컨설턴트로 활동하며 마케팅 관련 분야를 연구하였고, 이를 통해 그가 정리한 경영 철학이 비즈니스 업계에서 교과서로 통하고 있다. 저서로는 《마케팅 관리론》, 《마켓 3.0》 등이 있다.

로 파악할 수 없는 마케팅 근시안을 초래할 수도 있습니다.

앞서 포드의 모델 T를 소개했습니다. 조금 더 설명을 덧붙이자면 소비자들이 투입한 비용 대비 높은 가치를 지닌 상품이나 서비스를 선택한다는 가장 기본적인 시장 원리에 기반한 개념으로, 저렴한 상품 공급과 원활한 유통을 위해 생산성을 매우 중요하게 생각합니다.

시대가 변하면서 생산 개념은 지역을 따라 이동하기도 했는데, 선진국에서 발달한 산업들이 생산 비용 증가 등으로 인해 임금이 저렴한 지역으로 이동한 것이 대표적인 사례라 할 수 있습니다. 여전히 유효한 철학이지만 이러한 마케팅 관리 철학은 공급자들의 업무 향상과 효율성 확보에만 주력하다가 고객 관계 구축에 실패하면 비즈니스를 그르칠 수도 있다는 약점을 가지고 있습니다.

최근에는 이러한 생산 개념의 철학에도 변화가 이루어지고 있습니다. 그 변화의 바람은 끊임없는 기술의 발달입니다. 독일에 본사를 둔 스포츠 브랜드 아디다스는 1993년에 고임금을 피해 공장을 중국과 동남아로 옮겨 모든 상품을 생산했는데, 2016년 9월 21일, 독일 안스바흐에 다시 공장을 세웠습니다. 이 공장의 이름은 '스피드팩토리'로, 6대의 로봇이 2개의 생산 라인에 배치되어 있습니다. 소비자가 원하는 상품을 온라인에서 주문하면 로봇이 3D 프린팅 기술을 이용해 5시간 만에 신발을 만들어 수 시간 내에 배송까지 해줍니다. 참고로 기존 공장에서는 맞춤형 제작이 20일 정도 걸립니다. 온라인과 오프라인의 경계가 사라지고 있는 소위 제4차 산업혁명 시대에는 생산 개념도 바뀌어야 한다는 것을 보여주는 사례라 할 수 있습니다.

과거에는 생산 개념이 효율성, 즉 생산성의 개념이었다면 지금의 생산 개념은 고객이 그 중심에 있습니다. 고객에게 어떤 채널을 통해,

어떤 경험을 얼마나 빨리 제공해줄 것인가 그리고 그러한 경험이 어떻게 재생산으로 이루어지게 할 것인가 등의 개념으로 확장되고 있습니다.

❷ 상품 개념(Product Concept)

대량생산 시대로 넘어온 공급자들은 소비자들이 더 나은 성능과 품질, 디자인 등을 선호하기 때문에 이에 상응하는 상품을 공급하기 위해 마케팅 전략의 초점을 상품 품질이나 개선에 둔다는 개념입니다. 수요보다 공급이 많은 시장 상황에서 생존하기 위해서는 기본적으로 상품이나 서비스의 경쟁력이 보장되어야 한다는 철학에서 비롯한 것입니다. 이를 위해 공급자들은 기술적 우위를 유지하고자 연구 개발에 자원을 투입합니다. 하지만 아무리 뛰어난 기술력으로 더 나은 상품을 만들어낸다 하더라도 소비자가 새로운 콘셉트를 가진 상품이나 디자인으로 눈길을 돌린다면 아무 소용이 없습니다. 기술 우위가 전부가 아님을 보여주는 사례는 비즈니스 현장에 흔히 존재합니다. 1975년 소니가 비디오테이프 시장에서 우위의 기술로 만들어낸 베타맥스 방식이 VHS 방식에 밀려 시장에서 사라진 오래된 사례가 유명하죠.

1997년부터 DVD가 보급되면서 이 사례조차 사라졌습니다. 지금은 물리적 매체가 크게 중요하지 않은 시대입니다. 오프라인 시대에는 콘텐츠를 담을 물리적 매체, 즉 상품의 기술력이 중요했지만 지금은 어떤 콘텐츠를 제공하느냐 그리고 소비자 입장에서 얼마나 편리한지 전달하느냐가 중요해졌습니다. 미국 최대 규모의 비디오 대여 업체 블록버스터가 넷플릭스에 의해 사라진 이유 중 하나는 상품 개념을 재정의하지 못했기 때문입니다. 역사 속으로 사라진 코닥의 필름도 비슷한 사례입니다.

코닥의 몰락

1888년에 설립된 코닥은 2012년에 파산 신청을 했다. 코닥보다 먼저 설립된 독일의 아그파포토는 2005년에 이미 사라졌다. 코닥은 100년 이상 세계 최강자였다. 1976년 코닥의 시장점유율은 필름 90%, 카메라 85%였다. 코닥이 몰락한 가장 큰 이유는 다가올  변화가 무엇인지 제대로 정의하지 못했다는 것이지만 상품 개념에 몰입해 있던 마케팅 전략도 한몫했다.

코닥은 1975년에 디지털카메라 기술을 개발했다. 또한 1979년에는 내부에서 '2010년 시장은 디지털카메라로 전환될 것이다'라는 내용의 보고서를 작성하기도 했다. 그 예측은 정확했다. 2011년 컬러 필름 수요는 2001년 정점을 찍은 이후 10%대로 추락했다. 그런데 왜 코닥은 살아남지 못했을까? 디지털카메라가 성장하고 있던 2000년대 코닥은 여전히 필름 산업을 활성화시키려고 했다. 디지털카메라에 없는 사진 인화 기능을 제공하기 위해 즉석 인화용 소형 프린터를 내놓기도 했다. 여전히 상품에 미련이 남아 있었던 것이다. 시장에서 소비자들이 원하는 것이 무엇인지 한 번 더 고민했더라면 여전히 잘 운영되고 있는 후지필름처럼 계속해서 역사를 써나갔을지도 모른다.

❸ 판매 개념(Selling Concept)

상품이 넘쳐나는 상황에서는 사람들의 주의를 끄는 활동이 없거나 좋은 상품임을 증명하지 못하면 살아남을 수 없습니다. 충분한 규모의 판매 촉진 노력이 없으면 소비자는 구매하지 않을 것이라는 생각이 판매 개념입니다. 공급자들이 많다 보니 자사의 상품과 유사한 상품이 많아 판매 활동에 적극적이어야 합니다. 가격 정책이나 프로모션 등을 통해 일시적으로 판매량을 늘릴 수는 있으나 기본적으로 공급자가 소비자보다 많은 시장 상황인지라 근본적 문제 해결에 도움이 되지는 않습니다. 판매 개념은 기본적으로 상품 개념과 생산 개념을 모두 포함합니다.

④ 마케팅 개념(Marketing Concept)

시장의 욕구를 파악하고 경쟁사보다 먼저 소비자의 입맛을 충족시켜야 비즈니스가 영위될 수 있다는 생각입니다. 이런 사고의 지향성은 소비자를 모든 사고의 중심에 위치시키고, 소비자의 가치 그리고 소비자의 만족이 매출과 이익을 내는 지름길이 된다는 믿음입니다. 마케팅 개념의 철학은 시장과 소비자의 위치를 명확하게 설정하고 고객의 필요와 욕구를 밝혀내야 합니다. 판매 개념이 공급자의 내부적 시각에서 비롯된다면 마케팅 개념은 외부적 시각, 즉 소비자들의 만족이 어디에서 비롯되는가를 찾아내는 것에서 시작됩니다.

구분	관점	시작점	수단	원인	결과
판매 개념	Inside-out	상품 중심	판매, 촉진	판매 증대	이익 실현
마케팅 개념	Outside-in	고객 욕구	IMC	고객 만족	이익 실현

⑤ 사회적 마케팅 개념(Social Marketing Concept)

마케팅의 영역이 사적 영역에서 공적 영역으로, 영리 조직에서 비영리 조직으로 확대되면서 마케팅은 공급자와 소비자 사이의 거래에 필요한 업무나 개념적 정의뿐 아니라 소비자의 욕구, 기업의 목표, 사회 공통의 복리 간 균형을 고려해서 이루어져야 한다는 생각입니다. 소비자의 욕구를 즉각적으로 충족시켰다고 해서 공급자가 할 일을 다했다고 할 수 없고, 시장과 사회의 지속가능성을 염두에 둬야 한다는 개념입니다.

토막 상식

삼성과 애플 휴대폰의 마케팅 전략 차이

최근에는 많은 회사가 고객 경험(Customer Experience)을 이야기한다. 초기 삼성의 휴대폰은 주로 기술적 우위를 강조했고, 애플은 고객 경험에 소구하는 커뮤니케이션 전략을 선보였다. 판매 개념과 마케팅 개념을 보여주는 예로, 상품의 가치를 소비자에게 전달하려는 삼성의 전략과 고객의 경험을 위해 어떤 역할을 할 것인지 보여주는 애플의 전략이 대비되었다.

마케팅의 범주

마케팅을 한다고 하면 광고를 떠올리는 사람이 많습니다. 어떤 사람은 프로모션, 즉 판촉 활동을 마케팅이라 정의하기도 합니다. 물론 부분적으로 틀린 말은 아닙니다.

기업 내에서 마케팅 활동은 거의 모든 영역을 포함하고 있지만 고객들은 상품이나 서비스를 제공받는 행위에서만 마케팅이라는 것을 체감하기 때문에 그런 편견들이 생겨나는 것입니다. 소비자 입장에서는 상품이나 서비스를 만나게 되는 것이 주로 매스미디어를 통한 광고이거나 유통 과정에서 만나는 프로모션이기 때문에 마케팅의 영역을 주로 그렇게 한정하게 됩니다.

하지만 시장이 발달하고 사회가 변화함에 따라 마케팅의 범주도 계속 확장되고 있습니다. 마케팅의 정의가 시대에 따라 변하는 것도 같은 이유 때문입니다. 앞서 마케팅의 정의를 살펴보았는데, 이를 통해 마케팅의 범주가 어디까지인지 알 수 있습니다. 마케팅의 범주를 살펴보기 위한 정의는 최근의 마케팅 정의보다는 1985년 AMA의 정의를 보는 것이 낫습니다.

개인과 조직의 목적을 충족시키는 교환을 만들어내기 위해 아이디어, 재화 그리고 서비스 개발, 가격 결정, 판매 촉진, 유통을 계획하고 실행하는 과정이다.

마케팅은 기본적으로 전략적 실행 과정임을 이야기합니다. 그 전략 안에 상품, 상품의 콘셉트를 정하는 일, 가격 결정, 판매 방법, 서비스를 유통하는 방법까지 규정하고 있습니다. 물론 이는 개인이나 조직 목표를 만족시키는 교환을 만들어내는 것을 전제로 하고 있습니다. 이 정의만 살펴봐도 마케팅을 일부의 어떤 행위로 정의하는 것이 아주 오래된 생각이라는 것을 알 수 있습니다. 그것은 주로 소비자의 입장이 아니라 마케팅 업무를 하는 사람들의 입장에서 정의 내려지고 보이는 모습 위주로 논의되기 때문입니다.

❶ 상품 서비스 개발

마케팅은 상품 서비스 개발 시점에서부터 필요합니다. 상품이나 서비스가 소비자에게 어떤 가치를 줄 만한지 판단하기 위한 분석이 필요합니다. 이를 위해 시장 상황을 분석하고 경쟁 요소 등을 조사해야 합니다. 이런 조사를 마켓 리서치(Market Research)라고 하고, 이를 통해 마케팅 전략 전술에 반영하는 능력을 마켓 센싱(Market Sensing)이라고 합니다.

❷ 가격 결정, 판매 촉진, 유통 계획과 실행

마케팅에서 가장 많은 일이 벌어지는 영역입니다. 상품이 생산되고 서비스가 개발되더라도 이를 유통하고 소비할 시장이 없다면 아무 소용이 없습니다. 그래서 소비자 수요를 조사하고 가격 민감도나 소구력을 감안하여 가격을 결정해야 합니다. 또한 이를 판매 현장에 내보낼 때 어떤 채널을 활용해서 알릴지 선택하고, 각 부문에 필요한 일들을 하나씩 만들어내야 합니다. 이러한 일 모두 마케팅이라 할 수 있습니다.

상품이나 서비스의 아이디어에서부터 소비자에게 인계되는 최종 순간까지 마케팅이 요소요소에 자리 잡고 있습니다. 그래서 마케팅의 범주를 정의하는 일조차 쉽지 않은 시대가 되었습니다. 이런 세부 활동은 뒤에서 더 자세히 알아보도록 하겠습니다.

마케팅의 영역

앞서 언급했듯 마케팅이 필요한 영역이 A to Z인지라 특별히 어느 영역이 중요하다는 의미가 없어졌습니다. 산업사회의 구조 변화와 생산과 소비의 영역 구분이 희미해졌죠. 과거에 비즈니스 안에서 영역 구분이 있었던 것은 사실입니다. 상품이나 서비스를 개발하는 부서는 자신들이 가장 중요한 영역을 만들어내고 있다고 믿었고, 이를 시장에 제공하기 위한 일련의 활동을 하는 마케팅 부서는 자신들이 대부분의 일을 하고 있다고 생각했습니다. 또한 상품과 서비스를 직접 소비자에게 전달하는 역할을 하는 영업 부서는 자신들이 없다면 비즈니스도 없다고 말했습니다. 모두 일리 있는 말이지만 이는 장님 코끼리 만지기일 뿐입니다.

마케팅 원론에서는 영업과 관련하여 인적 판매라는 챕터를 하나 두고 자세히 설명하고 있지만 영업의 모든 것을 담아낼 수는 없습니다. 사람과 사람의 상호작용에서 일어나는 일들을 매뉴얼화하는 데는 분명 한계가 존재하기 때문이죠. 기업 입장에서도 마케팅과 영업을 구분하는 방법이 딱히 정해진 것은 아닙니다. 영업이 전통적 개념에서 주로 대면을 통한 매출액 확보 수단이었기 때문에 여전히 그런 방식을 유지하는 부서를 영업 부서라고 하지만, 이를 마케팅의 한 영역으로 보고 마케팅 부서로 규정하는 곳도 많습니다.

필립 델브스 브러턴(Philip Delves Broughton)은 《장사의 시대》에서 'MBA 과정에 세일즈(Sales)가 빠져 있는 현실이 이해가 되지 않는다'라고 이야기했습니다. 또한 '세일즈는 비즈니스에서 가장 중요한 역할을 한다'라고 일갈했죠. 물론 해당 영역에서 주로 활동하는 사람들은 이런 이야기를 할 수도 있지만 경영학의 대가 피터 드러커(Peter Drucker)는 이렇게 말했습니다.

"마케팅의 목적은 판매 노력을 불필요하게 만드는 것이다."

이는 영업의 영역이 필요하지 않다는 의미가 아닙니다. 마케팅은 공급자와 소비자가 만나는 통로에서 굳이 설득을 하지 않아도 소비자가 스스로 선택하게 만드는 역할을 한다는 것입니다. 이 말은 영업에도 유효합니다.

마케팅은 영업에 필요한 많은 요소에 작용합니다. 마케팅은 어떤 구조적 영역을 구분할 필요가 없습니다. 과거에는 마케팅 활동과 영업 활동을 구분 짓는 공급자 중심의 시각이 존재했기 때문에 조직도 그렇게 구분되었고, 이를 바라보는 시선도 나뉘어 있었습니다. 하지만 현재는 어떤 구조화된 영역으로 마케팅과 영업을 구분 짓는 행위 자체가 불필요해졌습니다. 비즈니스의 기본적 속성은 장사, 즉 '세일즈'입니다. 크게 보면 마케팅 활동이라는 것도 '세일즈'의 범주에 속할 수 있습니다. 다만 소비자 중심 시대에 맞는 마케팅 관점에서 볼 때 영업이나 마케팅이라는 이름으로 구분 짓는 것은 옛날 방식입니다.

> **알아두세요**
> **피터 드러커(1909년 11월 19일 ~2005년 11월 11일)**
> 미국의 경영학자로, 현대 경영학을 창시하고 체계적으로 수립한 학자로 인정받고 있다. 저서로는 《경영의 실제》, 《단절의 시대》 등이 있다.

마케팅의 역할

마케팅의 정의를 작게 하여 실행적 관점으로 보자면 기업에게 마케팅이란, 기업의 이익 창출을 위한 판매량 확보를 위해 마케팅의 중요한 구성 요소인 상품(Product), 가격(Price), 프로모션(Promotion), 유통(Place)에 대한 전략을 수립하고 이를 실행하는 과정입니다. 이를 가리켜 마케팅믹스(Marketing Mix) 또는 마케팅의 4P라 합니다. 이는 집을 지을 때 구조를 잘 설계하여 여름에는 시원하고, 겨울에는 따뜻하게 만들고 공간 활용을 잘해 건축비를 줄이는 일을 해야 한다는 말입니다.

실행 과정에서 마케팅은 이러한 역할을 하는 구조물 하나하나라고 말할 수 있지만 집을 짓기 위한 전체 과정을 놓고 본다면 이 집은 무엇을 위한 집인지 생각해봐야 합니다. 필립 코틀러의 저서 《마케팅 원리》에서는 마케팅을 고객 가치의 창출과 획득이라는 관점에서 바라보고 수익성 있는 고객 관계(지금부터는 '고객'이라는 용어로 소비자의 의미까지 통칭함)를 관리하는 과정으로 정의하고 있습니다. 이는 마케팅의 역할은 결국 집을 지을 때 '이 집에 살 사람들이 이 집에서 어떻게 살게 하고 싶은가'부터 고민하라는 말과 같습니다.

마케팅의 목표는 크게 두 가지입니다. 하나는 탁월한 가치를 제공하여 신규 고객을 확보하는 것이고, 또 하나는 만족을 제공하여 기존 고객을 유지하는 것입니다. 이런 목표를 위해 마케팅이 할 일이 정해져 있습니다. '고객 가치를 어떻게 정의할 것인가', '이 가치를 어떻게 만족으로 이어지게 만들 것인가'가 바로 그것입니다.

아마존은 현재 전 세계 유통의 역사를 새로 써가고 있는 회사입니다. 아마존은 자신들을 이렇게 소개합니다.

'지구상 최고의 고객 중심 회사'

이는 단순한 구호가 아닙니다. 아마존의 모든 사업 구조와 판매 방

> **알아두세요**
>
> **고객 관계**
> 경영학이나 마케팅에서 소비자를 이르는 말은 조건이나 설명하는 방법, 구조에 따라 소비자와 고객이 혼재되어 사용된다. 소비자는 시장 구조 속에서 고객을 지칭할 때 사용되고, 고객은 주로 기업과의 관계에서 사용된다.

식의 중심에 고객이 있습니다. 이는 결과로 이어져 2015년 시가총액에서 매출액이 3배나 큰 월마트를 넘어섰습니다. 그리고
여전히 아마존의 고객을 위한 혁신은 지속되고 있습니다. 아마존의 CEO 제프 베조스(Jeffrey Bezos)는 아마존의 성공 이유를 한마디로 표현했습니다.

"Customer Obsession(고객 집착)."

고객 집착은 아마존 전체를 가로지르는 핵심 가치입니다. 이를 현실화해서 보여주는 사례는 아마존 비즈니스의 핵심인 아마존 프라임에서 더욱 잘 나타납니다. 아마존 프라임 고객은 아마존이 제공하는 모든 서비스의 주 고객입니다. 이를 위해 아마존은 아마존 프라임을 중심으로 서비스를 개발하여 운영하고 있습니다. 아마존이 고객지향적인 회사라는 말은 그저 듣기 좋으라고 하는 말이 아님을 증명하고 있습니다. 다른 기업에게는 가격 전략이 판매를 확대하기 위한 것이지만 아마존에게는 최고의 경험을 전달하기 위한 하나의 전술에 불과합니다. 현재 아마존은 마케팅의 교과서라 해도 될 만큼 전 영역에서 선구자이자 모범적인 모습을 보이고 있습니다.

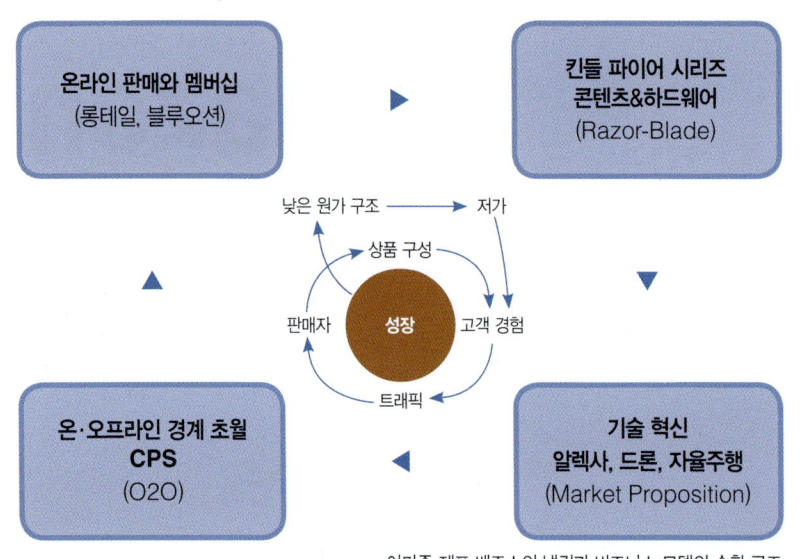

아마존 제프 베조스의 냅킨과 비즈니스 모델의 순환 구조

❶ 고객 가치 창출과 신규 고객 확보

마케팅의 첫 번째 역할은 '고객 가치를 어떻게 규정하고, 그것을 바탕으로 어떻게 신규 고객을 확보할 것이냐' 하는 것입니다. 이를 위한 첫 업무는 시장과 고객의 욕구를 이해하는 것입니다. 고객의 욕구는 결핍을 느끼는 상태를 해결하고 싶은 본원적 욕구(Needs)라 하고, 이것을 해결하기 위한 구체성이 담긴 욕구의 형태를 수단적 욕구(Wants)라 합니다. 이런 욕구를 어떻게 해결해줄 것이냐가 고객 가치를 창출하는 일입니다. 욕구를 충족시켜줄 구체적 상품이나 서비스를 시장 제공물이라고 하는데, 고객들은 시장 제공물이 제공할 가치에 만족과 기대감을 갖고 구매를 합니다. 마케팅은 이런 욕구를 이해하고 해결해줄 가치가 있는 시장 제공물을 통해 고객이 만족하게 하는 과정이라 할 수 있습니다.

❷ 고객 만족과 기존 고객 유지

신규 고객이든 기존 고객이든 가장 중요한 점은 가치를 제공받고 만족해야 한다는 것입니다. 다만 기존 고객에게는 이미 교환 관계가 이루어지고 있기 때문에 이 관계를 지속하기 위한 활동이 중요합니다. 기존 고객에게 마케팅 활동이란 관계를 유지하고 거래 관계를 계속 키워나가기 위한 일련의 활동입니다. 이런 개념 속에서 발전한 마케팅 개념이 CRM(Customer Relationship Management)입니다.

마케팅의 역할을 정의하는 일은 마케팅 성과가 어떻게 나오느냐의 문제와 직결되기 때문에 실제적 프로세스에서는 피상적이지 않아야 합니다. 고객 가치 창출과 고객 만족을 이끌어내는 것은 마케팅의 지향점이자 철학이라 할 수 있습니다. 실제로 기업 현장에서 마케팅은 매우 구체적인 활동을 합니다. 시장을 조사하고, 나누고, 목표 시장을 정하고, 고객에게 줄 가치를 어디에 위치시킬지 고민합니다. 또한 마케팅 구성 요소 하나하나마다 어떤 전략으로 고객에게 접근할지, 그 전략마다 구체화된 실행 계획은 어떻게 전달할지, 어떤 메시지로 작성할지 체계적이고 구체적이고 구조적으로 고민해야 합니다. 결론적으로 이런 모든 프로세스의 중심에 고객을 두고 고객의 가치가 무엇인지 끊임없이 고민해야 하는 일이 마케팅의 역할입니다.

> **알아두세요**
>
> **CRM**
> 고객과의 기본적 관계 형성에서부터 완벽한 파트너십까지 모든 과정을 구축하는 데 필요한 개념이자 툴(Tool)이다. 소비자 주도 시장에서 고객과의 관계를 유지하고 고객 충성도를 높이는 방법이 무엇일까 고민하면서 시작된 CRM은 1980년대에 미국에서 생겨났다. 다양한 마케팅 기법이 등장하고 이 기법을 지원해줄 기술이 발전하면서 데이터 중심의 마케팅이 등장했다. 여기에 더해 고객의 취향이나 성향을 파악하여 지속적인 구매를 유도하는 솔루션들이 등장하면서 세계적으로 퍼져나갔다. 한국에서도 1990년대 후반부터 유통업과 금융 회사를 중심으로 퍼져나갔다. 현재는 마케팅을 위한 기본적인 개념이자 솔루션으로 이용되고 있다.

첫째
마당

2장 | 마케팅의 시작은 시장의 이해부터
3장 | 핵심 고객의 마음에 자리 잡는 방법
4장 | 마케팅믹스 레시피 만들기

MARKETING

시장과 고객 그리고 마케팅 전략의 이해

MARKETING

2장

마케팅의 시작은
시장의 이해부터

왜 환경 분석이 중요한가

생존을 위해 가장 먼저 해야 할 환경 분석

사람을 흔히 '사회적 동물'이라고 합니다. 혼자서는 살아갈 수 없다는 말을 조금 거창하게 표현한 것이죠. 인류의 역사를 대략 살펴봐도 정글에서 시작하여 초원을 거쳐 야생에서 생존하기 위해, 더 강한 동물들로부터 살아남기 위해 약한 존재인 인간은 모일 수밖에 없었습니다. 그리고 주위 환경에 맞게 진화해왔습니다.

비즈니스도 마찬가지입니다. 보통 회사를 '법인'이라고 합니다. 사람과 같은 존재로 인정한다는 의미인데, 의미만 그런 것이 아닙니다. 사람이 환경 변화에 맞춰 살아왔듯 기업도 환경에 적응하며 진화해가는 과정을 갖습니다. 그래서 매우 당연하게 비즈니스 모델도 진화하고, 마케팅도 변하죠. 이러한 과정에서 살아남기 위해 당연히 해야 할 일은 주변이 어떻게 돌아가고 있는지 파악하는 것입니다. 이를 어렵게 이야기하면 '환경 분석'이라고 합니다.

한 사람이 과거, 현재, 미래를 살아가다 보면 주위 환경의 흐름이라는 것을 보게 됩니다. 성장하고, 발전하고, 잠시 주춤하다 다시 도약하고…. 이 과정에서 작게는 가정이나 학교의 영향을 받고, 크게는 사회 변화에 영향을 받습니다. 또한 글로벌화된 세상이 되고 나서는 전 세계의 흐름에 영향을 받습니다.

기업에게는 이런 환경 변화가 더욱 중요합니다. 기업 하나하나가 큰 생태계 구성원의 일부이기 때문에 그 먹이사슬 속에서 주변의 영향을 더욱 많이 받는 것입니다. 그래서 주변 환경이 어떻게 구성되어 있고, 어떻게 해야 내가 살아남을 수 있을까 고민할 때 가장 먼저 해야 할 일은 내가 어디에 있고, 주변이 어떤 상황인지 파악하는 것입니다. 결국 환경을 분석하는 것은 생존을 위해 반드시 해야 할 일입니다. 비즈니스가 지속 가능할지 판단할 수 있는 시작이 바로 환경 분석입니다. 환경 분석은 거시 환경 분석과 미시 환경 분석으로 나뉩니다. 거시 환경 분석이 큰 생태계 변화가 어떻게 이루어지고 있는지 보는 것이라면 미시 환경 분석은 나와 내 주변을 들여다보는 것이라고 할 수 있습니다.

거시 환경 분석: PESTE 분석

산업혁명 이전에는 국가 간 전쟁 같은 큰일이 아니고서는 한 국가의 일이 다른 국가에 큰 영향을 미치지 않았습니다. 하지만 새로운 기술이 등장하고 미디어가 발달하면서 지금은 전 세계가 하나의 커뮤니티라 해도 과언이 아닙니다. 다시 말하면, 글로벌 환경이 시장에 미치는 영향이 상당히 커졌습니다. 자본주의의 확산과 네트워크 시대로의 변화는 그 변화를 더욱 가속화시켰습니다. 거시 환경 분석이란 크게는 전 세계에서 일어나는 일들, 작게는 우리나라에서 일어나는 일들이 현재 어떤 모습인지 파악하는 것입니다. 우리나라는 1997년 IMF 이후 세계 경제, 정치의 영향을 더욱 많이 받게 되었습니다.

물론 세계 경제, 정치의 영향을 받지 않는 나라는 없겠지만 우리나라는 국민총소득(GNI) 대비 수출입 비율이 82.4%(2019년 6월 4일 기준)로, 무역 의존도가 매우 높은 편입니다. 이는 경제 구조가 내수 중심이 아니라는 의미입니다. 수출입하는 나라들의 움직임이 한국 경제에 미치는 영향이 클 수밖에 없는 구조입니다. 이것이 환율, 유가 등의 흐름에 촉각을 세우는 이유입니다. 거시경제가 미치는 영향을 분석하지 않고서는 비즈니스가 불가능합니다.

'나는 내수 비즈니스를 하기 때문에 큰 영향이 없을 거야'라고 생각한다면 오산입니다. 앞서 내수의 흐름이 결국은 전 세계 경제 흐름에 영향을 받는 구조라 말한 바 있습니다. 물론 비즈니스에서 경제적인 문제가 가장 중요하지만 그에 못지않은 부분이 바로 정치입니다. 권력의 구도에 따라 대한민국 기업들의 부침이 심했음을 지금까지 많이 봐왔습니다. 또한 사회적 현상들, 기술 진보의 흐름도 중·장기적으로 비즈니스 성장 전략을 세우는 데 중요한 역할을 합니다.

앞서 언급한 네 가지 영향력을 파악하는 방법이 PEST(Politics, Economics, Society, Technology) 분석입니다. 최근에는 환경 문제가 매우 중요해졌습니다. 산업개발 시대에는 먹고사는 문제로 돌아보지 않던 환경 문제가 결국은 먹고사는 문제와 연결된다는 것을 뒤늦게 깨닫게 된 것입니다. 그래서 PEST에 환경(Environment 또는 Ecology)을 하나 추가해서 PESTE 분석이라고 하기도 합니다. 일부 학자는 법적 요인(Legal)을 추가하여 PESTEL 분석이라고도 합니다.

그런데 단순하게 분석된 요인만을 나열하는 것은 큰 의미가 없습니다. 각 요인이 해당 비즈니스에 어떤 영향을 미칠 것인가를 찾아내는 것이 중요합니다. 그래서 거시 환경 분석과 미시 환경 분석이 함께 이루어져야 하고, 이를 같이 볼 수 있는 프레임 워크로 SWOT(Strength, Weakness, Opportunity, Threat) 분석 등을 통해 인사이트를 찾아내야 합니다. 또한 이러한 요인들이 비즈니스 전체에 미치는 영향은 물론 각 전략 단계에 미치는 영향을 분석해야 합니다. 비즈니스 각 단계마다 미치는 영향도가 다를 수 있기 때문에 다각도로 분석할 필요가 있습니다.

① 정치적 요인(Politics)

비즈니스를 영위하는 것과 정치적 요인 분석의 이유는 불가분의 관계가 있습니다. 사회 구조에서 통치 행위가 구조상 가장 위에 존재하기 때문에 정치적 요인이 기업을 운영하는 데 영향을 줄 수밖에 없는 것이죠. 정권 교체나 정책 변화, 규제의 신설이나 폐지 혹은 강화나 완화 같은 것들은 비즈니스에 곧바로 영향을 줍니다. 정경유착이라는 말이 나온 이유가 있겠지만 정치적 요인이 좌지우지하는 비즈니스는 좋은 비즈니스가 아닙니다.

② 경제적 요인(Economics)

정보의 독점이 완화되어 완전 정보 시대를 바라보고 있고, 투명성이 강화되면서 더욱 철저한 분석이 필요한 요인이 경제적 요인입니다. 비즈니스 자체가 경제 활동이기 때문이기도 하고, 가치사슬(Value Chain) 속에 일부러 자리매김하고 있기 때문이기도 합니다. 또한 경제의 세계화로 인해 들여다봐야 할 요인이 많아졌습니다. 경기의 호황이나 불황이 전 세계적으로 서로 연결되어 나타나기도 합니다. 전 세계의 흐름이나 수요 공급 변화에 따른 물가변동성(인플레이션과 디플레이션), 성장률, 실업률, 수출입 지표, 금리, 저축률 등 국민소득이나 경기, 고용, 통화, 금융, 물가, 물가수지와 관련된 많은 지표가 이에 해당합니다.

이런 지표를 잘 살펴볼 수 있는 곳으로 한국은행 경제통계시스템(http://ecos.bok.or.kr), 국가통계포털(http://kosis.kr) 등이 있으니 참고하기 바랍니다.

> **알아두세요**
>
> **인플레이션(Inflation)**
> 높은 물가 상승이 지속되는 현상
>
> **디플레이션(Deflation)**
> 물가가 하락하는 현상

③ 사회적 요인(Society)

최근 사회적 현상을 분석한 책이나 리포트가 많이 나오고 있는데, 이런 현상 분석들이 사회적 요인의 내용이라 볼 수 있습니다. 몇 가지 용어가 최근 사회 현상을 주도하고 있습니다. 대표적인 예로 노령화, 1인 사회, 저출산 등이 있죠. 사회 현상은 어쩌면 전체 현상을 아울러 나타나는 요인이라 할 수 있습니다. 물론 다른 정치적, 경제적, 기술적 요인들이 함께 연결되어 현상으로 도출되기도 합니다.

사회적 요인들을 분석해야 하는 이유는 신규 비즈니스 아이템을 찾거나 비즈니스의 성장과 축소에 대한 바로미터가 되기도 하기 때문입니다. 또한 한 사회의 변화는 결국 마케팅 전략을 수립하는 데 방향성을 세워주기도 하고, 세세한 현상들을 이용하여 마케팅믹스나 커뮤니케이션에 활용할 수도 있습니다. 인구의 변화에서 생성되는 여러 가지 현상, 문화적 활동이나 교육 환경, 사람들의 생활 방식의 변화 추이 등이 사회적 요인에 해당한다고 할 수 있습니다.

❹ 기술적 요인(Technology)

지금처럼 기술을 누리고 살았던 적이 있었을까요? 2017년은 애플의 아이폰이 세상에 나온 지 10년이 되는 해였습니다. 스마트폰은 현재를 사는 사람들에게 엄청난 영향을 준 기술의 집약체입니다. 스마트폰의 탄생은 인류 역사상 가장 큰 발명 중 하나로 기록될 것입니다. 산업혁명 이후 기술이 중요하지 않았던 적은 없지만 현재의 기술은 비즈니스 자체에 많은 영향을 미치고 있습니다. 인터넷 시대를 지나 모바일 시대를 지나고 있는 지금, '기술이 인간을 어떻게 이롭게 하는가'를 분석하는 것을 기술적 요인 분석이라고 합니다.

어제의 기술은 이미 낡아버린 것과 다름없습니다. 기술 발달 속도가 두렵기까지 하지만 이제는 오프라인과 온라인이 하나로 복제되는 CPS(Cyber Physical System)의 세상입니다. 이런 세상에서 비즈니스를 만들고 성장시키는 데 필요한 기본이자 바탕이 바로 기술입니다. 기술의 흐름을 꾸준히 쫓고 필요한 기술을 적절하게 비즈니스 모델에 녹여내는 일이 그 어느 때보다 중요한 시기입니다. 혁신적인 기술이 사회를 어떻게 변화시키고 산업 전반에 어떤 파장을 일으키는지 면밀히 살펴보아야 속도의 싸움에서 뒤처지지 않을 수 있습니다. AI(Artificial Intelligence, 인공지능), IoT(사물인터넷), 자율주행, 3D 프린팅 등 미래를 주도할 기술들이 어떻게 더욱 발전해나가는지 꾸준히 지켜봐야 합니다. 이것들을 비즈니스와 마케팅에 적절히 녹여내는 것이 우리에게 주어진 숙제입니다.

❺ 환경적 요인(Environment 또는 Ecology)

1991년에 일어난 낙동강 페놀 오염 사건은 한국에서 환경 문제를 고민하게 한 사건 중 하나였습니다. 이후 한국에서도 환경 문제에 대한 관심과 법적·사회적 규제가 대거 등장하게 되었죠. 여러 사례를 통해 환경 문제를 도외시하는 기업은 지속가능성을 가질 수 없다는 것을 알 수 있을 것입니다. 석유 회사 BP(British Petroleum)는 멕시코만 석유 유출 사고로 전 세계적 재앙을 맞았습니다. BP는 천문학적 손해를 보았고, 축소·은폐 등으로 집단소송을 당하기도 했습니다.

이렇듯 환경적 요인을 무시한 기업은 고객에게 선택받을 수 없는 시대가 되었습니다. 기업이 상품이나 서비스를 생산하고 유통하는 과정에서 발생할 수 있는 환경적 영향을 고려하지 않는다면 비즈니스를 오래 영위할 생각이 없는 것으로 보아도 무방합니다. 지구온난화, 해수면 상승, 기후 변화와 같은 문제 등도 환경적 요인에 해당합니다.

PEST 분석은 4분면을 활용하여 해당 분석 시점 전후와 미래 등 특정 비즈니스나 주제에 맞는 요인들을 분석해 정리하고, 이에 대한 의견을 제시하여 의사결정에 필요한 기초 정보를 제공하는 역할을 합니다. 단순한 사실이나 정보만을 정리하는 것은 그 자체만으로도 의미가 있지만, 분석의 이유가 명확하다면 필요한 요소가 더욱 잘 정리되어 다음 단계를 진행하는 데 도움이 됩니다.

그리고 이 분석과 함께 기회(Opportunity)와 위기(Treat)로 구분하여 해석하고 대응 방안에 대하여 간단히 주제를 선정하는 것은 다음 프로세스를 원활하게 하고, 실체적 전략 수립과 마케팅 계획 수립의 기준이 될 수 있습니다. 단 간략하게 흐름을 본다는 생각으로 분석하다가 중요한 이슈들을 놓칠 수도 있다는 점을 잊지 말아야 합니다.

신규 법안 국제법 규제 기관 및 프로세스 정부 정책 거래 정책 기금, 보조금 운영 압력 단체 전쟁 등	예	정치적 요인	경제적 요인	가정 경제 경제 동향 해외 경제 세제 관련 무역 관련 특정 산업 유통 동향 환율 유가 등	예
사회 트렌드 인구 통계 사회적 견해 고객 구매 행동 미디어 관점 주요 사건과 영향 민족적·종교적 요인 윤리적 문제 등	예	사회적 요인	기술적 요인	경쟁 기술 개발 연구 자금 조달 기술성숙도 제조 생산 능력 정보 통신 고객 구매 기술 특허/지적재산권 글로벌 트렌드 등	예

PEST 분석의 활용

	기회	위기	
위기	**정치적 요인**	**경제적 요인**	기회
기회	**사회적 요인**	**기술적 요인**	위기
	위기	기회	

SWOT 분석을 위한 전 단계로 PEST 분석 활용하기

또한 각 요인의 영향력과 불확실성을 고려하여 각 발생 요인의 대체 방안을 수립하는 데 중요한 역할을 하기도 합니다.

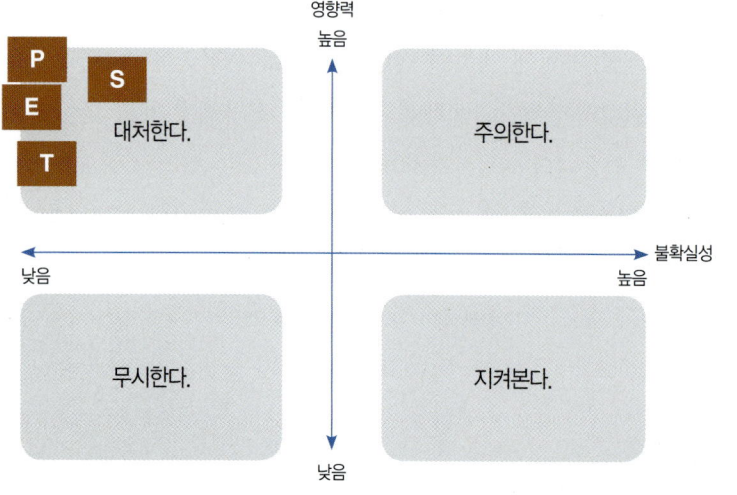
PEST 분석 요인에 대한 대처 방법

좀 더 좁혀서 마케팅에서 PEST 분석은 특히 유용합니다. 필립 코틀러가 정리한 마케팅 프로세스(R-STP-MM-I-C)에서 R단계에 해당한다고 볼 수 있습니다.

고객에 대한 이해에서 출발해야 하는 마케팅 프로세스에서 조사(Research)를 통해 고객의 니즈를 파악하고 원하는 해결책을 찾기 위해서는 현재의 고객들이 영향을 받는 요인에서부터 시작하여 사회 현상, 정치, 경제, 문화, 기술 환경 요인 등이 어떻게 시장에 파급력을 미치고 있는지 분석해야 합니다. 이를 바탕으로 시장을 분석하여 비즈니스 모델이 적용될 시장을 찾아내고 공략하는 것이 마케팅의 시작입니다.

> **알아두세요**
>
> **필립 코틀러의 마케팅 프로세스**
> R: 조사(Research)
> STP: 시장세분화(Segmentation), 목표 시장 설정(Targeting), 포지셔닝(Positioning)
> MM: 마케팅믹스(4P, Product, Price, Place, Promotion)
> I: 실행(Implementation)
> C: 통제(Control)

미시 환경 분석: 3C 분석

거시 환경 분석이 기업이나 비즈니스 모델을 둘러싼 외부 환경을 들여다보는 툴이라면, 미시 환경 분석은 내부 환경을 자세히 분석하여 내·외부 환경 분석으로부터 자사의 강점과 약점을 파악하고 이를 어떻게 현장이나 전략에 적용시킬 것인지 방법을 찾아내는 데 필요한 분석 툴입니다.

《손자병법》의 〈모공편〉에 나오는 '지피지기(知彼知己) 백전불태(百戰不殆) 부지피이지기(不知彼而知己) 일승일부(一勝一負) 부지피부지기(不知彼不知己) 백전필태(百戰必殆)'는 미시 환경 분석의 중요성을 보여주는 글입니다. '적을 알고 나를 알면 백 번을 싸워도 위태롭지 않지만 적을 모르면 한 번 이기고 한 번은 지게 되며, 적도 나도 모른 채 백 번 싸우면 백 번 위태롭다'라는 말입니다. 경영과 마케팅에 사용되는 많은 용어가 전쟁에서 유래된 것을 생각하면 예나 지금이나 미시 환경 분석이 매우 중요한 것은 틀림없습니다.

가장 많이 사용하는 툴은 3C 분석입니다. 이는 Customer(고객), Company(자사), Competitor(경쟁자)를 분석한다는 의미인데, Co-operator(협력자)를 포함해서 4C 분석이라고 하기도 합니다. 이러한 분석은 비즈니스 모델을 만드는 데서부터 마케팅 전략을 수립하는 데까지 골고루 활용되며, 특히 마케팅 전략 수립 단계에서 STP 전략을 세울 때 시장세분화에 유용한 방법입니다.

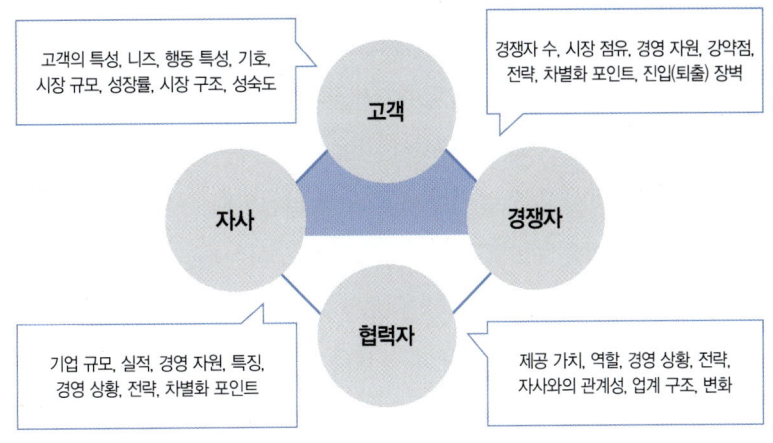

❶ 고객 분석

'사람 인(人)' 자가 사람이 서로 기댄 모습이라는 것은 '사람 인'을 읽을 줄 아는 사람이라면 다 알 것입니다. 사람이 그러한데, 사람이 만든 법인은 두말할 필요가 없습니다. 비즈니스에서 독자적으로 가치를 만들어내는 존재는 없습니다. 한 손바닥만으로는 소리가 나지 않듯 지금의 시대를 살아가면서 혼자서는 가치를 창출할 수 없습니다. 누군가가 생산을 하면 누군가는 소비를 해야 세상이 굴러갑니다. 비즈니스에는 최소 둘 이상의 이해관계자가 필요합니다.

수요가 넘쳐나는 시대에 비즈니스는 생산에 모든 포커스가 맞춰져 있었습니다. 하지만 기술이 발달하고 공급량이 늘어나면서 초공급 시대가 도래했고, 고객의 선택을 받지 못하는 기업은 더 이상 존재하지 않게 되었습니다. 그래서 미시 환경 분석에서 가장 중요한 분석이 고객 분석입니다.

여기서 말하는 고객은 소비를 하는 개개인만을 의미하지 않습니다. 엄밀히 말하면 시장이 어떠한 상황인지 분석한다고 보는 것이 더 적절합니다. 물론 이념적인 것뿐만 아니라 세상의 모든 트렌드가 개인화에 맞춰가고 있지만 아직 모든 개개인의 취향과 소비 패턴에 맞게 100% 만들어낼 수는 없습니다. 많은 기업이 개인화된 상품과 서비스를 위해 기술과 자원을 동원하여 프로세스를 만들고 있지만 아직은 대량생산에서 벗어날 수 없습니다. 자원의 효율적 이용과 연결되어 있는 문제이기 때문이죠. 그래서 여전히 시장을 분석하고 인사이트를 찾아내는 것이 미시 환경 분석에서 중요한 일입니다.

고객을 보는 관점을 미시와 거시로 나누기도 하는데, 전자가 고객의 특성이나 유형, 니즈, 심리적 상태 등을 보는 것이라면, 후자는 니즈가 모인 수요적 측면에서 시장의 규모나 성장성, 시장 구조, 성숙도 등을 살펴보는 것입니다. 결과적으로 이런 분석을 통해 우리 회사의 상품이나 서비스를 구매하고 이용할 고객이 있느냐에 대한 최대한의 근사치를 얻고자 하는 것입니다.

고객을 분석하는 방법에 정답이란 없습니다. 신문이나 TV를 보면서 사람들이 좋아하는 것들을 찾을 수도 있고, 고객에 대해 조사해줄 전문 회사를 찾아 의뢰하는 방법도 있습니다. 또한 인터넷을 뒤져 널려 있는 정보들을 모아 의미 있는 리포트를 만들 수도 있고, 전문가들의 글을 보고 필요한 것들을 찾을 수도 있습니다. 고객 분석에 있어서 정성적 분석으로는 사람이나 정보가 나올 만한 곳을 찾아보고, 정량적인 것들은 각종 통계 자료를 찾아보고, 각 기업 연구소나 국책 연구소의 리포트를 참고하는 것도 좋은 방법입니다.

고객 분석을 제대로 하는 것은 쉬운 일이 아닙니다. 거시적인 지표들은 시장 움직임의 결과이므로 일정한 시간이 지나면 나오는 결과들이고, 이를 바탕으로 미래 성장성이나 확장성을 고려할 수 있지만 고객의 마음을 분석하는 일은 가히 독심술의 영역이기 때문에 매우 어렵습니다. 그래서 기술이 발달하면서 고객들이 구매 과정 중에 남기는 데이터라는 부스러기를 이용하기도 합니다. 이런 데이터를 이용하는 것을 '빅데이터 분석'이라고 합니다. 최근에는 AI를 활용하여 딥러닝, 머신러닝을 통해 더욱 정교하게 고객 분석을 하기도 합니다.

과거에는 구매 과정이나 의사결정에 필요한 의견, 경향성을 보는 것만으로도 결론에 쉽게 도달하기도 했지만 최근에는 고객의 파편화로 인해 고객들의 구매 여정이나 의사결정 지도를 만들어 더욱 세밀하게 관찰하기도 하니 고객 분석을 위한 방법론은 정해진 룰이 있다고 할 수 없습니다. 그래서 어려운 분석이라고 말하는 것입니다.

❷ 자사 분석

어쩌면 3C 분석에서 가장 쉬운 영역일 수도 있습니다. 자사 분석은 우리 회사가 가진 자원과 역량을 분석하는 것인데, 정보가 가장 많기 때문입니다. 하지만 반대로 가장 어려운 일일 수도 있습니다. 사람도 자기 자신을 객관적으로 보기 어렵듯 기업도 스스로를 객관화하는 일이 쉽지만은 않습니다. 다만 이제 시작하는 스타트업이 아니라면 이미 만들어진 결과물들이 있기 때문에 어렵지 않게 다가갈 수 있습니다. 자사 분석은 기업의 철학과 미션을 살펴보는 것부터 경영 성과와 마케팅, 회계 재무, HR 전략 등 세세한 것까지 살펴보는 것이라 할 수 있습니다.

자사 분석을 할 때 많이 사용하는 몇 가지 프레임워크를 살펴보겠습니다.

- **KPI(Key Performance Indicator)**

핵심 성과 지표로, 우리 회사의 업무 달성도 등을 측정하기 위한 지표입니다. 이는 일정 이벤트의 결과만을 보여주는 것이 아니라 일정 기간 동안 쌓인 데이터를 축적하여 시계열의 변화를 측정하고 관찰할 수 있게 해줍니다. 기업의 매출액이나 상품 출고 수, 생산량, 이용 고객 수, 이탈 고객 수, 신규 고객 수 등 고객이나 매출 등 숫자로 나타나고 측정이 가능한 것을 주로 지표로 정하고, 그 추이를 과거부터 현재까지 살펴보고 미래를 예측하거나 상품이나 서비스의 지속가능성을 살펴보는 데 사용합니다. 대부분 숫자나 그래프 형식으로 표시하여 사용하지만 신호등 모습이나 타코미터 등을 활용하여 쉽게 현재의 모습을 표시하기도 합니다.

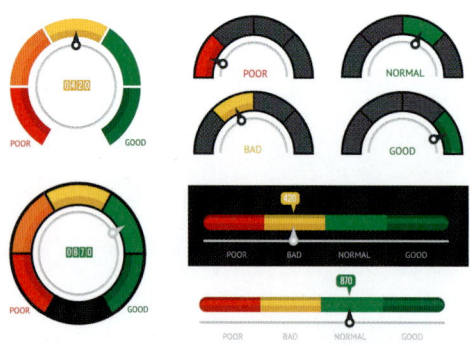

한눈에 보기 쉽게 표시되는 핵심 성과 지표

• 3M

3M은 경영에 필요한 인력(Men), 자원(Materials), 자본(Money)을 말합니다. 이 세 가지 현황을 보고 우리 인력의 강점과 약점을 파악하는 것입니다. 자원(토지, 건물, 설비, 비품, 재료, 상품 등)의 배분은 잘 되고 있는지, 이를 뒷받침할 자본(자금, 자산 현황, 자금 조달 방법)은 어떻게 준비할 것인지, 비즈니스 모델을 운영하는 데 필요한 핵심 요소는 무엇인지 분석하는 방법입니다. 기업 경영에 필요한 3M의 현재를 파악하고 과부족 상태 등을 보는 것도 자사 분석에 있어 매우 중요합니다. 경영(Management)을 추가하여 4M으로 분석하기도 합니다.

• 7S

컨설팅 회사 맥킨지가 고안한 분석 방법으로, 경영 자원들이 어떻게 운영되고 있는지 현황을 살펴볼 수 있습니다. 세 가지 하드웨어적 자원, 즉 구조(Structure), 전략(Strategy), 시스템(System)과 네 가지 소프트웨어적 자원, 즉 기술(Skill), 가치관(Shared Value), 인재(Staff), 스타일(style)을 바탕으로 우리 회사에 적합한 전략과 조직 운영의 모습을 객관적으로 볼 수 있습니다. 7S는 우리 내부의 모습을 객관적으로 바라보게 하여 조직 변화를 용이하게 하고 새로운 전략을 구현하는 데 도움을 줍니다. 그리고 각 영역의 지향점을 찾을 수 있게 도와줍니다.

7S를 통해 각 자원이 정상적으로 작동하는지 확인하고, 전략을 검토하고, 그에 맞는 조직 구조가 이루어지고 있는지 살펴보면서 시스템을 정비할 수 있습니다. 기업의 가치관이 조직 구성원들에게 다 공유되고 있는지, 잘 되고 있지 않다면 어떻게 공유할 것인지 방법론을 모색하고, 조직의 능력을 키우는 HR 전략을 새롭게 검토하고, 그에 맞는 인재를 키우고, 그들이 향유할 문화는 어떤 것인지 살펴보는 과정입니다.

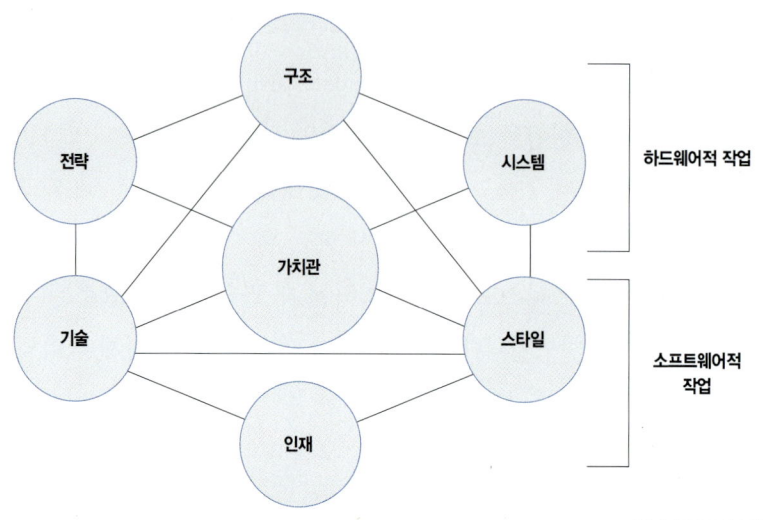

맥킨지의 7S 분석법

- **PPM(Product Portfolio Management)**

누군가가 "우리 회사의 캐시카우(수익 창출원)는 어떤 상품입니까?"라고 묻는다면 이는 보스턴컨설팅그룹(BCG)이 개발한 상품 포트폴리오 관리라는 관점에서 질문하고 있는 것입니다.

BCG 포트폴리오 관리

사업단이나 상품 단위에 자본이나 자원을 얼마나 투입할 것인지를 시장 성장성과 경쟁력(점유율)의 두 축으로 설정하고, 이 네 분면에 각 단위를 위치시켜 현황을 살펴보는 방법입니다.

시장점유율이 높지만 성장성의 한계에 다다른 고수익 상품이나 사업(Cash Cow, 수익 창출 사업)은 여기에서 창출한 이익을 바탕으로 새로운 대표 먹거리(Star, 성장 사업)를 키우는 데 사용합니다. 고성장 시장이나 시장점유율이 낮은 문제 영역(Question Mark, 신규 사업)은 시장점유율을 높이는 전략을 찾거나 사업 철수, 생산 포기 등을 고려할 수 있습니다. 성장 시장도 아니고 시장점유율도 낮은 골칫거리(Dogs, 사양/철수 사업)는 빨리 수습해야 하는 영역이라 할 수 있습니다.

이런 BCG 매트릭스(Matrix)뿐 아니라 GE가 업계의 매력도와 경쟁 포지션을 축으로 만들어낸 비즈니스 스크린 매트릭스 등도 있으니 각 기업의 특징과 현황에 맞게 적절하게 변형하여 사용하는 것이 좋습니다. 다만 이런 매트릭스는 규모가 큰 기업에 적합한 방식입니다. 스타트업이나 중소·중견기업은 각사에 맞는 적절한 프레임워크를 활용하여 상품이나 비즈니스의 현재를 측정해보는 것이 좋습니다.

		시장에서의 지위(사업의 강점)		
		높음	중간	낮음
시장 매력도	높음	유지와 방어 • 최대한 성장 투자 • 경쟁력 유지 노력	성장을 위한 투자 • 선도자에 도전 • 선택적 경쟁력 강화 • 취약 부분 보완	선택적 성장 투자 • 강점 이용 전문화 • 약점 보완책 보완 • 성장 가망 없으면 철수
	중간	선택적 성장 투자 • 유망 시장 집중 투자 • 경쟁 대응 능력 배양 • 생산성 향상/수익성 강화	선택적 수익 관리 • 현 프로그램 보호 • 수익성 높고 위험 적은 부분에 집중 투자	제한적 확장, 추수 • 위험 적은 확장 모색 • 투자 제한 및 영업 합리화
	낮음	유지, 초점 조정 • 단기 수익 위주 관리 • 매력 부분에 집중 • 현 위치 방어	수익성 경영 • 수익성 좋은 부분에서 위치 방어 • 상품 고급화 • 투자 최소화	전환, 철수 • 값 좋을 때는 매도 • 고정 투자 회피 • 추가 투자 회피
		강한 포지션	중간 포지션	약한 포지션
		투자와 성장	선별적인 강화 정책	수확이나 철수

GE 비즈니스 스크린 매트릭스

앞서 언급한 경영적 차원의 각종 분석 프레임뿐 아니라 기업 활동을 가치사슬로 표시해 어떻게 가치를 창출하고 있는지 살펴보는 가치사슬 분석, 고객 서비스 과정을 분석하는 MOT(Moment Of Truth), 자사 고객들의 구매 과정을 분석하는 AIDMA(Attention-Interest-Desire-Memory-Action), AISAS(Attention-Interest-Search-Action-Share) 분석, 구매 결정 과정을 살펴보는 CDJ(Customer Decision Journey) Mapping, CXD(Customer Experience Design) 등 수많은 프레임워크를 통해 상세히 자사 분석을 실행할 수 있습니다.

가장 중요한 것은 많은 툴을 사용하는 것이 아니라 무엇을 위해 어떻게, 어떤 툴을 활용할 것인지 잊지 않고 실행하는 것입니다. 또한 각 방식의 분석이 완벽하다고 할 수는 없기 때문에 각 프레임워크의 장단점을 파악하고 부족한 부분이나 누락된 분야가 있는지 확인하는 것도 매우 중요합니다.

❸ 경쟁자 분석

시장에 존재하는 수많은 경쟁자를 분석하는 일은 상당히 어렵습니다. 정보가 한정적이고 내부에만 존재하는 자료들을 들여다보는 일이 만만치 않기 때문이죠. 게다가 산업화가 고도화되면서 기술 수준의 상향평준화와 글로벌화로 인해 전 세계의 상품과 서비스를 쉽게 접하게 되었고, 자연히 경쟁자 수가 기하급수적으로 늘어났습니다. 또한 과거에는 경쟁자라 할 수 없던 영역의 비즈니스들이 복병 같은 경쟁자로 등장했습니다. 온라인과 오프라인의 경계가 사라지면서 과거의 전형적인 마케팅 경로나 생산 방식을 탈피한 새로운 혁신 기술들이 등장하여 업종 간 경쟁의 의미를 무색하게 만들기도 합니다.

전통적인 오프라인 업체 브릭 앤 모르타르(Brick and Mortar)들만 경쟁할 때는 차라리 경쟁자를 분석하는 것이 쉬웠지만 인터넷 시대가 도래하면서 클릭 앤 모르타르(Click and Mortar)가 등장했고, 전통

> **알아두세요**
>
> **브릭 앤 모르타르**
> 브릭은 벽돌을, 모르타르는 모래 반죽을 의미한다. 제조업 기반 업체를 지칭하는 말이다.
>
> **클릭 앤 모르타르**
> 인터넷의 상징인 클릭과 실물 세계의 제조사나 유통사를 의미하는 브릭 앤 모르타르를 합성한 말이다. 1996년에 미국 최대 온라인 증권회사인 찰스 슈왑이 등장하면서 나타났다.

알아두세요

O2O
온라인에서 고객을 찾아 오프라인으로 나오게 한다는 온·오프라인 결합 방식의 비즈니스 모델이다.

온디맨드
공급보다 수요에 초점을 맞춘 개념으로, 고객이 원하는 시간에 물품이나 서비스를 바로 제공하는 것이다.

적 경영 방식에서 벗어나 새로운 비즈니스 모델로 혁신을 일으키는 O2O(Online to Offline)들이 속속 등장했습니다. 경쟁의 경계가 무의미한 세상이 된 것입니다. 그래서 경쟁자를 분석할 때 과거의 관점으로 같은 시장에서 경쟁하는 전통 방식의 업체들만 분석하는 것은 빙산의 일각만 보는 것이 되었습니다.

이제는 O2O도 뛰어넘어 온디맨드(On demand) 방식의 개인화와 맞춤화 비즈니스 모델로 진화하고 있으니 산 넘어 산의 형국입니다. 그렇다고 시장과 경쟁자의 변화를 보지 않고 비즈니스를 영위할 수 없는 일이니 나름의 경쟁자 정의와 범위를 정하는 것에서부터 경쟁자 분석이 시작됩니다. 이런 경쟁 구도를 정의하는 몇 가지 방식이 있습니다.

- **업계 지위 분류**

경쟁 구도가 생성되면서 비즈니스 규모나 시장점유율 등에 따라 지위가 만들어집니다. 소위 업계 리더, 팔로어, 니치플레이어(틈새시장 기업) 등이 이 지위를 표현하는 용어입니다. 일찍이 앨 리스와 잭 트라우트는 《마케팅 전쟁》을 통해 지위에 따라 전략을 가져야 한다고 조언했습니다.

'리더는 방어적 마케팅으로 싸워라. 2위 기업은 공격적 마케팅으로 싸워라. 작은 기업은 측면 공격 마케팅으로 싸워라. 니치플레이어는 게릴라 마케팅으로 싸워라.'

그들은 마케팅을 '아무도 가르쳐주지 않는 전쟁'이라고 표현하면서 비즈니스 게임은 경쟁자로부터 사업을 빼앗는 것이라 정의합니다. 또한 자사나 경쟁자의 위치를 정확하게 알고 어떤 방식의 전략을 세워야 할지 고민해야 하는 것부터 전쟁이 시작된다고 말합니다.

지위	마케팅 전략	행동
시장 선도자	방어적 마케팅	• 진실에서 출발하라. • 자기 자신을 공격하라. • 경쟁자의 공격을 저지하라.
시장 도전자	공격적 마케팅	• 남의 배꼽부터 살펴라. • 강점 속에서 약점을 찾아라. • 좁은 전선에서 공격하라.
시장 추종자	측면 공격 마케팅	• 경쟁자의 어깨부터 공격하라. • 기습 공격을 가하라. • 계속 추격하라.
틈새시장 추구자 (니치플레이어)	게릴라 마케팅	• 작은 연못에서 큰 물고기가 되어라. • 리더처럼 행동하지 마라. • 도망칠 때는 신속하게 움직여라.

업계 지위의 분류와 마케팅 전략(출처: 앨 리스, 잭 트라우트, 《마케팅 전쟁》)

필립 코틀러도 유사한 프레임으로 경쟁 구도를 정의합니다. 비즈니스 모델을 수립하거나 마케팅 전략을 구사할 때 경쟁 지위가 매우 중요하기 때문에 전략 수립을 위해 경쟁 지위 분석을 명확하게 한 뒤 전략적 판단을 내려야 합니다. 자사의 위치에 맞지 않는 전략은 자원을 낭비하거나 수익에 무리를 줄 수 있기 때문에 더욱 신중하게 전략을 선택해야 합니다.

구분	시장 선도자	시장 도전자	시장 추종자	틈새시장 추구자
내용	• 전체 시장 확장 • 시장점유율 보호 • 시장점유율 확장	• 전면 공격 • 간접 공격	• 바짝 뒤쫓기 • 거리 두고 뒤쫓기	• 고객, 시장, 품질 • 가격, 서비스 특화 • 복수 틈새시장 추구

업계 지위와 마케팅 전략(출처: 필립 코틀러, 개리 암스트롱, 《코틀러의 마케팅 원리》)

- **5F(Five Forces Model)**

산업 구조 분석이라 불리는 5F는 업계에 작용하는 힘을 다섯 가지의 경쟁 요인으로 정의하고, 자사가 소속된 시장의 구조와 매력도를 분석하여 투자 여부나 시장 참여 여부 등을 판단하는 데 사용됩니다. 경쟁 구도를 본다는 점에서 경쟁자 분석에서 다루고 있으나 시장 구조를 들여다본다는 점에서 고객 분석이라 볼 수도 있고, 자사의 경쟁 구조를 본다는 점에서 자사 분석이라 볼 수도 있습니다. 이러한 분석 모델들이 특정 영역만 들여다보는 것은 아닙니다. 마이클 포터(Michael Porter)가 고안한 5F 모델은 업계의 경쟁 요인들을 분석하여 업계의 특징, 지속가능성, 수익성 등을 따져보고 경영 자원의 투입이나 시장 진출 여부를 가늠해볼 수 있습니다.

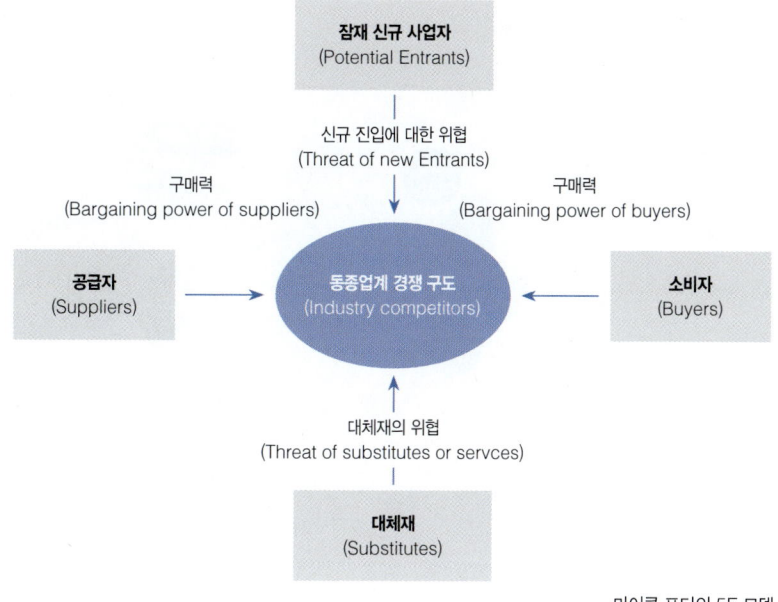

마이클 포터의 5F 모델

- **포지셔닝**

포지셔닝은 이후 STP 전략 부분에서 자세히 다루겠지만 경쟁 구도를 분석한다는 의미에서 살짝 다뤄보겠습니다. 포지셔닝은 잭 트라우트가 처음 개념화하여 대중화시켰습니다. 그의 정의에 따르면 포지셔닝이란, 잠재 고객의 마인드에 해당 상품이나 서비스의 위치를 잡아주는 것입니다. 포지셔닝 분석은 상품이나 서비스의 가격이나 범위, 품질 등의 기준을 만들고 자사와 경쟁사의 위치가 어디에 있는지 확인하는 것입니다. 이를 도표화한 후에 각 분면의 성격에 따라 전략적 선택을 하는 것이 다음 단계입니다.

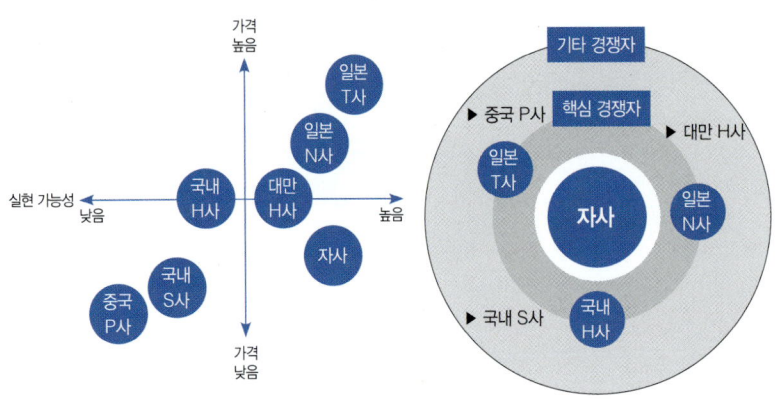

포지셔닝을 통한 경쟁 구조와 경쟁 수준 분석의 예

경쟁자를 분석하는 프레임워크가 따로 있다고 하기는 어렵습니다. 자사를 분석하는 여러 가지 방법을 경쟁자에 대입하여 분석하는 것이 일반적입니다. 각 단위 분석은 명확한 경계를 가지는 것이 아니기 때문에 필요와 사정에 맞게 적절하게 선택하여 분석하는 것이 좋습니다.

시장조사 기법

뉴스나 신문 등을 통해 '조사'라는 말을 많이 들어보았을 것입니다. 여론조사, 뒷조사, 경찰조사, 세무조사 등은 부정적 의미로 들리지만 '조사'라는 단어 자체는 부정적이지 않습니다. 사전에서 '조사'를 찾아보면 '사물의 내용을 자세히 살펴보거나 찾아봄'이라고 되어 있는데, 대체적으로 어떤 현상이나 모습을 증명하는 데 사용하기 때문에 의심이라는 전제가 깔리면서 부정적으로 생각되는 것 같습니다. 조사는 영어로 리서치(Research)라고 합니다. 이는 조사의 의미뿐 아니라 각종 보고 자료를 의미하기도 합니다.

마케팅 조사, 즉 시장조사는 마케팅과 관련한 자료를 수집하고 분석하고 풀어서 설명해주는 일입니다. 시장조사는 비즈니스 모델을 수립하거나 마케팅 전략을 세우는 데 필요한 환경 분석이라고 할 수 있는데, 대부분 2차 데이터(정부, 연구소, 학교 등에서 만든 리포트나 데이터)를 분석하고 정리하는 것에서 시작합니다. 하지만 존재하지 않는 사업 영역의 문을 두드리거나 2차 데이터가 충분하지 않을 때 직접 1차 데이터(특정 목적을 위해 고객을 대상으로 직접 수집하는 자료)를 수집하고 조사하기도 합니다.

시장조사는 매우 광범위한 영역을 다루지만 실무적 차원에서는 고객을 대상으로 대답을 받거나 행동을 관찰하는 조사를 지칭합니다. 목적에 따라 시장 분석, 상품 분석, 고객 분석 등으로 구분되고, 그 목적에 가장 적합한 기술적 방법론에 따라 탐색조사, 기술조사, 인과조사 등으로 나뉩니다. 그리고 일하는 범위에 따라 회사를 구분하기도 하는데, 1차 자료 수집과 분석을 통한 원인, 현상 파악 위주로 일하는 전문 조사 회사와 1, 2차 자료 및 기업 내부 자료 분석을 통해 문제 해결 방법까지 제안하는 컨설팅 회사가 있습니다.

❶ 시장조사의 역할과 한계

시장조사는 고객을 대상으로 수집하는 1차 자료를 정리하고 분석하는 역할을 하여 무엇이 문제인지, 어떤 현상이 벌어지고 있는지 파악할 수 있습니다. 그러나 이런 문제나 현상에 대한 대책, 전략까지 결정하는 것은 결국 회사의 의사결정 사항이어서 기초 자료를 제공한다는 한계가 있죠. 그리고 이러한 조사는 고객의 인식이나 태도를 파악하기 위한 선택이긴 하지만 고객의 무의식이나 잠재의식 또는 관계성에 따른 편향 등을 모두 찾아낼 수는 없습니다. 그래서 시장조사 결과와 더불어 마케팅 전략의 수립과 실행 이후의 결과물을 비교·평가하는 것도 매우 중요합니다. 하지만 많은 기업이나 기관들이 간과하는 경우가 있습니다.

최근에는 이런 조사의 한계에서 벗어나고자 새로운 조사 방법들이 등장했습니다. 단순히 시장 참여자들의 의견이나 경험, 기억만을 조사하는 것이 아니라 프로젝트에 직접 참여시키거나 아이디어를 콘테스트 방식으로 모집하는 등 그 한계를 넘어서기 위한 노력들이 이루어지고 있습니다.

❷ 시장조사의 유형

시장조사는 조사 방법이나 활동 방법에 따라 다양한 유형으로 구분할 수 있습니다. 다만 이러한 유형은 편의상의 구분이므로 조사를 담당할 실무자가 조사에 대한 사전 지식과 정보를 통해 학습하고 조사 업체와 함께 각 기업이나 기관에 맞는 조사 방법을 선택하는 것이 중요합니다.

- **조사 방법에 따른 유형**

구분	정량조사	정성조사	관찰조사
특징	많은 수의 표본을 바탕으로 질문과 응답을 집계하여 숫자로 표현하는 조사 방법	소수의 표본을 바탕으로 장시간 대담을 통해 나온 결과물을 글로 기록하는 방법	표본이 모르게 그들의 행동과 습관 등을 관찰한 내용을 숫자나 글로 정리하는 방법
대표 방법	전화조사, 온라인조사 등	FGI(Focus group Interview), In-Depth Interview 등	직접관찰법, 간접관찰법 등

정량조사는 정량(定量)이라는 한자의 뜻에서 알 수 있듯 '양을 헤아려 정한다'라는 의미입니다. 조사 결과를 양적으로 표현하는 것이죠. 대체적으로 많은 수의 응답자를 대상으로 조사한 내용을 집계하여 표본의 대표성과 정확성을 담보하기는 하지만 구체적인 원인이나 깊은 내용을 알아내는 데 한계가 있습니다. 그래서 이런 한계를 극복하기 위해 정성조사나 관찰조사를 함께 실행합니다.

정성조사는 소수의 응답자를 대상으로 비교적 장시간의 대담을 통해 주제를 깊이 들여다보거나 고객의 생각을 구체적으로 파악하는 데 적합한 조사 방법입니다. 정량조사와는 반대로 대표성과 객관성이 부족할 수 있기 때문에 정량조사 결과를 바탕으로 심층조사 방식을 추가해 진행합니다.

관찰조사는 생각과 행동이 일치하지 않는 현상을 극복하기 위해 고안된 방법으로, 본심을 숨기거나 고객의 응답을 피하고 질문을 통해 알기 어려운 정보를 얻을 수 있다는 장점이 있으나 특정 시간과 장소에서 이루어지는 결과를 일반화할 수 있는 가능성이 있습니다. 그래서 추적 관찰이나 간접적 관찰 방법으로 장시간 조사를 진행해야 일반화의 오류를 줄일 수 있습니다.

- **상품주기 또는 마케팅 의사 단계별 유형**

PLC는 'Product Life Cycle'의 약자로, 상품이나 서비스도 사람처럼 태어나고 성장하며 도태되는 과정을 뜻합니다. 이 안에서 다양한 조사를 통해 의사결정 과정을 거치게 됩니다. 상품이 탄생하고 사라지는 과정에서 의사결정 단계마다 각 과정에 적합한 내용의 조사를 하게 되고, 상품주기나 마케팅 의사 단계별 유형으로 나눌 수 있습니다.

구분	조사 유형	내용
탐색조사	FGI	문제 파악 또는 아이디어 도출 예비 조사
	U&A(Attitude&Usage Survey)	고객의 인식과 태도, 포지셔닝 파악
전략조사	시장/점포 실험	마케팅믹스(4P)에 대한 고객 반응 사전 테스트
	콘셉트/상품 테스트	상품 콘셉트나 시제품 사전 반응 파악
	광고 카피 테스트	광고 론칭 전 최적안 선정을 위한 조사
추적조사	브랜드 추적조사	브랜드 인지도, 이미지에 대한 추적조사
	광고 추적조사	집행 광고에 대한 효과 검증조사
	고객만족도 조사	브랜드에 대한 고객만족도 조사

출처: 김근배, 《의사결정을 위한 마케팅조사론》

❸ 시장조사 시 유의사항

앞서 언급한 것처럼 기술과 사회의 급속한 변화에 따라 브릭 앤 모르타르 기업들이 브릭 앤 클릭(Brick and click)의 모습으로 변신하고, O2O 기업들이 시장을 파괴하며 등장하고 있습니다. 이에 따라 고객조사도 과거 전통적인 방법뿐 아니라 온라인에서 고객의 행태나 반응을 분석하는 방법들이 등장하고 있습니다. 오프라인 마케팅은 조사를 통해서도 정확한 정량화가 어렵다는 한계가 있는데, 온라인에서의 고객 추적은 기술의 발달이 가져다준 수혜로 실시간 분석까지 가능해졌습니다. 대표적인 사례가 구글 애널리틱스입니다. 이는 전 세계적으

> **알아두세요**
>
> **브릭 앤 클릭**
> 벽돌과 클릭, 즉 굴뚝 산업과 온라인 산업을 결합한 말로, 인터넷 업체 간의 제휴와 인수합병(M&A) 후 나타나는 오프라인들의 온라인 기업화 현상을 말한다.

로 많이 활용되는 웹 로그 분석 서비스로, 온라인 데이터를 수집·측정·분석하여 리포트를 제공하는데, 심지어 무료입니다. 많은 기업과 에이전시가 이런 툴을 사용하면서 고객이 뿌리는 데이터를 모으고 분석하고 있습니다. 소위 빅데이터 분석인 것입니다.

이런 분석이 기존에 오프라인으로 하지 못했던 데이터를 얻게 해주고 즉각적인 반응 추적이 가능하다는 점에서 각광받고 있습니다. 물론 다른 조사들처럼 자체의 한계를 가지고 있으나, 시장조사에도 이런 온라인 추적조사가 도입·실행되고 있습니다. 조사 당사자들이 각 조사의 장단점을 잘 파악하고 보완하면서 조사 활동을 하고 의사결정을 해야 하는 숙제는 계속됩니다.

어떤 식으로 시장을 조사하고 분석할 것인지도 매우 중요하지만 무엇보다 중요한 것은 무엇을 위한 조사인지 목적을 명확하게 하는 것입니다. 목적이 불분명한 조사는 조사 방법이나 질문 내용이 모호해지고, 결국 결과마저도 신뢰할 수 없어집니다. 매출이 줄어들고 있다면 정확하게 어떤 부분의 현상들이 결과로 나타나는지 찾아내야 합니다. 매출이 어떤 요인으로 줄어들고 있는지 정확히 파악해야 원인에 대한 대책을 세울 수 있습니다. 상품이나 서비스의 문제인지, 유통의 문제인지, 프로모션의 문제인지 알아야 그에 대한 대응을 위한 조사 목적이 나오고 구체적인 방향과 범위를 정할 수 있습니다. 이를 위해 시장조사 순서를 잘 정리해서 조사가 목적에 부합하여 의사결정에 도움이 될 수 있는 결과를 도출해야 합니다.

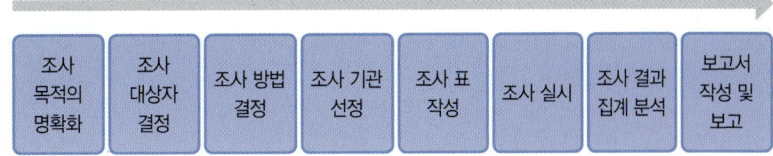

시장조사 순서(출처: 아이하라 히로유키, 《마케팅 전략노트》)

MARKETING

3장

핵심 고객의 마음에 자리 잡는 방법

MARKETING

STP 전략의 원형

01

인간의 역사와 함께하는 STP

STP 전략은 Segmentation, Targeting, Positioning의 앞 글자를 따서 만든 용어로, 마케팅에 있어 매우 중요한 전략 중 하나입니다. 우리말로 하면 세분화, 목표 선정, 포지셔닝입니다. 포지셔닝은 우리말로 옮기기가 참 어려운데, 억지로 만들어보자면 위치 선정(?) 정도입니다. 포지셔닝이란 말이 가지는 함의가 많아 대체로 그냥 포지셔닝이라고 합니다. '공급 과잉 시대에 소비자 마음 어디에 우리 상품이나 서비스를 자리 잡게 할 것인가'라는 질문에서 시작했다고 볼 수 있습니다. 포지셔닝에 대한 책이 따로 있을 정도이니 마케팅에서 차지하는 비중이 얼마나 큰지 예측할 수 있을 것입니다. 이에 대해서는 계속 생각해보기로 하고, STP 전략을 마케팅 과정에서 어떻게 바라보아야 할 것인지를 먼저 살펴보도록 하겠습니다.

사실 STP의 역사는 인간의 역사와도 같습니다. 최초의 마케터는 바로 하나님이 아닐까 싶습니다. 성경 창세기 1장을 보면 '빛이 하나님이 보시기에 좋았더라. 하나님이 빛과 어둠을 나누사'라는 내용이 나옵니다. 이때부터 세상이 나눠지기 시작합니다. 11절에는 '땅이 풀과 각기 종류대로 씨 맺는 채소와 각기 종류대로 씨를 가진 열매 맺는 나무를 내니'라는 내용이 나옵니다. 그 아래로 계속 계절을 나누고, 생물을 나누는 내용이 나옵니다. 어떤 사람들은 에덴동산에서 아담과 이브에게 금단의 열매인 선악과를 먹게 한 사탄을 최초의 마케터라고 하는데, 사탄은 최초의 세일즈퍼슨(Salesperson, 영업사원)이라고 하는 것이 적절할 듯합니다. 성경 이야기가 아닌 인류의 역사가 세분화로 시작되었다는 것을 이야기하는 것입니다. 성경 내용을 마케팅적으로 해석해보자면 하나님은 인류와 생물을 세분화하고 그에 맞는 역할을 주었는데, 이것이 마케팅에서 4P믹스와 함께 가장 중요한 내용 중 하나인 STP 전략과 그 맥을 같이한다는 것입니다.

인류의 계급 사회 진화 과정을 보면 이 또한 STP의 모습을 보입니다. 우리가 학교에서 배웠던 중세시대의 계급 체계(왕-귀족-기사-평민-농노)나 조선시대의 사농공상, 인도의 카스트제도 등도 모두 STP의 예입니다. 신분이 나눠지고 신분에 걸맞게 행동과 생각, 물리적 환경이 나눠져 그에 맞는 포지셔닝을 한 것이죠. 인류 역사가 이미 STP 전략을 증명하고 있는 것입니다. 세분화는 마케팅에서만 일어나는 일이 아니라는 것을 알면 STP를 이해하기가 좀 더 쉬울 것입니다.

마케팅에서 STP 전략으로 돌아가면 이 역사도 만만치 않게 오래되었습니다. 사탄이 에덴동산에서 아담과 이브에게 선악과를 먹으라고 유혹할 때 아담이 아닌 이브에게 접근합니다. 아담보다는 이브가 자신의 말에 더 귀를 기울일 것을 알았고, 이브를 움직이게 하면 아담은 쉽게 행동할 것이라 생각한 것이죠. 이는 현대의 마케팅에도 그대로 적용되고 있습니다. 인플루언서 마케팅(Influencer Marketing)의 원형이 여기서 나왔다고 해도 과언이 아닙니다.

마케팅에 있어서 STP 전략이란 내가 공급하고자 하는 상품이나 서비스가 매력적으로 보일 시장으로 나누고 그중에 필요한 것을 선택해서 어떻게 다른 상품이나 서비스와 차별화시키고 소비자의 마음에 어떤 역할과 이미지로 각인시킬 것이냐의 문제입니다. 프로세스의 의미로 본다면 STP 전략은 이를 어떻게 선택하고 고객에게 어떻게 접근할

> **알아두세요**
>
> **인플루언서 마케팅**
> 인플루언서(영향력을 행사하는 사람)를 활용한 마케팅 방법이다. 과거에는 연예인이나 정치인이 인플루언서였으나 현재는 가까운 사람 혹은 양질의 콘텐츠를 생산하여 소비자의 관심을 끄는 개인들이 인플루언서 마케팅의 주류가 되었다. 뒤에서 자세히 설명하도록 한다.

것인지에 대한 판단의 문제라 할 수 있습니다.

공급 과잉 시대가 되면서 STP 전략은 더 정교해지기 시작했고, 초공급 과잉 시대에는 더더욱 복잡해지면서 마케터들을 힘들게 하고 있습니다. 자, 그럼 지금부터 자세히 알아보도록 하겠습니다.

시장세분화(Segmentation)

소비자의 입맛대로 변화하는 시장 환경

앞서 언급했듯 세분화는 인류의 역사와 맥을 같이하고 있습니다. 내가 어느 집단의 소속이냐를 나누기 시작하면서 인류의 세분화 역사가 시작되었습니다. 그렇다면 마케팅에서 시장세분화는 어떻게 정의되고 있을까요? 최근의 시장세분화는 고객 중심으로 이루어지고 있습니다.

산업혁명 초기에 시장세분화는 큰 의미가 없었습니다. 자연발생적 세분화(남녀) 또는 계급에 의한 시장세분화는 있었지만 세분화라고 하기에는 의미가 미미했죠. 그리고 당시에는 시장세분화를 의도적으로 하지 않았다고 볼 수 있습니다. 공급되는 상품이나 서비스가 충분하지 않았기 때문이죠.

필립 코틀러는 저서《마케팅 원리》에서 시장세분화를 시장을 서로 다른 상품과 마케팅믹스를 요구하는 독특한 욕구, 특징 및 행동을 갖고 있는, 보다 작은 구매자 집단으로 나누는 것이라고 정의했습니다. 또한 세그멘테이션(segmentation, 분할)이 필요한 이유를 설명했습니다. 시장이 독특한 욕구, 특징 및 행동을 가진 작은 구매자 집단으로 나뉘고 있다는 것입니다. 이는 시장 진화의 모습을 이해해야 알 수 있습니다. 산업혁명으로 촉발된 생산 시대에는 생산만 하면 팔렸기에 굳이 소비자를 세분화할 필요가 없었습니다. 시장 자체가 발달하지 않았기 때문에 시장을 나눌 이유가 없었던 것이죠.

하지만 이는 유통 시대로 시장이 진화하면서 변화하게 됩니다. 유통 시대란 말은 생산자와 소비자를 연결해주는 매개의 시대란 말인데, 이때부터가 본격적인 마케팅 시대라 할 수 있습니다. 즉 생산이 늘어나면서 소비자에게 선택받아야 하는 시대로 진화하고 있다는 의미입니다. 시장의 권력이 공급자에게서 소비자에게 넘어갔다는 뜻이고, 소비자들은 이제 시장을 리드하는 존재가 되었다는 뜻입니다. 공급자 입장에서는 소비자 시대에서 생존하기 위해서는 소비자 입맛에 맞는 상품 서비스를 만들어야 했고, 이는 상품인 서비스의 세분화가 필요해졌다는 뜻입니다.

앞서 언급한 포드의 모델 T가 세분화를 설명하기에도 좋은 사례입니다. 세계 최초의 자동차는 독일에서 만들어졌지만 자동차의 대중화는 미국이 큰 역할을 했고, 그 중심에는 검정색만 생산하여 자동차 대량 생산의 틀을 만든 포드가 있습니다. 포드는 대량생산을 위해 색상이나 디자인에 차별화가 없는 모델 T를 만듦으로써 자동차 시장의 규모를 키웠습니다.

하지만 이러한 인기는 그리 오래가지 못했습니다. 다른 자동차 회사들과의 경쟁과 생산이 확대되면서 인간의 본성이 살아났기 때문이죠. 인간은 기본적으로 남과 다르게 보이고 싶은 DNA를 가지고 있습니다. 이런 DNA를 만족시키지 못한 모델 T는 이후 다양한 색상과 디자인으로 시장을 세분화하기 시작한 쉐보레가 등장하면서 소비자의 관심에서 멀어졌습니다. 즉 모델 T가 득세한 시절에는 소비자의 선택지에 기호가 들어갈 만큼 시장이 성장하지 않았지만 시장이 커지면서 소비자가 자신의 입맛대로 선택할 수 있는 환경으로 변화한 것입니다.

시장세분화의 의미와 필요성

시장세분화의 등장에는 시장이 기존과 달라졌다는 전제가 깔려 있습니다. 시장세분화는 한 상품이 전체 소비자 집단을 커버하는 시대가 막을 내렸다는 것을 의미하기도 합니다. 다시 말하면, 한 가지 상품이나 서비스가 모든 소비자를 대응하던 매스 마케팅(Mass Marketing)의 시대가 저물어간다는 것입니다. 물론 매스 마케팅이 다 사라진 것은 아닙니다. 점점 사례를 찾기 힘들어지고 있지만 상품이나 서비스의 조건, 환경에 따라 여전히 매스 마케팅이 필요한 경우도 있습니다. 마케팅이 가장 늦게 도입된 공공 서비스 영역에서조차 시장세분화를 통해 맞춤화한 프로그램을 내놓고 있습니다.

과거보다 소비자가 많아졌고 환경이 글로벌화되어 구매자 그룹들이 넓게 흩어져 있으며, 그들의 욕구와 구매 습관 또한 모두 다릅니다. 이 말은 지역, 연령, 소득, 사회적 지위, 취향에 따라 구매 패턴이 다르고, 그에 상응하는 상품 전략, 유통 전략, 가격 전략, 프로모션 전략을 세워야 한다는 말로 확장됩니다. 이것이 시장세분화의 가장 근본적인 의미이자 필요성을 설명합니다.

그리고 시장세분화는 기업의 존재 목적인 이익 창출을 위해 적합한 모델이기도 합니다. 즉 잘 나눠진 시장을 목표로 공략하면 효율적인 비즈니스 운영이 가능하고, 이는 더 많은 이익으로 연결된다는 뜻입니다. 시장이 성장하면서 비즈니스를 운영하는 방법이 상품을 만들고, 그에 맞는 시장을 찾는 순으로 진행되기도 하지만 시장과 구매 집단이 점점 세분화되면서 '그들이 필요한 것은 무엇일까'라는 질문에서 비즈니스를 기획하기도 합니다.

시장세분화는 마케팅 프로세스의 시작 단계입니다. 이 과정이 제대로 진행되지 않으면 마케팅 결과물이 전혀 다른 과녁에 가 있거나 예상치 못한 결과와 연결될 수 있으므로 매우 중요합니다.

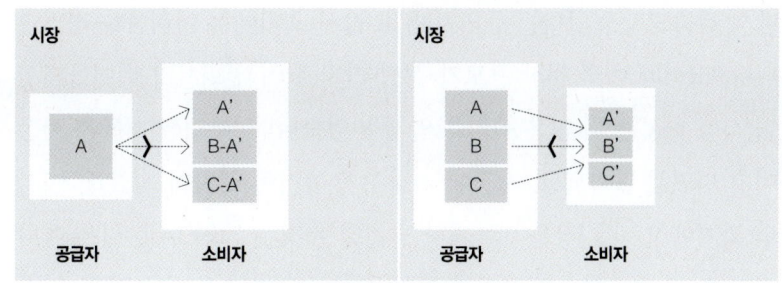

생산 시대에서 마케팅 시대로 시장이 진화하면서 세분화의 필요성이 더욱 커졌다.

시장세분화가 필요한 몇 가지 이유를 정리해보겠습니다.

❶ 소비자의 니즈에 효과적으로 대응

공급자들이 하루가 다르게 변화하는 시장과 소비자를 일일이 쫓아다니는 것이 거의 불가능한 시대가 되었습니다. 대신 어느 정도의 시장성이 있는 세분화된 시장이 존재하여 비즈니스를 기획하고 운영하기가 쉬워졌습니다. 자동차 시장을 예로 들어보겠습니다.

최근 자동차 시장은 승용형(Sedan) 모델보다는 SUV(Sports Utility Vehicle) 모델이 인기가 많습니다. 그렇다면 풀 라인업 자동차 회사들은 승용형 차량 라인업을 가진 회사보다는 SUV 시장에 대응하기가 유리하겠죠. 또한 소형 승용 차량을 대신해 소형 SUV 시장이 급성장했는데, SUV를 만들고 있었다면 다른 회사들보다 빠르게 대응할 가능성이 크다고 할 수 있습니다.

❷ 더 많은 이익이 날 수 있는 시장 선택

경쟁이 치열한 세분화된 시장을 선점하면 더 많은 이익을 얻을 수 있는 기반이 마련됩니다. 과거 한 식품 회사가 즉석밥을 시장에 내놓았습니다. 국내에는 없던 상품이지만 레저 인구의 성장과 1인 가구 시장이 확대되는 등 충분히 새로운 시장으로서 매력이 있었습니다. 하지만 밥을 공산품으로 사서 먹는다는 것에 대한 거부감과 아직 시장에서 검증되지 않았다는 등의 이유로 출시 초기에는 어려움을 겪었습니다. 그러나 이후 시장 규모가 점점 커지고 여러 회사가 뛰어들면서 이 식품 회사는 더 많은 이익을 얻게 되었습니다. 투입된 비용은 시장이 커지면서 감가되고, 시장이 커질수록 이익이 커지게 되었죠. 이처럼 과거에 없던 시장을 만들거나 발견하는 것은 그리 쉬운 일은 아니지만 한 번 성공한다면 성장과 이익이라는 두 마리 토끼를 잡을 수 있습니다.

❸ 각 세분 시장에 맞는 차별화 전략 구사

세분화된 시장은 어느 정도의 균질한 특성을 가지고 있습니다. 그래서 각 시장이나 소비자의 성격에 맞는 차별화 전략을 세우는 것이 매스 마케팅보다는 용이합니다. 매스 마케팅 시장에서는 모든 소비자의 필요에 맞는 상품 전략을 세워야 하지만 세분 시장에서는 그럴 필요가 없습니다. 그래서 당연히 구매 소구 포인트의 날이 서게 되고 그에 걸맞은 가치를 제안할 수 있게 되죠.

과거 삼성전자는 나라마다 다른 전략을 구사하여 TV를 판매했습니다. 나라마다 브랜드 파워나 유통력 등이 다르기 때문에 동일한 전략을 세워 공략하는 것은 자살 행위와 다름없다고 판단한 것이죠. 어떤 나라에서는 프리미엄 전략을, 어떤 나라에서는 가성비 전략을 추구했고, 각 사정에 맞는 차별화 포인트를 가지고 움직였습니다. 그로 인해 글로벌 컴퍼니로 도약할 수 있었던 것입니다.

❹ 시장 변화를 읽기에 용이

세상이 너무 복잡해져 전체 시장의 흐름을 읽는 것이 매우 어려워졌습니다. 거기에 글로벌화로 인해 한 곳의 움직임이 다른 곳에 태풍을 일으키는 나비 효과도 자주 나타나고 있죠. 상황이 이러하기 때문에 전체 시장을 대응하는 것이 참으로 어렵습니다. 세분화된 시장도 생로병사가 있지만 그 흐름을 읽는 것은 훨씬 용이합니다. 그래서 각 시장의 상황을 파악하면서 개별적으로 변화에 대응하다 보면 전체가 한꺼번에 무너지는 사태를 막을 수 있습니다.

⑤ 마케팅 활동의 효율적 수행

세분화된 시장에 대한 접근과 마케팅 활동은 투입되는 자원을 최적화할 수 있습니다. 전체 시장에 대한 마케팅 활동을 시도할 경우 핵심 대상이 아닌 소비자 집단에까지 마케팅 활동이 미치게 되고, 이런 활동은 구매로 이루어지지 않을 가능성이 큽니다. 하지만 최적화된 세분 시장에 마케팅 활동을 집중할 경우 자원의 누수가 적고 세분화된 시장에 적합한 마케팅 커뮤니케이션으로 인해 효율적 업무 수행이 가능해집니다.

⑥ 자원 분배의 효율성

여러 세분 시장을 커버하는 비즈니스 모델이라면 상황에 따라 한정된 자원을 적절히 배분하는 것이 중요합니다. 이런 경우 성장성이나 이익률 등에 따라 자원을 세분 시장 상황에 맞게 나눠 배분함으로써 동일한 자원을 최대한 효율적으로 사용하고, 상황에 따라 분배 전략을 바꾸면서 즉각적인 대응이 쉬워집니다. 비즈니스의 본질이 투입된 비용을 바탕으로 최대한의 매출을 일으키고 효율적인 자원 분배를 통해 이익을 극대화하는 것이라면 시장세분화는 이에 최적화된 전략이라고 할 수 있습니다.

⑦ 본격적인 마케팅 프로세스의 시작

여기서 중요한 것은 시장세분화가 좁은 의미의 마케팅 프로세스의 가장 앞 단에 존재한다는 것입니다. 아무리 좋은 상품이나 서비스를 만들고 개발하더라도 팔 수 있는 시장이 존재하지 않으면 무용지물입니다. 시장에 대한 연구와 세분화를 통해 상품이나 서비스가 받아들여질 수 있는 영역을 정하고, 그에 상응하는 마케팅믹스 전략을 수립하며, 이에 기반한 커뮤니케이션 활동을 통해 소비자의 마음에 경쟁 상품과 다른 차별성을 각인시켜야 합니다.

정확한 시장세분화는 어떤 구매 집단을 목표로 할 것인가의 전제조건이고, 그 집단에 대한 차별적 가치를 제안할 것인지 고려해야 하는 기준점이며, 그 차별적 가치에 상응하는 상품, 가격, 유통, 프로모션, 전략의 출발선이 되기 때문에 매우 중요한 프로세스 중 하나라 할 수 있습니다. 물론 이런 세분화가 자주 변화하는 세분 시장의 특성에 일일이 대응하기 벅찰 수도 있고, 과하게 세분화된 시장을 다 대응하려다 자원이 더 많이 들어갈 수도 있다는 단점도 존재하지만 여전히 매우 중요한 과정인 것은 틀림없습니다.

마케팅 전략의 개념

시장세분화 기법

시장세분화는 비즈니스 시장과 소비자 시장의 결을 맞춰가는 과정이라고 할 수 있습니다. 생산 시대에는 고객의 니즈를 충족시키는 다양한 차별화 포인트가 필요하지 않았습니다. 생산 자체가 제한적인 시장에서 세분화를 할 필요성이 없었기 때문이죠. 하지만 생산이 활발해지고 기술 발전과 글로벌 시장으로의 확대가 전개되면서 공급 과잉은 소비자의 선택의 폭을 확대시켰고, 그로 인해 세분화가 필수가 되었습니다. 물론 세분화를 마케팅적 전략의 하나로 과도하게 전개하는 사례가 없는 것도 아니지만 그만큼 시장세분화는 마케팅 전체 과정 중에 필수적인 요소가 되었다는 방증이기도 합니다.

시장과 고객의 변화에 발맞춰 마케팅 전략도 개념이나 중요도가 변화하고 있습니다. 당연하게 시장세분화라는 개념도 도입 초기보다 지금 더 다양하고 정교해졌고, 더욱 많은 시장 세분 변수를 고려하게 되었죠. 또한 각 영역별로 데이터의 양이 늘어나고 AI의 등장 등으로 더 다양하고 복합적인 세분화 작업도 가능해졌습니다. 게다가 시장에서 온라인의 비중이 점점 늘어나면서 더욱 직접적인 세분화의 의미가 필요 없어지는 현상도 발생하고 있습니다.

예를 들면 검색을 한 사람들, 구매를 한 사람들, 랜딩페이지에 접속한 사람들 등 디지털 족적을 남긴 사람들은 잠재적 고객으로 바로 타깃이 됩니다. 하지만 이것은 이미 마케팅 프로세스 안에 들어와 있는 사람을 대상으로 하는 것이므로 상품이나 서비스를 기획하는 단계에서 바로 사용할 수는 없습니다. 다만 디지털 흔적들을 분석하는 것도 기획 단계에서는 매우 중요합니다. 이런 시장 변화에 맞춰 세분화 개념도 전통적인 기법에 현대적인 변화의 흐름과 기술적 발전이 더해져 이제는 '복합적 세분화의 시대'가 되었다고 할 수 있습니다.

그런데 우려되는 부분은 조금은 인위적인 세분화가 마케팅을 방해하기도 하고 유행에 맞춰 생기는 심리묘사적, 행동적 세분화가 소비자를 지치게 할 수도 있다는 것입니다. 시장세분화 개념이 등장할 때보다 지금의 시장은 더욱 세분화되어 있고, 소비자의 취향이나 삶에 대한 관점, 사회적 태도 등이 소비 생활에 많은 영향을 주고 있기 때문에 전통적 의미의 세분화를 더욱 확대하거나 복합적으로 고려해야 함을 내포합니다. 또한 디지털 시대를 사는 공급자나 소비자들이 시대의 변화와 기술의 발전에 힘입어 전통적 세분화에 새로운 시장 세분 변수를 대입하는 것이 가능해졌습니다.

시장을 세분화하는 데 필요한 요소가 변수입니다. 즉 시장을 나누는 기준이 필요하다는 것입니다. 쉽게 생각하면 소비자가 사는 곳이 어디냐에 따른 지리적, 성별이나 연령을 기준으로 하는 인구통계적, 소비자의 심리적·행동적 기준이 전통적인 시장 세분 변수라 할 수 있습니다.

세분화 변수	정의
지리적 변수	시장을 크게는 대륙, 나라 등으로, 작게는 도시, 동네 등으로 나누는 것
인구통계적 변수	시장을 성별, 연령, 가족 구성원 수, 생애주기, 소득이나 직업, 종교, 학력 수준, 세대, 인종, 국적 같은 변수들을 기준으로 나누는 것
심리묘사적 변수	심리 특성에 의해 소비자들 간의 개인차나 생활양식을 알아내 이를 시장세분화에 도입한 것
행동적 변수	소비자가 상품 구매를 위해 움직이는 행동을 누가, 언제, 어디서, 무엇을, 어떻게, 왜 등의 기준으로 나누는 것

시장을 나눠 목표를 선정하기 위해 필요한 세분화 변수

❶ 지리적(Geographic) 세분화

시장을 크게는 대륙, 나라 등으로, 작게는 도시, 동네 등으로 나누는 것입니다. 자동차와 비행기를 이용하는 사용자가 5천만 명에 도달한 시기는 겨우 70여 년 전입니다. 그래서 대륙이나 나라는 말할 것도 없고, 우리나라 같은 작은 곳에서도 지역에 따라 말과 생활양식이 다릅니다. 이제는 대륙을 건너다니는 일이 반나절이면 가능한 세상이 되었지만 오랜 시간 동안 쌓인 지리적 변수에 따른 소비자들의 문화적, 사회적, 개인적 태도는 지역별로 다르게 형성될 수밖에 없었습니다. 그래서 공급자는 자신들의 공급 능력에 따라 어느 지역까지 접근할 것인지 결정해야 하는 것입니다.

이런 지리적 세분화를 통해 그 지역에 맞는 상품이나 서비스를 기획하는 것은 당연한 일입니다. 우리나라는 특히 수출 중심의 산업 성장을 이어왔기 때문에 이런 지리적 차이를 상품이나 서비스 개발에 많이 활용하였고, 성공 사례도 많이 있습니다.

LG전자는 전 세계에 가전 상품을 판매합니다. 그래서 상품을 기획할 때부터 그 지역의 소비자들이 필요로 하는 기능이나 문화, 종교 같은 인구통계적 변수들을 함께 고려하여 새로운 기능이나 형식적 변화를 도입합니다. 그리고 해당 지역에 차별화된 가치를 제안하죠. 이슬람교도들을 위한 휴대폰 출시가 대표적인 예입니다. 이슬람교도들이 하루에 다섯 차례 이슬람 성지인 메카를 향해 절하는 점에 착안하여 그 시간에 맞춰 메카의 방향을 알려주는 휴대폰을 내놓은 것이죠. 이는 지역적, 종교적 특성을 감안한 시장세분화 사례라 할 수 있습니다.

배달의민족은 음식 배달 O2O 서비스를 제공하는 애플리케이션(이하 '앱')입니다. 이 앱을 살펴보니 가장 많은 배달이 이루어지는 지역은 서울의 역삼동과 신림동이었습니다. 그곳은 직장인과 학생이 많은 지역입니다. 이러한 데이터를 통해 각 지역의 특징을 이해할 수 있고, 그에 맞는 마케팅 전략을 내놓을 수 있습니다.

❷ 인구통계적(Demographic) 세분화

앞서 소개한 사례에서도 세분 변수는 하나만으로 그 역할을 하기 힘듭니다. 그래서 전통적 시장세분화에서는 지리적, 인구통계적 변수를 모두 고려하여 시장을 나누었습니다. 인구통계적 세분화는 시장을 성별, 연령, 가족 구성원 수, 생애주기, 소득, 직업, 종교, 학력 수준, 세대, 인종, 국적 같은 변수들을 기준으로 나누는 것입니다.

소비자들의 욕구나 필요가 인구통계적 변수에서 발생하고 밀접하게 관계가 있기 때문에 소비자 집단을 나누는 데 가장 빈번하게 사용되는 세분 변수입니다. 다른 세분 변수보다 측정이 쉽다는 장점이 있습니다.

- **연령과 생애주기 세분화:** 마케팅 접근에 있어서 가장 중요한 역할을 합니다. 나이는 단순히 얼마나 오래 살았느냐의 문제가 아닙니다. 그 나이에 맞는 역할과 지위가 생기고 그에 따른 필요가 달라지기 때문입니다.

자동차 시장은 연령과 생애주기를 반영하는 대표적 산업군 중 하나입니다. 20~30대를 위한 엔트리 소형차, 30~40대를 위한 중형차, 50~60대를 위한 대형 세단, 레저 활동이 많은 가족 구성을 위한 SUV, 소득이 높은 사람들을 위한 프리미엄급 차량 등으로 시장을 나누고 있습니다. 시장에 나와 있는 대부분의 공급자는 인구통계적 세분화를 기반으로 상품과 서비스를 기획하고 차별화된 가치를 소구하는 것입니다.

백화점도 이에 못지않게 인구통계적 세분화 변수를 고려한 서비스 업종입니다. 우리나라 백화점에 가면 1층부터 보통 10층까지 층별로 상품 구성이 다르게 되어 있습니다. 최근에는 이런 형식이 많이 파괴되기는 했지만 대부분 1층은 명품 잡화, 2층은 명품과 시니어 여성 의류, 3층은 30~40대 여성 의류, 4층은 20~30대 여성 의류, 5층은 중년 남성 의류, 6층은 청년 남성 의류, 7층은 스포츠/유아동, 8층은 생활, 9층은 식당가, 10층은 문화센터로 구성되어 있습니다. 지역에 따라, 규모에 따라, 콘셉트에 따라 조금씩 달라지고 있지만 대부분 이런 식으로 구성되어 있죠. 백화점 층 구성을 보면 인구통계적 시장세분화를 잘 구현해놓았음을 알 수 있습니다. 여기에 물론 다른 마케팅적 기법들이 숨어 있기도 하지만 가장 기본적인 것은 인구통계적 시장세분화에 따른 마케팅 전략이라 할 수 있습니다.

백화점의 층 구성과 MD 구성이 어떻게 변해가는지를 살펴보면 전통적 세그멘테이션이 현대적 세그멘테이션, 즉 기호나 트렌드 또는 소비 방식을 반영한 세그멘테이션으로 변해가는 것이 보입니다. 1층 자리를 차지했던 남성과 여성 신발은 이제 1층에서 찾아볼 수 없습니다. 또한 남성 의류가 있는 층 한쪽에 작게 자리 잡고 있던 스포츠가 레저를 아우르는 규모로 커지면서 더 넓어지고 있고, 명품 구매가 많이 일어나는 곳에서는 전 장르에 걸쳐 명품 브랜드 입점이 늘어나고 있습니다. 그리고 소비 트렌드를 반영하듯 편집숍과 스트리트 브랜드들도 생기고, 전통적 식당가의 모습은 점점 사라지고 인기 있는 식당을 백화점 식당가나 푸드코트에 선보이는 곳들이 늘어나고 있습니다. 또한 의류 브랜드들의 상품 라인업을 보면 각 세분화 변수의 특성을 반영하여 상품을 선보이는 것을 엿볼 수 있습니다.

백화점 층별 안내도에도 마케팅 전략이 담겨 있다.

세분화 변수		내용							
인구통계적 변수	성	남성	여성	공용					
	연령	10	20	30	40	50	60	70	
	소득	~200	300	400	500	500~	1,000~	2,000~	
	직업	회사원	전문직	주부	학생	자영업	기타		
	가족 수	1인	2인	3인	4인	5인 이상			
	결혼	기혼	미혼						
지리적 변수	지역	서울	경기	충청	전라	경상	강원	제주	
	거주지 형태	도심	아파트 밀집	대도시 중심	소도시 중심	대도시 변두리	소도시 변두리	기타	
	인구 밀도	고	중	저					
심리묘사적 변수	성향	외향	내향	전통적	보수적	현대적	진보적		
	패션 경향	클래식	모던	캐주얼	스포티	엘레강스	럭셔리	빈티지	시크	프리미엄 베이직
	라이프 스타일	실용 추구	과시적	품위 중시	소극적	감각지향적			
행동적 변수	용도	비즈니스	학교	정장	스포츠	레저	리빙	소셜	
	가격	최고가	고가	중고가	중가	중저가	저가	염가	
	품질	고	중	저					
	브랜드 성격	NB	PB	디자이너	수입				
	소매 형태	백화점	전문점	대리점	할인매장	전통시장	홈쇼핑	온라인	편집숍	기타
	구매주기	매일	매주	매달	매계절	매년	2~3년	3~5년	5년 이상	10년 이상

패션 브랜드라면 고려해야 할 세분화 변수의 예

• **성별 세분화**: 남녀의 생물학적 차이와 축적된 문화적·성적 차이에서 오는 시장세분화로써 의류, 화장품 등의 영역에서 주로 사용되어 왔습니다. 물론 현대에 와서는 과거 관습적인 규정이 많이 무너져 관습

적인 세분화는 많이 축소되었지만 여전히 세분화에서 중요한 요소 중 하나입니다.

과거 공급자들은 성별에 따른 시장세분화를 명확히 하였으나 지금은 성 역할에 대한 경계가 흐려지고 있고, 남녀 성 평등적 관점이나 기존 세분 시장의 확장 개념으로 남녀로 나눠져 있던 시장의 경계를 낮추거나 없애는 중입니다. 남자 목욕탕에 가면 여전히 오래된 스킨과 로션의 향이 강하게 나지만 온라인 쇼핑몰에는 남성 전용 화장품들이 폭발적으로 증가하고 있습니다. 기존 대규모 화장품 회사들도 이런 시장 확장에 열을 올리고 있습니다. 최근에는 온라인에서 인기를 끄는 남성 화장품 업체가 기존 화장품 회사들이 관심 갖지 않았던 남성 전용 상품들을 출시하면서 주류 브랜드로 성장하고 있습니다.

블랙몬스터는 남성들의 짧은 머리 전용 다운펌을 출시하면서 화제를 모았습니다. 계속해서 다양한 상품을 출시하면서 헤어 상품이나 얼굴 전용 상품으로 라인업을 확장하고 있는데, 이 회사의 브랜드 슬로건은 '남자의 모든 순간을 더 빛나게'입니다. 과거처럼 여성 화장품 회사가 남성 상품을 출시하는 것이 아니라 처음부터 남성 전용 상품으로 시작하는 브랜드가 많아지고 있습니다.

이러한 성별 세분화는 사회심리적, 행동적 변화까지 고려되어 진화하고 있습니다. 영국의 문화비평가 마크 심슨(Mark Simpson)은 1994년에 영국의 신문인 〈인디펜던트〉에 '메트로섹슈얼(metrosexual)'이라는 용어를 발표했습니다. 이 용어는 도시에 사는 고소득의 미혼자로서, 패션과 외모 등에 관심이 많은 남성을 지칭합니다. 대표적인 인물로 그 당시 미혼이었던 축구선수 데이비드 베컴(David Beckham)이 지목되기도 했습니다. 이후에 '위버섹슈얼(übersexual)', '크로스섹슈얼(crosssexual)'과 같은 다양한 용어가 등장하였는데, 이는 성적 매력에 대한 강요가 남녀를 가리지 않고 세분 시장으로 등장했음을 의미합니다. 단순히 성별에 의한 시장세분화는 시장에 정확하게 적용되지 않는다는 뜻입니다.

- **소득 세분화:** 소비 영역이 확장되고 고급화되면서 금융, 자동차, 시계, 여행 등의 상품을 담당하는 마케터들은 소득 세분화를 이용하여 시장에 가치를 제안했습니다. 즉 부유층을 위한 그들만의 시장을 만든 것이죠. 반대로는 소득 양극화에 따라 중산층이 점점 줄어들면서 저소득층을 위한 리테일 브랜드들이 생겨났는데, 이 역시 세분화된 시장을 목표로 합니다. 국내에서도 명품 시장은 더욱 하이엔드로 집중되고 있습니다. 반대로 초저가 상품들을 모아 판매하는 다이소가 전국적으로 확장되고 있고, 신세계그룹은 삐에로쇼핑이라는 리테일 형태를 새로 론칭하여 양극화된 시장에 접근하고 있습니다.

만물상 콘셉트의 삐에로쇼핑. 일본의 돈키호테를 벤치마킹한 유통 형태로 운영되고 있다.

❸ 심리묘사적(Psychographic) 세분화

같은 인구통계적 집단에 속하더라도 심리적 특성은 각기 다를 수 있습니다. 소비자의 심리나 정신을 나타내는 사이코(Psycho)와 도식, 묘사를 의미하는 그래픽(Graphic)을 합친 개념으로, 심리 특성에 의해 소비자 간의 개인차나 생활양식을 알아내 이를 시장세분화에 도입한 것입니다. 자동차 시장이 인간의 심리묘사를 잘하는 시장이다 보니 자주 예를 들게 되는데, 사실 자동차를 기능적인 면으로만 구매한다면 빠른 차, 느린 차, 큰 차, 작은 차 정도로 나뉘었을 것입니다. 하지만 요즈음의 자동차 구매 소구 포인트는 대부분 기능적인 면보다는 심리적인 면에 쏠려 있습니다.

2009년 현대자동차는 새로운 그랜저를 출시하면서 이런 광고를 내보냈습니다.

'요즘 어떻게 지내냐는 친구의 물음에 그랜저로 답했습니다.'

이 광고는 온에어되자마자 많은 비판을 받았습니다. 하지만 그랜저는 엄청나게 잘 팔렸습니다. 자동차가 단순히 이동 수단이 아니라 자신의 사회적 지위를 보여주고 싶어 하는 사람들의 아바타 역할로 받아들여진 것입니다. 광고는 욕을 많이 먹었지만 기획한 사람은 승진을 했을지도 모르겠습니다.

2009년 현대자동차 그랜저 광고

라이프스타일을 나타내는 많은 용어가 등장했습니다. 이런 용어들은 심리묘사적 세분화된 시장을 보여주는 좋은 사례라 할 수 있습니다. 2017년에 출간된 《마케팅 트렌드》에 '욜로(YOLO, You only live once)'라는 단어가 등장하면서 대유행을 하였습니다. 이는 '한 번뿐인 인생, 행복하게 즐기며 살자'라는 의미입니다. 불확실한 미래에 불안해하기보다는 현재에 더 충실하고 자신을 위해 소비하는 데 아끼지 않겠다는 뜻으로 해석할 수도 있습니다. 많은 회사가 이 의미를 활용해 마케팅을 하고 이 의미에 많은 동조를 보내는 세분화된 시장에 적합한 메시지를 보내기도 했습니다. 최근에 트렌드에 관련한 책이 많이 나오는데, 사람들의 심리적 상황이나 현상을 모아 정리한 것이 대부분입니다. 이를 통해 새로운 시장세분화가 지속적으로 발생하기도 합니다.

❹ 행동적(Behavioral) 세분화

소비자들은 자신들의 지식과 태도, 상황에 따른 반응에 따라 세분화됩니다. 행동 변수는 시장을 세분화하는 데 있어 매우 정확하고, 목표 시장으로 삼기 좋습니다. 이는 심리적 세분화와 절대적으로 분리되는 것이 아닙니다. 심리가 결국 행동으로 표출되기 때문에 심리묘사적 세분화와 행동적 세분화를 함께 고려해야 합니다. 연령, 생애주기, 지역적 변수 등에 따라 심리적·행동적 요소들이 영향을 받기 때문이죠.

행동적 세분화는 소비자가 상품 구매를 위해 움직이는 행동, 즉 언제, 어디서, 무엇을, 어떻게, 왜, 누가 등을 기준으로 나누는 것입니다. 사용 상황(업무, 스포츠, 레저)에 따라, 혜택(안전, 편리함)에 따라, 사용자 상태(잠재 고객, 신규 고객, 충성 고객, 이탈 예상 고객 등)에 따라 나누는 것을 의미합니다. 구체적인 소비 행태(구매량, 구매 주체, 구매주기, 구매 장소, 구매 빈도, 최근성)에 따라 나누는 것도 행동적 세분화라 할 수 있습니다.

세분화 변수의 복합적 사용

2011년 삼성카드는 새로운 브랜드 전략을 공개하며 숫자 카드 시리즈를 발표했습니다. 기존 카드 시장은 혜택이나 제휴 서비스에 따라 유지되었는데, 본격적인 라이프스타일 세분화를 통한 카드 시리즈를 발표하면서 소비 패턴을 중심으로 서비스를 개발한 사례입니다.

삼성카드2의 타깃 메시지는 '친구 많고, 즐길 것 많아 더 스마트하게 쓰고 싶은 당신께'입니다. 인구통계적, 지리적, 심리묘사적, 행동적 세분화 요소가 바탕이 되었다는 것을 알 수 있습니다.

2011년 삼성카드가 출시한 숫자 카드 시리즈

어느 한 가지 변수로 시장을 나누기에 현재의 시장은 복잡하고 예측이 불가능한 면도 있습니다. 그래서 마케터들은 하나 또는 몇 개의 세분화 요소로만 시장을 판단하지 않습니다. 목표 시장을 잘 선점하기 위해 모든 변수를 적극적으로 활용하여 시장을 나누고 있습니다. 물론 모든 시장을 그렇게 나눌 수는 없고, 상품이나 시장 환경에 따라 매우 단순하게 나누기도 합니다.

시장세분화는 항상 똑같을 수 없습니다. 시장 상태는 시시때때로 변하고 소비 트렌드와 환경은 같은 적이 없습니다. 또한 기술의 발전과 글로벌 환경 등 너무나 많은 변수가 영향을 주고 있습니다. 늘 시장을 눈여겨보고 변화의 움직임을 놓치지 않아야 적극적인 시장 공략이 가능합니다. 시장세분화는 마케터들에게 큰 의미를 가지고 있습니다.

시장을 보고 나눌 수 있는 능력과 거기에서 나오는 인사이트 등을 바탕으로 마케팅믹스 전략을 설계할 수 있습니다. 그래서 마케팅에 있어 STP 전략이 중요한 것입니다.

다만 시장세분화와 고객세분화를 구별할 필요가 있습니다. 시장이 잠재적 성격을 가지고 있다면 고객세분화는 이미 회사와 관계를 구축한 고객들을 여러 형태로 세분화하여 지속적인 관계 유지나 추가 판매, 교차 판매 등으로 연결하기 위한 방법입니다. 기업들이 가장 많이 사용하는 고객세분화 방법은 RFM(Regency, Frequency, Monetary)입니다. 이를 활용하여 고객의 등급을 나누기도 하고, 신규 고객, 수면 고객, 충성 고객, 이탈 예정 고객, 이탈 고객 등 고객의 상태를 나누기도 합니다. 이는 CRM에 있어서 가장 기본적인 방법입니다.

여기서 주의할 점은 시장세분화가 우리가 목표로 삼아야 할 고객을 정의하는 최고의 방법은 아니라는 것입니다. 과거에는 소비자를 알 수 있는 방법이 많지 않았기 때문에 시장세분화라는 개념을 도입하여 상품 개발이나 영업 전략을 세웠지만 디지털 시대에는 많은 소비자의 흔적이 온라인에 있기 때문에 꼭 전통적인 시장세분화로 타깃을 정할 필요가 없습니다. 특히 모바일 시대를 맞아 디지털 마케팅이 최적화되고 있어 우리의 소비자를 찾는 것이 그리 어렵지 않게 되었습니다. 따라서 이제는 세분화 전략을 복합적인 방식으로 운영해야 합니다. 전통적 세분화 요소들이 전혀 무의미한 것은 아니기 때문에 소비자에 대한 이해와 그를 대표할 만한 정의를 세우고, 그들이 흔적을 남겨놓은 디지털 족적들을 찾아 어느 시장을 목표를 할 것인지 선택해야 합니다. 시장은 이미 성숙해 있기 때문에 사실 새로운 시장을 찾는 것은 쉬운 일이 아닙니다.

2005년에 르네 마보안(Renee Mauborgne)이 《블루오션 전략》이라는 책을 내놓았을 때만 하더라도 새로 들어갈 만한 시장이 존재했습니다. 하지만 지금은 바늘로 찔러도 들어가지 않을 만큼 틈이 보이지 않습니다. 그렇다고 이런 마케팅 전략이 불필요해졌다는 의미는 아닙니다. 시장은 여전히 아날로그와 디지털이 혼재되어 있고, 소비자는 여전히 아날로그이기 때문에 그들을 읽는 것은 여전히 어렵습니다. 다만 마케팅 전략의 전제는 내가 공략해야 할 곳이 어디인지, 그곳에 있는 소비자들이 누구인지를 파악하는 것이므로 세분화에 대한 기본적인 개념을 가지고 변화에 적응하며 적용할 필요가 있습니다.

시장세분화를 위한 조건

모든 시장세분화 변수가 세분화를 위해 필요한 것은 아닙니다. 예를 들어 기저귀를 생산하는 회사에게는 연령이나 성별보다 결혼 유무나 자녀 유무, 그 지역의 기저귀 사용률이 더 중요합니다. 시장세분화가 유용하기 위해서는 몇 가지 갖추어야 할 것이 있습니다. 먼저 그 시장의 크기를 측정할 수 있어야 새로운 상품이나 서비스를 가지고 문을 두드릴 수 있습니다. 크기를 측정한다는 것은 시장의 규모가 공략 가능한 적정한 크기나 수익성을 갖추었느냐를 살펴보는 것입니다. 투입된 비용이 많고 회수가 되지 않는다면 시장세분화 자체가 의미가 없기 때문입니다.

그리고 중요한 것은 접근 가능성입니다. 관세 같은 무역 장벽이나 물류 인프라가 좋지 않다면 다른 시장을 찾아보아야 합니다. 여기에 더해 다른 세분 시장과 다르게 접근할 수 있는 가능성이 있어야 합니다. 연령, 성별의 의미가 없다면 굳이 시장을 나눌 필요가 없다는 것입니다. 그리고 시장이 있다 하더라도 반응을 일으킬 가능성이 있어야 합니다. 시장이 나뉘어져 있다 하더라도 개별적으로 마케팅적 접근을 할 규모가 되지 않는다면 굳이 세분화한 타깃을 만들 필요가 없습니다. 시장세분화의 조건은 극히 비즈니스적 관점, 즉 '이익이 날 것인가, 아닌가'로 판단해야 합니다. 물론 잠재적 시장은 눈에 보이지 않고 쉽게 세분화하기 어렵지만 그런 시장도 잠재적 발전 가능성이 없는지 잘 살펴봐야 합니다.

> **토막상식**
>
> ### 인사이트를 얻을 수 있는 소비자 세분화 용어
>
> 언젠가부터 신문이나 방송 등에서 이슈의 성격에 따라 '○○족'이라 칭하는 소비자 세분화가 유행했다. 2017년 《마케팅 트렌드》에 소개되어 히트를 친 '욜로족(Yolo)'과 1인 가구가 증가하면서 유행한 '1코노미족(1conomy)'이 대표적인 사례다. ○○족은 당시의 트렌드나 생활상을 보여주기 때문에 잘 살펴보면 많은 인사이트를 얻을 수 있다.
>
> - 욜로족: 영미권에서 사용하기 시작한 용어로, '한 번뿐인 인생, 행복하게 즐기며 살자'라는 의미다. 이 용어가 유행하면서 하고 싶은 걸 하자고 부추기는 프로모션이 많이 등장했다.
> - 1코노미족: 1+economy의 합성어다. 1인 가구가 늘고 저성장 기조가 길어지면서 1인 소비가 늘어났다. 이런 소비를 즐기는 사람이 늘면서 등장한 용어다.
> - 노노스족(Nonos, No logo no design): 명품 브랜드의 디자인 상품보다는 차별화한 디자인의 상품을 즐기는 소비자층을 말한다.
> - 보보스족(Bobos): 경제적 여유가 있으면서도 자유로운 영혼을 지키고 싶은 사람들로, 예술적 고상함을 향유하고 조화로운 가치를 추구하는 집단을 말한다.
> - 히피족(Hippie): 1960년대에 등장한 집단으로, 기성의 가치관과 제도, 사회적 관습을 부정하고 인간성 회복과 자연과의 교감을 주장하여 자유로운 삶을 추구하는 젊은 사람들을 말한다. 우리나라에서도 1970년대에 장발과 통기타 등을 통해 사회적 구속에 반기를 들기도 했다.
> - 통크족(Tonk, Two only no kids): 자녀의 도움을 받지 않고 운동 등의 취미 생활을 즐기며 부부만의 인생을 살아가는 노인 세대를 말한다.
> - 여피족(Yuppies): 고등 교육을 받고 도시 근교에 살며 전문직에 종사하는 고소득의 젊은이를 말하며, 1980년대 젊은 부자를 상징한다.
> - 딩크족(Dink, Double income no kids): 의도적으로 자녀를 두지 않는 부부를 말한다. 1990년대 미국 베이비붐 세대의 가치관을 대변하는 용어다.
> - 싱크족(Sink, Single income no kids): 전통적 가정 형태를 지니고 있으면서도 경제적 이유로 아이를 갖지 않는 부부나 결혼을 하지 않는 사람을 말한다.
> - 딕스(듀크)족(Dewks, Dual employed with kids): 아이가 있는 맞벌이 부부를 말한다. 고학력 고소득자가 많고 육아에 대한 관심과 남녀 역할에 대한 고정관념을 거부한다.
> - 딩펫족(Dinkpet): 딩크족으로, 애완동물을 기르는 부부를 말한다.

- 네스팅족(Nesting): 가정의 화목을 중시하고 집 가꾸기에 열중하는 사람들을 말한다.
- 펫팸족(Petfam): 반려동물을 가족처럼 여기는 사람들을 말한다.
- 샐러던트(Saladent): 경쟁 사회에서 생존하기 위해, 새로운 분야나 업무 관련 전문성을 기르기 위해 공부하는 직장인을 말한다.
- 슬로비족(Slobbie, Slow but better working people): 생활의 속도를 낮춰 천천히 느긋하게 살기를 희망하며 출세보다는 자녀를 중시하는 사람들을 말한다.
- 예티족(Yettie, Young entrepreneurial tech based Internet Elite): 민첩하고 유연하며 일도 열심히 하고 패션이나 자기계발에도 관심이 많은 사람들을 말한다.
- 연어족: 경기 불황이 계속되면서 연어처럼 원래 살던 집으로 회귀하는 젊은 직장인을 말한다.
- 우피족(Woopie, Well-off older people): 경제적으로 여유가 있는 노인 세대를 말한다.
- 웹시족(Websy): 웹(web)과 미시(missy)의 합성어로, 온라인을 통해 정보를 얻거나 여가를 즐기는 주부들을 말한다.
- 이피족(Yffie): 1990년대 미국에서 여피(yuppie)에 이어 새롭게 등장한 신세대로, 젊고(young), 개인주의적이며(individualistic), 자유분방하고(freeminded), 사람 수가 적다(few)는 단어의 머리글자에서 유래했다.
- 차브족(Chav): 19세기 집시 언어에서 유래하여 히피, 펑크, 힙합의 계보를 잇고 있다. 번쩍이는 장신구, 짝퉁 브랜드 등 저급한 취향과 패션을 즐기는 노동자나 일탈 청소년을 폄하하는 말이었는데, 2000년대 들어 젊은이들의 문화적 취향을 지칭하고 있다.
- P세대: 제일기획이 2002년 월드컵, 대통령 선거, 촛불시위 이후 달라진 대한민국 변화상의 원인을 분석한 보고서인 'P세대의 라이프스타일과 특성'에서 유래한 세대로, 참여(participation), 열정(passion), 잠재력(potential power), 패러다임의 변화를 만드는 세대(paradigm-shifter)라는 의미를 가지고 있다.
- X세대: 캐나다 작가 더글라스 커플랜드(Douglas Coupland)의 장편소설 제목으로, 1960~1970년대에 미국과 유럽에서 태어난 세대를 말한다. 그들은 삶의 공허함과 우울함을 가지고 있다. 우리나라에서는 1965~1976년 사이에 태어난, 경제적인 풍요 속에 성장하여 개성 있고 감각적 문화 소비를 시작한 세대를 말한다.
- Y세대: 1982~2000년 태생으로, 미국 역사상 가장 영향력 있는 세대로 일컬어지는 베이비붐 세대의 자녀들을 말한다. 밀레니엄 세대, 에코 세대라고도 불린다. 타 문화에 대한 거부감이 적고 지적 수준이 높으며 도전정신을 가진 개인, 개방, 감성주의자가 많다.
- Z세대: 미국 Y세대 다음 세대를 말한다. 1995~2000년 초반 태생으로, 어려서부터 인터넷에 능하다는 특징이 있다.

목표 시장 선정(Targeting)

목표 시장 선정의 의미와 필요성

시장세분화가 기회가 있을 만한 시장을 찾는 과정이라면, 타기팅은 시장을 복수의 세분 시장으로 나눈 다음 하나 또는 그 이상의 시장을 선택하고 그 시장의 매력도를 평가하여 목표 시장을 선택하는 전략적 과정입니다. 시장세분화에서 고려해야 하는 조건들이 목표 시장 선정을 위한 평가 기준이 되고, 이런 평가를 통해 시장을 선정하는 것을 말합니다. 평가를 위한 기본적인 요인은 크게 세 가지로 볼 수 있습니다. 세분 시장 요인과 경쟁 요인, 기업과의 적합도가 바로 그것입니다. 이런 요인들을 바탕으로 시장을 목표로 삼을지를 판단할 수 있습니다.

구분	평가 요인
세분 시장 요인	규모, 성장성, 수익성
경쟁 요인	핵심 경쟁자, 주변 경쟁자, 잠재적 경쟁자
기업 적합도	사업 목표, 자원, 마케팅믹스

세분 시장의 매력도 평가 요인

그중에서도 가장 중요한 것은 세분 시장 요인입니다. 기업이 특정 시장에서 마케팅 활동을 수행하기 위해서는 시장 규모가 일정 범위 이상이거나 앞으로 시장 규모가 발전할 가능성이 커야 합니다. 현재 시장 규모가 크다는 것은 일정량의 매출이 발생한다는 전제입니다. 시장 규모가 크면 경쟁자가 있다 하더라도 시장 진출을 고민할 수 있지만 시장 규모가 작다면 고려해선 안 된다는 의미입니다. 규모가 작다 하더라도 시장 성장이 예상된다면 참여할 여지가 생길 수도 있지만 이런 경우 잘 판단하지 않으면 향후 시장이 성장하지 않을 때 문제가 발생할 가능성이 큽니다. 그리고 시장의 경쟁 환경이 너무 치열할 경우 수익성이 발생하지 않을 수도 있습니다. 그래서 시장 규모를 볼 때는 성장성과 수익성을 같이 봐야 합니다.

시장 매력도를 평가할 때 현재의 시장 상태만을 보면 미래에 강력한 잠재적 경쟁자가 등장했을 때 어려움을 겪을 수도 있습니다. 스타트업이나 중소기업들은 시장을 판단할 때 특히 이러한 점을 유의해야 합니다. 자본력과 유통력, 기술력 등을 갖추고 있는 대기업이 성장성을 보고 시장에 뛰어든다면 작은 회사들은 불 보듯 뻔한 경쟁 상황에 노출될 것입니다. 시장이 계속 커진다면 일정 부분 점유율을 유지할 수도 있지만 시장 규모의 성장이 한계가 있는 경우라면 시장만 만들어주고 사라지게 되는 아픔을 겪을 수도 있습니다. 그리고 경쟁자뿐 아니라 시장 소비자들의 힘이 큰 경우에 요구 조건들이 늘어나면서 이를 수행해주기 힘들게 되면 힘 있는 공급자 중심으로 재편되게 되므로 이런 점도 고려할 필요가 있습니다.

세분 시장이 일정 규모와 성장성, 수익성을 갖춰 매력적으로 보일지라도 기업 입장에서는 그 기업의 목표와 가지고 있는 자원의 상태를 고려해야 합니다. 프리미엄 상품을 생산하는 회사가 매스 시장의 규모가 크거나 성장한다고 해서 함부로 뛰어들었다가는 현재의 프리미엄 상품의 가치까지 놓칠 수도 있습니다. 반대의 경우도 마찬가지입니다. 대중 시장에서 큰 규모를 가진 회사가 프리미엄 상품을 생산하려다가 매스 시장을 잃을 수도 있습니다. 물론 서로 좋은 영향을 줄 것이라는 가정하에 시도할 테지만 시장은 뜻대로 돌아가지 않을 가능성이 큽니다.

미국은 세계에서 가장 치열한 자동차 시장입니다. 대중 브랜드들뿐 아니라 프리미엄 브랜드 경쟁도 치열합니다. 과거 일본의 토요타와 혼다, 니산 등이 성공적인 대중 브랜드 진출에 힘입어 앞다퉈 프리미엄 브랜드 시장에 뛰어들었지만 여전히 독일 3사에 밀려 점유율이 높지 않은 상황입니다.

목표 시장 선정과 마케팅 전략 특화

시장을 세분화하여 목표 시장으로 삼는 방법은 시장과 상품의 상태에 따라 성격이 달라집니다. 이를 타깃 시장 패턴이라 합니다. 예를 들어 스포츠카 브랜드인 페라리는 슈퍼카 시장에서만 활동하고 있습니다. 물론 시대의 흐름에 따라 최근 SUV를 생산하겠다고 밝혔지만 SUV 상품을 내놓기 전에 사용한 타기팅 전략은 상품과 시장 현황을 고려하여 한 가지만 공략하는 전략인 단일 세분화 집중 전략이었습니다. 이렇듯 시장과 상품을 기준으로 여러 가지 목표 시장 선정 전략이 나올 수도 있습니다.

흔히 글로벌 호텔 그룹들이 선택적 특화 전략을 사용합니다. 럭셔리 호텔부터 비즈니스호텔까지 브랜드를 세분화하여 다양한 세분 시장을 공략합니다. 이런 경우에는 각 호텔 성격에 맞는 브랜드, 고객, 커뮤니케이션 전략을 세워야 하기 때문에 자원이 나눠지고 비용이 많이 발생합니다. 하지만 글로벌 회사들은 규모의 경제를 만들어 이를 만회하고 있습니다.

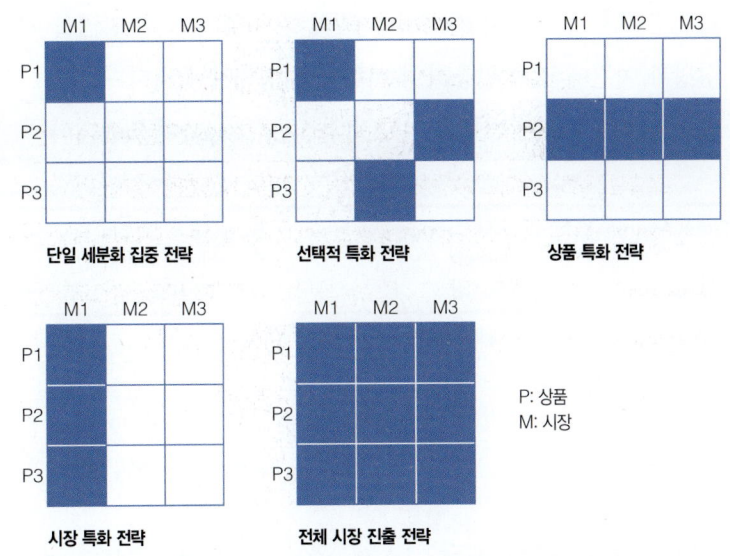

상품과 시장을 기준으로 어느 영역에 집중하느냐에 따라 전략과 전술이 바뀐다.

하나의 상품으로 여러 시장을 커버할 수 있는 상품이 시장 특화 전략에 해당합니다. 금융이나 게임 같이 큰 비용이 드는 시장이나 전문 상품으로 시장을 커버하는 등산 용품 전문 브랜드가 이에 해당합니다.
전체 시장 진출 전략은 남녀노소, 지역 등을 가리지 않는 전략입니다. 단일 상품이 전 세계 시장에서 활약하는 경우를 말합니다. 우리가 자주 마시는 음료의 대표주자인 코카콜라나 펩시콜라가 이에 해당합니다. 단 코카콜라 제로는 선택적 특화 전략이라 할 수 있습니다.
세분 시장을 평가하는 방법은 시장 성격에 따라, 기업 특성에 따라, 평가 기준에 따라 달라지는데, 대체적으로 세분 시장의 평가 조건을 기준으로 기업마다 필요한 조건을 더하거나 제외한 뒤 평가해야 합니다. 시장 매력도는 외형적 요인 외에도 시장에 직접적 혹은 간접적으로 참여하는 기업들이 어떤 전략과 전술을 구사하는가에 영향을 받기 때문에 시장 구조를 살펴보는 것이 필요합니다. 가장 유명한 모델이 마이클 포터의 5F 모델(공급자, 고객, 잠재적 시장 진입자, 대체재, 산업 내 경쟁자)인데, 이는 구조상의 위협과 기회를 분석하는 모델입니다. 이

외에도 환경 위험 분석이나 가치사슬 분석 등 다양한 분석 방법을 기업의 상황과 여건에 맞게 활용하여 시장을 선정해야 합니다.

시장 규모를 측정하는 방법으로는 TAM과 SAM, SOM이 있습니다.

TAM(Total Addressable Market) 전체 시장	SAM(Service Available Market) 목표 시장	SOM(Serviceable Obtainable Market) 초기 진입 시장
사업 아이템과 연관된 시장 규모	우리 아이템이 100%라 가정한 시장 규모	초기 핵심 타깃 시장 규모
배달 음식 시장 전체	전단지 대체 가능한 음식 업종	서울+중식+치킨

시장 규모 측정을 위한 TAM, SAM, SOM

배달의민족이라는 음식 배달 O2O 서비스를 시작한 우아한 형제들이 초기 비즈니스 모델  을 세울 때를 가정해봅시다. 그들은 시장 규모를 추정하기 위해 초기 시장부터 목표 시장 그리고 전체 시장을 추정하였을 것입니다. 시장 규모는 다양한 유관기관이나 증권사 리포트 등을 통해 추정할 수 있습니다.

성장성이나 수익성도 여러 자료를 바탕으로 분석하여 평가하고, 경쟁 요인이나 우리 기업에 적합한지도 평가 기준을 만들어 평가한 뒤 목표 시장을 선정하여 리스크를 최소화해야 합니다.

세분 시장을 평가하는 순서를 정리해보면 다음과 같습니다.

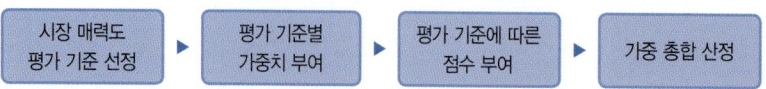

시장을 세분화하고 나면 기업이 어떤 형식의 마케팅 전략을 구사해야 하는지 대략적인 그림이 그려집니다.

❶ 차별적 마케팅

기업이 하나 혹은 여러 세분 시장을 공략하기로 결정했다면 각 세그먼트별로 다른 상품을 기획합니다. 세분 시장에 맞게 상품을 기획하고 마케팅 커뮤니케이션을 준비하여 각 시장에서 더 높은 수익과 강력한 포지션을 갖게 됩니다. 복수의 목표 시장 접근법인 차별화 전략은 다양한 고객 니즈에 대응할 수 있고 각 세분 시장에 적합한 마케팅 전략 수립이 가능합니다. 각 세분 시장 구분이 명확한 경우에 쓸 수 있는 전략으로, 고객 인식에 유리하나 마케팅믹스가 복잡해지고 그에 따라 비용이 과다하게 들어 수익이 악화될 가능성이 있습니다.

우리나라의 대표 생활용품 기업 중 하나인 LG생활건강은 화장품, 생활용품, 음료 등의 큰 카테고리에서 더 세분화된 시장으로 여러 브랜드를 전개하고 있습니다. 각 브랜드는 시장세분화 변수에 따라 구분된 아이템들을 각각의 차별화된 포인트를 가지고 마케팅 활동을 합니다. 세제 하나만 보더라도 한입세제, 테크, 수퍼타이, 피지와 같이 네 가지 상품 라인을 가지고 있고, 여기에 세탁기 형태별, 제형별, 용량별, 취급 유통점 형태 등에 따라 세분화하여 생산·유통하고 있습니다.

LG생활건강의 브랜드 전개도

이런 차별적 마케팅을 펼치며 마이크로 마케팅이라는 이름으로 특정 지역이나 개인들을 위한 더욱 좁은 시장을 찾기도 합니다. 인간의 역사를 돌이켜보면 산업혁명 이후 공장에서 생산된 규격화된 상품을 사용하기 전에는 개인 맞춤형 서비스를 받아왔습니다. 옷과 신발은 물론 집 안의 가구, 심지어 장례식 때 쓰일 관까지 개인화된 맞춤 서비스(Customized Service)를 제공받았습니다.

대량생산 시대에는 이런 서비스가 매우 고가로 유지되었습니다. 하지만 컴퓨팅과 로봇 기술, 물류 프로세스의 급속한 발달로 대량 맞춤(Mass Customization) 시대가 열렸습니다. 기업이 여러 세분 시장에서도 소비자와 일대일 상호작용이 가능하게 되었다는 뜻입니다.

아디다스는 2004년부터 한국 시장에서 일부 유명 축구선수들에게 제공하던 축구화 맞춤 서비스를 일반인들에게도 제공했고, 2005년부터는 러닝화도 서비스 항목에 포함시켰습니다. 2015년부터는 온라인 전용 스토어를 열어 개인이 원하는 신발을 선택하고 갑피나 안감, 힐컵 등의 컬러와 소재, 디자인 패턴까지 고를 수 있게 했습니다. 4~6주일 정도의 제작 시간과 추가 비용이 발생하지만 독일의 스피드팩토리가 확대된다면 이런 프로세스는 신발뿐 아니라 의류, 기타 생활용품에서도 가능할 것입니다. 이미 미국의 로컬모터스는 개인화된 차량까지도 생산·판매하고 있으니 맞춤의 시대로 회귀하는 것도 먼 미래의 일이 아닐 듯합니다.

차별적 마케팅은 포지셔닝으로 연결됩니다. 포지셔닝이란 세분 시장에서 기업이 자사의 상품을 어떻게 차별화하고 그 시장 내에서 차지하길 원하는 경쟁적 포지션을 결정하는 것입니다.

❷ 비차별적 마케팅

매스 마케팅이라고도 합니다. 이는 세분 시장 간 차이를 무시하고 하나의 시장 제공물로 시장 전체를 겨냥할 수 있는 전략입니다. 주로 보편성 높은 상품이 이런 전략을 선택하는데, 규모의 경제를 이룰 수 있어 효율적이나 시장 자체에서 새로운 기회를 발견하기가 쉽지 않습니다. 대체적으로 설탕, 소금 같은 생활필수품류가 이런 전략을 취합니다. 하지만 시장은 점점 더 세분화되어 가고 소비자들의 취향이 다양해지면서 특별한 상품군을 제외하고는 잘 사용하지 않습니다.

❸ 집중적 마케팅

틈새 마케팅이라고도 합니다. 이는 큰 시장에서 작은 점유를 유지하는 것이 아닌 작은 시장에서 큰 점유를 추구하는 전략입니다. 대체로 단일 목표 시장을 선정했을 때 사용하여 특정한 영역에 역량을 집중할 수 있어 한정된 자원을 가진 기업에게 유리합니다. 마케팅 커뮤니케이션도 전문적으로 할 수 있고 깊이 있는 메시지를 전달할 수도 있지만 고객의 니즈가 변하면 시장이 쉽게 무너질 수 있으므로 조심해야 합니다.

우리나라에서도 이런 틈새시장을 겨냥해 성공한 사례가 많이 있습니다. 대표적인 사례로 남성 헤어숍 브랜드인 블루클럽을 들 수 있습니다. 블루클럽은 여성 미용실과 남성 이용원으로 구분되어 운영되던 시장에 남성 전용 미용실이란 콘셉트로 등장하여 동네마다 하나씩은 볼 수 있는 장수 브랜드가 되었습니다. 화장품도 여성의 전유물이었지만 외모와 패션에 관심을 갖는 남성이 증가하면서 남성 화장품 전문 브랜드가 등장했고, 다양한 상품이 출시되고 있습니다. 좀 더 좁은 시장으로 들어가 보면 군인들을 위한 전문 화장품도 볼 수 있습니다. 피부에 좋지 않은 군용 위장크림을 대신할 수 있는 저자극 위장용 섀도, 위장크

림 등이 등장했습니다. 이는 남자친구를 군에 보낸 여성들을 타깃으로 마케팅이 이루어지고 있습니다.

이런 틈새시장 전략은 소규모 기업들이 대규모 경쟁자들이 중요하게 여기지 않거나 놓친 작은 시장에 제한된 자원을 집중 공략해서 새로운 시장을 만들어 키울 수 있습니다. 작은 시작으로 교두보를 마련한 기업들이 점차 큰 시장에 진출하는 사례가 많이 있습니다.

식품 기업인 풀무원은 두부를 시작으로 대형 식품 기업으로 성장했고, 댕기머리라는 샴푸로 시장을 개척한 두리화장품은 다양한 상품군을 생산하는 기업이 되었습니다.

포지셔닝(Positioning)

포지셔닝의 요건

❶ 차별화 마케팅과 포지셔닝

포지셔닝은 '다양한 마케팅 전략이 있는데, 어떻게 차별화할 것인가'에 대한 답을 찾는 과정 중 하나입니다. 시장에서 차별화를 한다는 것은 그리 쉬운 일이 아니기 때문에 많은 고민과 연구가 필요합니다. 앞서 세분 시장을 나누고 목표로 삼을 시장을 선정했다면 시장 여건에 따라 비차별적, 차별적, 집중적 마케팅 중 어떤 마케팅을 할 것인가를 결정해야 한다고 했습니다. 하지만 시장은 이미 공급 과잉 상태이고, 새로운 것이 그다지 많지 않습니다. 그래서 전통적인 방법의 차별화 방법이 가장 쉽지만 이미 시장에서는 익숙한 방법이기 때문에 눈에 띄지 않을 가능성이 큽니다.

상품이나 서비스에 차별적 가치를 제공하여 경쟁 우위를 선점하는 것이 차별화 전략이고, 이 차별화 전략을 위해 필요한 과정이 포지셔닝이라고 했습니다. 그렇다면 차별적 요소를 찾는 것이 이 과정의 핵심이라 할 수 있습니다. 기업은 마케팅을 이루는 가장 기본인 4P(Product, Price, Place, Promotion)에서 그 방법을 찾습니다. 여기에 사람(People)이나 프로세스(Process), 물리적 근거(Physical Evidence) 등을 추가하기도 합니다.

가장 기본적인 것은 상품과 서비스의 차별화입니다. 기업들은 상품을 기획하면서 기능, 성능, 스타일, 디자인 등을 통해 차별화를 꾀합니다. 애플이 최초의 MP3 플레이어 생산자가 아니었음에도 불구하고 MP3 시장을 평정할 수 있었던 것은 차별화된 디자인, 소비자 중심의 UI(User Interface) 접목, 소비자 중심의 상품 경험을 만들기 위한 끊임없는 연구 때문입니다. 애플의 상품들이 고가 정책을 가져가면서도 시장을 선도하는 것은 이런 차별화 전략 때문이죠.

서비스를 제공하는 회사들도 마찬가지입니다. 서비스 자체가 매력적일 수 있으려면 동일한 서비스를 제공하는 회사와 차별화된 서비스를 기획하고 실행해야 합니다. 마케팅 관련 책을 읽다 보면 사우스웨스트 항공사의 사례가 자주 등장합니다. 사우스웨스트 항공사는 미국의 저비용 항공사입니다. '저비용 항공사'라는 말에서 알 수 있듯 다른 항공사보다 저렴한 가격으로 항공 서비스를 제공합니다. 하지만 가격 경쟁력은 일시적으로 만들 수는 있지만 영원할 수는 없습니다.

사우스웨스트 항공사의 사장인 허브 켈러허(Herb Kelleher)는 단순히 '저비용 항공사'라는 이미지로 고객에게 다가간 것이 아니라 직원도, 고객도 즐거워야 한다는 신념으로 기존 항공사들이 생각지도 못했던 기내 서비스를 제공했습니다. 댈러스, 휴스턴, 샌 안토니오를 잇는 항공사로 철저하게 비용 중심의 서비스를 만들었지만, 그것이 전부가 아님을 깨닫고 즐겁게 일하는 기업 문화를 만들고자 스스로 즐거움을 제공하고 유머 감각이 넘치는 직원들을 채용해 고객들에게 항공 서비스만이 아닌 즐거운 경험을 제공하는 차별적 서비스를 만든 것입니다.

사우스웨스트 항공사는 차별화된 서비스로 눈길을 끈다.

상품과 서비스 차별화가 가장 핵심적이지만 유통 경로를 통해서나 상품이나 서비스를 제공하는 사람들이 더욱 친절하거나 고객을 이해하고 행복하게 만들어주는 차별적 요소들로 경쟁 우위를 만드는 기업도 많습니다.

공급 과잉 시대가 된 이후부터는 경쟁사 간 가치 제안의 차별화를 이루기가 쉽지 않습니다. 따라서 이미지 차별화를 통해 고객의 충성도를 높이는 방법도 사용하고 있습니다. 강력하고 고유한 기업이나 상품, 서비스 이미지를 통해 차별화합니다. 이런 전체적인 활동을 '브랜딩', '브랜드 커뮤니케이션'이라고 합니다. 차별적 전략은 다양하게 만들어낼 수 있습니다. 이런 차별화 전략을 위해 필요한 것들이 기업이 소비자를 위해 만들어야 할 차별화 요인이 됩니다.

❷ 차별화 요인의 조건

시장은 기본적으로 수요와 공급의 법칙에 의해 돌아가고, 이 수요와 공급의 법칙은 가격을 결정하는 중요한 변수입니다. 수요가 없는데 가격만 높인다고 해서 많은 수익을 올릴 수 있는 것도 아니고, 시장이 아직 성숙하지 않았는데 싼 가격에 많은 공급을 한다고 해서 성공을 거둘 수 있는 것도 아닙니다. 차별화는 전체 마케팅 과정 중 하나로, 전체 과정을 한눈에 볼 수 있는 관점과 시각을 가지고 접근해야 합니다. 또한 모든 상품이 차별점을 가져야 하는 것은 아닙니다. 다시 말하면 모든 차별점이 좋은 차별화의 요인이 아니라는 것입니다.

그렇다면 차별화를 위해서는 어떤 요인이 필요할까요? 차별화 요인은 다음과 같은 기준들을 만족시켜야 합니다.

차별화 요인	내용
중요성	충분히 많은 소비자에게 편익 제공
독특성	독특한 아이템이나 방식으로 제공
우월성	다른 상품보다 앞선 기술이나 방법으로 편익 제공
전달 가능성	소비자에게 가시적 전달이 가능
선점성	경쟁사 모방이 어려움
구매 가능성	소비자의 여유와 구매력에 맞는 가격
수익성	회사의 이익이 나는 구조

이러한 요인들은 향후에 4P믹스와 마케팅 커뮤니케이션 전략에서 핵심 구성 요소가 되기 때문에 매우 신중하게 선택할 필요가 있습니다. 차별화 전략은 사실 새로울 것도 없는 개념입니다. 인류의 역사 속에서 인간은 구별 짓기 위해 살아왔다고 해도 과언이 아닙니다. 시장에서 차별화는 생존하기 위한 본능과 같습니다. 남과 다른 무엇이 있어야 눈에 띄고, 남과 다른 효용이 있어야 선택되는 것입니다. 이런 차별화를 위해 많은 차별점을 사용하는 기업들이 조심해야 할 것은 자신들이 내놓은 그것이 소비자 입장에서 전혀 의미가 없을 수도 있다는 점입니다. 오랜 역사를 자랑하거나 '최고', '최대'라는 수식어를 많이 사용하는 기업들의 상품이나 서비스에서 그 상품과 서비스의 본질이 흐려지거나 사라지는 것을 볼 수 있습니다.

그리고 정보가 공급자 중심으로 순환되던 과거와 달리 소비자 중심으로 돌고 있기 때문에 공급자적 개념으로 차별점을 내세우는 것은 이제 큰 메리트가 없습니다. 공급자가 아닌 소비자가 선택하고 그것이 우위로 나타나야 차별점이라 할 수 있습니다.

현대 시장은 차별점을 만들어내는 것이 더욱 힘들기 때문에 차별화 전략을 이용하라는 말이 공허하게 들릴 수도 있습니다. 하지만 여전히 차별화는 유효하고, 어떤 효용을 줄지는 변화하는 트렌드와 라이프스타일 등에서 계속 고민하고 탐구해야 하는 영역입니다. 이런 차별화는 기업에게는 비용, 소비자에게는 효용입니다. 비용이 효용으로 연결되어야 좋은 차별화 전략이라 할 수 있습니다.

포지셔닝과 가치 제안의 의미

포지셔닝은 차별화 전략의 연장선상이지만 주체가 전혀 다른 개념입니다. 포지셔닝은 기업들이 가치 제안(Value Proposition, 목표로 삼은 세분 시장에 차별화된 가치를 만들고 그 시장에서 어떤 위치를 점유할 것인지 결정하는 것이자 소비자가 혜택으로 생각할 만한 것들의 조합)을 만들고 주요 속성들을 근거로 소비자들이 상품을 정의하게 하는 것입니다. 쉽게 말하면 기업이 소비자들에게 자신들의 상품이나 서비스가 어떻게 평가받도록 할 것인가 고민하는 문제입니다. 결론적으로 포지셔닝의 주체는 소비자이지만 소비자가 위치를 정하는 과정에 기업이나 마케터가 포지션을 찾거나 위치를 잡도록 도와준다는 의미입니다.

예를 들어 정말 비싼 가방을 판매하고 싶다면 최우선적으로 높은 가격을 결정하고, 양질의 상품을 생산하고, 유통 채널을 한정하고, 마케팅 커뮤니케이션 메시지에 럭셔리한 느낌을 주는 단어를 실어 소비자에게 '이 상품은 매우 질이 좋고 비싼 상품이겠구나'라고 인식시켜야 합니다. 이런 포지셔닝이 중요한 이유는 결국 다른 경쟁 상품보다 어떤 속성에서 우위를 점하게 하기 위함입니다.

기업들이 자신들의 상품과 서비스를 위해 만들어내는 것이 상품(브랜드) 슬로건입니다. 자동차 회사 BMW의 슬로건은 'The ultimate driving machine'입니다. 1975년부터 사용한 이 슬로건 하나로 BMW의 자동차를 타보지 않은 사람도 어떤 차라는 생각이 들게 만듭니다. 기업 브랜드는 조금 모호하고 이상적인 반면, 상품 브랜드 슬로건은 구체적이고 현실적입니다. 이런 슬로건을 비롯한 많은 속성과 커뮤니케이션 메시지들을 통해 기업이 자사나 자사의 상품에 대해 소비자가 어떤 생각을 갖게 할지 인식시키는 과정이 포지셔닝입니다.

포지셔닝을 위한 과정을 간략하게 살펴보면 먼저 소비자와 경쟁자 분석 등을 통해 거시적·미시적 환경을 살펴보고, 이를 통해 경쟁 상품의 포지션을 이해하고 자기 상품에 대한 포지셔닝 전략을 개발합니다. 그리고 이 포지셔닝 전략이 잘 맞아떨어지는지 확인하고 혹시나 잘 맞지 않는다면 위의 과정을 반복하여 리포지셔닝을 해야 합니다. 포지셔닝의 위치는 소비자의 니즈와 자사 상품의 강점, 경쟁 상품의 약점을 아우르는 자리가 되어야 합니다.

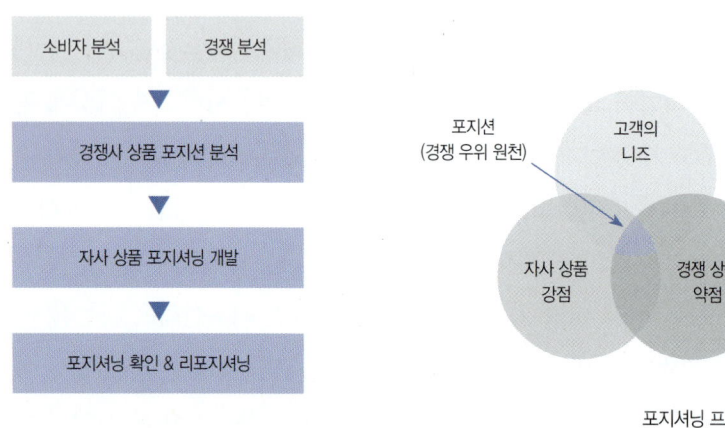

포지셔닝 프로세스

> 알아두세요

에이브러햄 매슬로우 (1908~1970년)
미국의 심리학자이자 철학자로, 인본주의 심리학을 창설하였다. 인간의 욕구는 기본적인 생리적 욕구에서부터 안전, 소속과 애정, 자아존중, 자아실현에 이르기까지 5개의 단계로 이루어져 있다고 주장하였다.

❶ 가치 제안

가치 제안은 소비자 효용을 종합적으로 모아놓은 것입니다. 소비자가 기업의 상품이나 서비스를 이용할 이유를 모아두었다고 생각하면 됩니다. 기업은 이런 가치 제안을 상품과 서비스에 투영합니다. 에이브러햄 매슬로우(Abraham Maslow)의 욕구 5단계를 인용하지 않더라도 인간이 현재를 살아가면서 필요한 다양한 욕구를 해결해주는 가치로 인식시키기 위해 마케팅믹스를 통해 소비자의 욕구를 자극시키고 충족시키는 일련의 프로세스를 만들어갑니다. 이는 브랜드 아이덴티티로 연결되고, 소비자에게 각인시킬 한 가지 키워드로 축약되기도 합니다. 그것은 안전이 되기도 하고, 자유가 되기도 합니다. 포지셔닝은 이러한 가치를 소위 가성비(가격과 품질의 관계)로 나타내기도 하고, 상품이나 서비스의 속성, 상징, 경쟁 관계 등으로 표현하기도 합니다.

❷ 포지셔닝 맵

포지셔닝 맵은 세분화된 시장에 어떤 차별화된 가치를 제안할 것인지를 설정한 다음 구매 변수에 기반한 차원에 해당하는 위치를 선정함으로써 자사 상품이나 브랜드가 경쟁사의 그것에 대한 소비자의 인식을 보여줍니다. 구매 차원은 다양한 변수를 설정하면 만들 수 있지만 많은 기업이 상품의 가장 중요한 요소를 중심으로 시장에 자사의 상품을 위치시킬 것인가 혹은 위치하고 있는가를 확인합니다.

상품을 기획하는 단계라면 원하는 위치를 표적으로 하여 소비자에게 어떻게 또는 어떤 이미지를 각인시킬 것인지를 연구할 것이고, 시장에서 경쟁하고 있는 상태에서 그려본다면 애초에 설정했던 위치에 잘 자리 잡고 있는지 확인하고 예상과 다르다면 그것을 조정하는 과정을 준비할 것입니다. 사격을 하려면 총의 영점을 잡는 과정이 필요한데, 원하는 위치에 총알을 명중시키기 위해 이 작업은 반드시 필요합니다. 마케팅에 있어서도 원하는 위치에서 소비자가 인식할 수 있도록 지속적으로 리포지셔닝을 시도해야 합니다.

포지셔닝 맵에서 산업 분야를 막론하고 가장 많이 사용되는 변수는 가격입니다. 다른 축은 그 산업 분야나 상품 카테고리에 맞는 변수를 사용합니다. 자동차라면 가격과 성능을 위치시켜 이 차가 얼마나 고급 차이고, 소비자가 원하는 성능을 구현하고 있는지를 봅니다. 패션 상품이라면 가격과 다양한 스타일 개념을 접목시킵니다. 예를 들면 얼마나 고정적이냐, 모던하냐 혹은 포멀하냐 캐주얼하냐 등 아이템의 성격에 맞게 위치시킵니다.

이런 포지셔닝 맵은 해당 상품의 성격을 나타내는 것이고, 경쟁 상품과 어떻게 차별시킬 것인지를 보여주는 것이기 때문에 포지셔닝 과정 중에 많이 사용하는 방법입니다. 이 포지셔닝 맵은 한 번 정해지면 그대로 유지되는 것이 아닙니다. 기획 당시의 위치와 다른 경우 지속적으로 수정 작업을 할 수 있고, 시간이나 환경 변화에 따라 해당 상품의 위치를 변경하고자 할 때 수정할 수 있습니다.

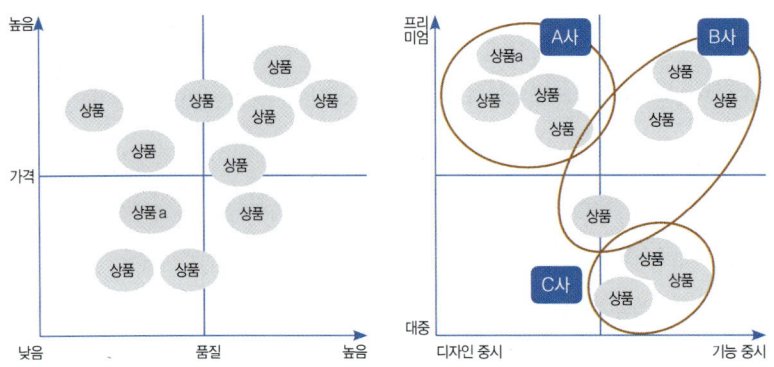

소비자가 구매 기준으로 삼을 요인들을 기준으로 포지셔닝 맵을 작성한다.

포지셔닝 맵을 그릴 때 상품의 위치만 표시할 수도 있지만 상품의 크기로 시장점유율을 나타내면 시장에서의 위치를 더 정확히 살펴볼 수 있습니다. 포지셔닝 맵은 포지셔닝 매트릭스 또는 퍼셉츄얼(Perceptual) 맵이라 불리기도 합니다.

드루브 그레월(Dhruv Grewal)과 마이클 레비(Michael Levy)는 포지셔닝 맵을 만들어가는 과정을 5단계로 설명합니다.

> 1단계: 경쟁사와의 관계에서 자사의 상품, 서비스의 가치, 인식 결정
> 2단계: 시장에서 이상적인 위치와 크기 표시
> 3단계: 소비자 선호 파악
> 4단계: 자사의 위치 결정(경쟁사 위치도 결정)
> 5단계: 포지셔닝 전략 모니터링

이렇게 그려진 2차원상의 그래프인 포지셔닝 맵은 기업과 상품이 지향해야 하는 방향을 정하기도 하고, 원하는 위치에 있지 않을 때 어떤 마케팅 활동을 통해 지향점으로 옮겨가야 할지 전략을 도출하는 나침반 역할을 하기도 합니다. 지속적인 트래킹을 해서 우리가 비즈니스를 영위하면서, 목표를 설정하면서 만들었던 포지션에 계속 위치하고 있는지, 그렇지 않다면 왜 그런지 고민하고 해결책을 내놓도록 하는 역할을 하는 것입니다.

인간은 경제적인 동물입니다. 본능적으로 내게 도움이 되는지, 이익이 되는지 등을 판단할 수 있습니다. 기업은 투입한 자원과 비용보다 훨씬 많은 이익을 가져가고자 하지만 소비자는 투입한 비용보다 훨씬 큰 효용을 얻고자 합니다. 이 두 과정이 밸런스를 맞췄을 때 거래가 발생합니다. 결국 기업 입장에서는 비용과 효용이 만나는 지점을 어디로 설정할 것인지의 문제인데, 포지셔닝 맵이 일정 부분 이 역할을 해줍니다.

포지셔닝이라는 개념이 등장한 것은 1969년입니다. 그때부터 지금까지 마케팅에서 중요한 의미를 담고 있으며 다방면에서 응용·발전되고 있습니다. 그 이유는 포지셔닝은 마케팅 시대가 공급자가 아닌 소비자 입장으로 바뀌어야 한다는 최초의 주장이었고, 시대가 이를 증명해주었기 때문입니다. 포지셔닝이란 개념을 만들어낸 앨 리스와 잭

트라우트의 저서 《포지셔닝》이 여전히 마케팅 분야에서 베스트셀러를 유지하는 것이 이를 방증하고 있습니다.

포지셔닝의 정의가 바뀐 것은 아니지만 세상이 바뀌면서 포지셔닝에 대한 개념도 진화하고 있습니다. 《포지셔닝》의 증보판에 추가된 내용 중에 '포지셔닝은 잠재 고객의 마인드에 자기 자신을 차별화하는 방식'이라는 문장이 있습니다. 이는 소비자가 어떻게 인식하느냐가 포지셔닝의 핵심이라는 의미입니다. 그 인식이 결국 소비자가 마케팅믹스를 어떻게 바라보게 할 것이냐를 결정하는 핵심 요소입니다.

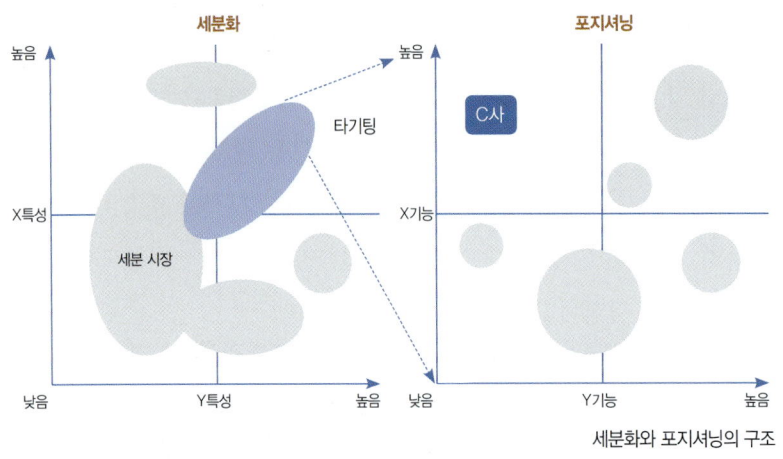

세분화와 포지셔닝의 구조

소비자의 인식을 바꾸는 비상한 재주를 가진 사람이 있었습니다. 그의 이름은 데이비드 오길비(David Ogilvy)로, 세계 최고의 카피라이터로 이름을 날렸죠. 그는 많은 광고 회사가 자신을 채용해주지 않아 직접 광고 회사를 차렸고, 글로벌 회사로 성장시켰습니다. 그가 남긴 수많은 카피가 소비자의 인식을 바꾸거나 상품을 품절시켰습니다. 그가 롤스로이스에 대한 카피를 하나 남기면 품절이 되었고, 남성들이 노동 후 더러움을 씻는 상징이었던 비누를 여성을 위한 미용 비누로 바꿔놓기도 했습니다.

이런 카피들이 등장할 수 있었던 이유는 무엇이었을까요? 바로 고객의 생각을 바꿔놓기 위해 연구한 차별화된 속성을 소비자의 잠재적 욕망에 이르게 하였기 때문입니다. 롤스로이스를 위한 카피로 그가 선택한 문구는 '60마일로 달리는 새  롤스로이스에서 들을 수 있는 가장 큰 소음은 전자시계 소리다(At 60 miles an hour the loudest noise in the new Rolls-Royce comes from the electric clock)'였습니다. 당시 도로 포장 상태나 자동차 제조 기술로 보았을 때 소위 럭셔리 고객들은 조용한 차를 원했을 것입니다. 롤스로이스는 고객들이 원하는 것을 잡아냈고, 데이비드 오길비는 카피를 통해 전달하였습니다. 이런 과정이 포지셔닝의 훌륭한 예라고 할 수 있습니다.

MARKETING

4장

마케팅믹스
레시피 만들기

4P믹스의 원형과 진화

마케팅을 심플하게 바라보는 관점, 4P

마케팅을 업무로 하거나 배우는 사람들이 가장 먼저 이론적 또는 방법론적 실행 측면에서 접하는 용어가 미국의 제롬 매카시(Jerome McCarthy) 교수에 의해 개념화된 마케팅 4P입니다. 마케팅을 하기 위해 사용되는 도구라 할 수 있는데, 매우 방대한 내용을 담고 있습니다. 앞서 상품과 서비스를 개발하고, 가격을 결정하고, 어떻게 유통시킬 것인지 채널을 결정하고, 판매를 촉진하는 방법을 계획·실행하는 것을 마케팅이라 정의했습니다. 마케팅 4P는 이런 시장의 전반적인 흐름을 정의한 것입니다. 시대가 변해 각각의 내용을 모두 담기엔 4P로 설명하기 어려운 부분도 있습니다. 하지만 반대로 4P로 간략하게 개념화하고 모든 것을 포함하는 것이 마케팅을 바라보는 관점을 심플하게 만드는 방법일 수도 있습니다.

비즈니스의 가장 기본적인 요소

일반적인 전통시장을 생각해봅시다. 가게를 가지고 있는 상인도 있고, 시장 구석구석 빈자리를 찾아 상행위를 하는 상인도 있습니다. 모두 오랜 기간 동안 시장에서 잔뼈가 굵은 분들입니다. 그들 중 한 사람이 시장에서 장사를 시작했을 때를 상상해봅시다. 가장 먼저 그는

'이곳에서 무엇을 팔 수 있을까' 고민했을 것입니다. 가게가 있든, 없든 팔릴 상품이 무엇인지, 이 시장에서 아직 취급하지 않는 상품은 무엇인지 고민했을 것입니다. 상품을 도매 시장에서 사다가 팔지, 원산지에 가서 사다가 팔지, 직접 재배해서 팔지 고민했을 것입니다. 그리고 상품을 얼마에 팔면 사람들이 살지 고민했을 것이고, 어느 위치가 사람들의 눈에 잘 들어올지 고민했을 것입니다. 만약 자리를 잡고 장사를 시작했다면 첫 손님에겐 개시를 하게 해주었다며 덤을 주고, 그 후 며칠 동안은 개점 기념 판촉 활동을 했을 것입니다. 손님이 뜸해지고 문 닫을 시간이 다가오면 내일도 팔 수 있는 상품과 꼭 오늘 팔아야 할 상품을 분류해 떨이 판매를 했을 것입니다. 이는 시장에서 흔히 볼 수 있는 광경입니다.

그렇다면 그들은 이런 마케팅 활동을 배워서 실천한 것일까요? 마케팅믹스, STP 전략 등을 잘 알아서 오랜 시간 동안 장사를 할 수 있었던 것일까요? 대부분 그렇지 않았을 것입니다. 인류 역사에서 거래가 시작되면서 이런 모습이 자연스럽게 발생했고, 인류 대대로 보존·유지·발전되었습니다.

생산에서 소비에 이르기까지 전 과정을 살펴보았을 때 가장 핵심적인 요소는 무엇일까요? 시장에서 장사하는 과정에서 주요 핵심 요소인 4P를 확인했습니다. 상품(Product)이 필요하고, 소비자에게 제시할 비용(Price), 즉 가격이 필요하고, 어디에 팔 것인지 정하는 유통(Place)이 필요하고, 상품을 팔기 위한 판매 촉진(Promotion)이 필요합니다.

마케팅믹스라고도 하는 4P믹스는 마케팅뿐 아니라 비즈니스의 가장 기본적인 요소라고 할 수 있습니다. 현재에 와서는 4P에 다양한 P를 붙여 8P, 10P로 정의하기도 하지만 대부분 네 가지 범주로 수렴이 가능합니다. 물론 시장이 발달하고 상거래가 복잡해지고 기업이 많아지고 소비자의 취향이 복잡해지고 공급이 넘쳐나면서 새로운 마케팅 개념들과 용어들도 생겨났지만 앞서 살펴본 STP 전략과 마케팅믹스가 마케팅 활동에서 가장 중요한 과정이라 이해하면 마케팅의 반을 이해했다고 해도 과언이 아닙니다.

마케팅믹스는 STP 전략에서 다룬 가치 제안을 어떻게 할 것인가에 대한 구체적 행위의 결과물입니다. 세분 시장을 나누고 목표 시장을 선정한 뒤 소비자의 마음 어디에 자리 잡을 것인가의 과정을 실제 행위로 보여주고 가시적 시장 제공물을 제공함으로써 어떤 효용을 느끼게 해줄 것인가의 문제를 풀어줄 구체적 해법입니다.

마케터가 스스로 4P를 정의하는 시대

제롬 매카시 교수가 개념화한 4P는 1960년에 나온 개념이기 때문에 현재의 마케팅 개념과 범주를 모두 담지 못한다는 주장도 있습니다. 이후 여러 개념이 등장했습니다. 생산자 중심의 시장에서 소비자 중심의 시장으로 전이되면서 로버트 로터본(Robert Lauterbon) 교수는 1993년에 소비자 측면에서 바라본 4P를 4C로 재정의하기도 했습니다. 그리고 고객과의 커뮤니케이션이 더욱 중요해지면서 2004년에는 도널드 칸(Donald Calne)에 의해 4E라는 개념도 등장했습니다.

다만 이런 용어적 정의는 누구의 관점이 중요하느냐 또는 어떤 가치가 중요하느냐에 따라 새로운 프레임으로 바라본 것이지 마케팅 구조의 본질이 변한 것은 아닙니다. 마케팅을 설명할 때 여전히 4P가 중요한 역할을 하는 이유이기도 합니다. 용어의 정의에 집착한다면 의미가 없을 수도 있지만 시대와 마케팅의 변화를 반영하여 마케터들이 스스로 4P를 정의해나가는 시대입니다.

제롬 매카시(1960년) : 전통적	로버트 로터본(1993년) : 전통적+고객 측면 강조	도널드 칸(2004년) : 감성 마케팅 부각
상품	고객 가치	체험
가격	소비자 비용	열성
판촉	의사소통	고객 전도
유통	유통의 편리성	교환

마케팅 4P의 진화

여기서 몇 가지 정리하고 가야 할 개념이 있습니다. Product는 상품과 서비스를 포괄하는 의미로 사용해야 합니다. 산업혁명 이후 100년간은 유형의 상품 중심으로 시장이 움직였다면 그 후에는 그 모습이 아주 많이 달라졌습니다. 상품은 물질 그 자체만을 의미하는 것이 아니라 상품이 공급자에게서 소비자에게로 가는 과정 또는 그 물질 자체의 스토리, 그 물질이 상징하는 이미지, 그것을 받아들이는 소비자들의 태도 등 더 많은 것을 포함하는 의미로 진화했습니다. 따라서 상품을 공장에서 생산하는 유형적인 물질로만 생각해서는 안 됩니다. 그리고 사회가 발전하고 기술이 진보할수록 인간의 삶에 필요한 것이 많아지고, 유형의 것을 넘어 무형의 것까지를 제공하게 되었습니다. 이를 '서비스'라는 이름으로 정의하였습니다. 과거 마케팅에서 서비스는 유형의 상품을 전달하기 위한 프로세스에서 그 과정에 관여하는 사람들의 행위로, 소극적·한정적으로 정의했다면 현재는 서비스 자체가 하나의 상품이고, 상품과 서비스를 따로 분리할 수 없는 상태로 존재하고 있습니다.

구글이나 유튜브, 네이버가 유형의 상품을 제공하지는 않지만 무형의 서비스를 통해 시장을 선도하는 시대가 되었습니다. 아마존과 같은 회사도 온라인을 통해 유형의 상품과 무형의 서비스 등을 제공하지만 소비자가 아마존을 이용하는 이유는 단순히 최저가 상품과 잘 짜인 서비스를 거래하기 때문만은 아닙니다. 여기서 브랜드에 대한 이야기도 할 필요가 있겠네요.

브랜드에 대해서는 둘째마당에서 자세히 설명하겠지만 브랜드의 개념과 정의도 시장의 진화에 맞게 바뀌어 왔습니다. 과거에는 브랜드가 상품이라는 영역에 있었다면 오늘날에는 소비자의 현재를 표현해주는 대표성까지 가지게 되었습니다. 그래서 마케팅을 배우고 마케팅 활동을 한다는 것은 과거 단순한 시장 체제에서 시장을 나누고, 상품을 생산하고, 영업하고, 프로모션을 하는 활동에 더해 소비자가 원하는 삶의 가치까지 아우르는 가치 체계이자 기호로써의 역할까지 그 범주를 넓히고 있습니다. 따라서 브랜드를 통해 고객에게 어떤 경험을 제공할 것인지, 그 경험은 고객에게 어떤 감정적 상태를 만들게 할 것인지에 대해 진지하게 고민할 필요가 있습니다.

본질을 이해해야 하는 마케팅 시대

이 책에서 다루는 마케팅의 영역들이 마케팅의 모든 것을 말해줄 수는 없습니다. 마케팅의 영역은 이제 비즈니스 전체로 확대되었고, 비즈니스는 브랜드라는 광의의 정의와 맥을 같이하지 않으면 생명력을 유지하기 힘듭니다. 여기서는 마케팅의 기본적 개념을 이해함으로써 사회적 변화와 트렌드를 반영하고, 비즈니스 전반을 이해하고, 그 과정을 마케팅적 관점으로 보고 실행하는 단계까지 이르는 시작이라고 생각하기 바랍니다.

이 내용을 쉽게 이해해보자면 애플의 아이폰은 상품과 서비스, 고객 경험을 모두 아우르는 하드웨어와 소프트웨어, 브랜드 전략 등을 모두 포함하는, 비즈니스 전반을 함의하는 자아(소비자) 연결형 상품입니다. 이런 상품이 판매되는 시대에 과거 마케팅 방법은 이를 다 설명할 수도, 소비자에게 다가갈 수도 없습니다. 하지만 그 본질을 제대로 이해하지 않고서는 파생되는 수많은 개념과 과정을 좇아갈 수 없습니다.

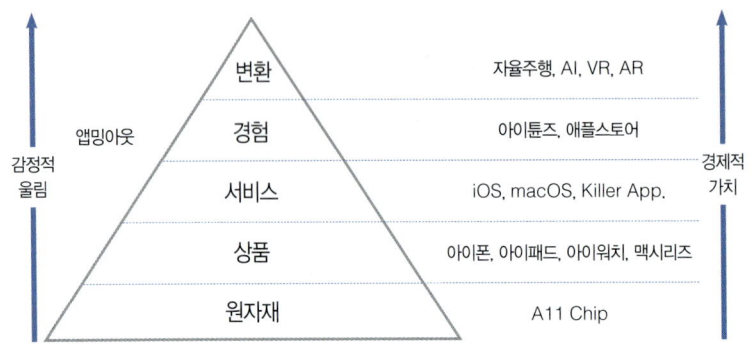

고객 경험으로 정리한 상품의 진화(애플의 마케팅믹스 전략이자 가치사슬 전략)

지금은 마케팅의 태생부터 진화 과정을 이해하고, 현재 상황을 연구해야 하는 마케팅 시대입니다. 일본의 서점 츠타야를 이해하기 위해서는 인간이 추구하는 삶의 방향까지도 이해해야 합니다. 그래야 츠타야의 본질이 무엇인지 조금이나마 생각해볼 수 있는 것처럼 결국 인간에 대한 연구와 탐구로 귀결된다는 것을 인정하고 마케팅을 바라보아야 합니다.

상품(Product)

고객 시대의 상품

상품과 서비스는 마케팅에서 가장 처음 고려되는 기본적 도구입니다. 지금부터 상품과 서비스에 대해 알아보도록 하겠습니다.

사전에서는 상품을 '사고파는 물품'이라고 정의하고 있습니다. 매우 일차원적인 해석이 아닐 수 없죠. 앞서 상품과 상품에 대해 간략하게 설명하고, 이 책에서는 '상품'이라 통일한다고 언급했습니다. Product는 생산에 초점을 맞춘 단어이고, 유통 회사에서 MD(Merchandiser)라고 하는 사람들은 Product를 선정하는 일(상품 기획)을 합니다. 그래서 Merchandise가 실제로 상품에 가까운 단어입니다. 이런 사전적 정의가 매우 중요한 것은 아니지만 개념의 차이 정도는 알고 있다면 금상첨화가 아닐까 싶습니다.

기업이 시장에 내다 팔 시장 제공물, 시장의 욕구를 채워줄 대상물을 상품(Product)이라고 합니다. 제롬 매카시 교수가 4P를 정의했을 때는 유형재(가시적인 형태가 존재하는 물건)에 대한 개념으로 정의했겠지만 현재는 광의의 개념으로 유형재뿐 아니라 서비스, 사람, 장소, 공간, 조직, 아이디어 혹은 이러한 모든 것을 포함하는 것까지를 상품이라고 할 수 있습니다.

우리가 일상생활에서 사용하는 펜, 컴퓨터, 식기, 옷, 신발뿐 아니라 금융 거래, 배달, 의료 서비스, 호텔, 식당 같은 유형·무형의 거래물 역시 상품이라는 의미입니다. 서비스를 상품과 따로 분리해서 설명하는 경우도 있지만 최근의 전반적인 시장 흐름이나 트렌드는 상품의 유형적인 모습만 포함하지 않습니다. 따라서 상품과 서비스의 특성과 역할, 성격을 따로 설명한다 하더라도 두 가지 형태를 모두 합쳐 Product로 바라보는 것이 이제는 더 이상 이상한 일이 아닙니다.

휴대폰을 구매한다고 생각해봅시다. 우리나라 휴대폰 시장은 크게 해외 업체인 애플과 국내 업체인 삼성, LG로 삼분되어 있습니다. 그런데 종종 AS가 좋아서 삼성이나 LG의 휴대폰을 구매한다고 이야기하는 사람이 있습니다. 휴대폰의 여러 차별점 중에서 통화 품질이나 고사양 스펙이 아니라 서비스에 방점이 찍혀 있습니다. 그렇다면 유형의 상품만을 상품이라 정의할 수 없게 되는 것입니다. 따라서 이제는 발전 단계에 따라 상품을 정의해야 합니다.

스타벅스에서 아메리카노 한 잔을 주문한다고 생각해봅시다. 많은 사람이 스타벅스를 찾는 이유는 커피가 맛있기 때문이기도 하겠지만 스타벅스 매장이 주는 분위기와 직원들의 서비스, 여러 프로모션 등의 혼합이 주는 종합적인 선택의 결과입니다. 그래서 이제는 상품을 정의할 때 이러한 모든 것을 고려해야 합니다. 생산 개념의 마케팅 시대를 살고 있다면 스타벅스라는 브랜드도 없을 것이고, '어느 농장의 커피' 정도의 상품으로 선택하면 그만일 것입니다. 그러나 시대의 변화는 상품의 변화도 이끌어내고 있습니다.

그래서 현재의 상품은 유형적 모습과 무형적 편익이 결합된 총체적인 모습이라 할 수 있습니다. 이는 야구공이나 골프공처럼 여러 코어로 이루어진 모습을 통해 생각해볼 수 있습니다.

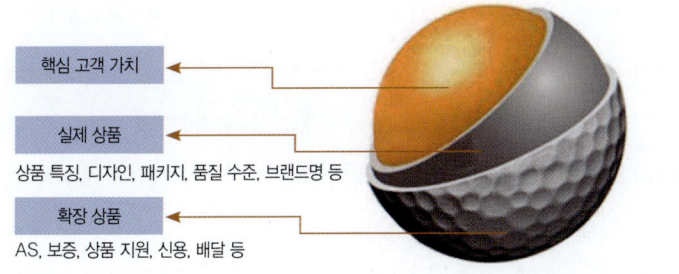

고객 시대의 상품 정의

필립 코틀러는 고객 시대의 상품을 핵심 고객 가치와 실제 상품, 확장 상품 형식의 세 가지 수준으로 재정의하기도 했습니다. 이는 기술의 상향평준화로 선택의 기준이 단순히 상품의 기능이나 품질이 아니라 '내가 저 상품을 구매하는 진정한 이유가 따로 있다'라는 것을 설명하는 것입니다.

상품 분류

❶ 진화적 관점의 분류

- **상품**: 순수한 유형재로, 극단적인 가시적 형태를 가진 시장 제공물을 말합니다. 전통시장에서 되박으로 파는 형태의 소금이 이런 상품이라 할 수 있습니다. 현대 시장에서 거래되는 상품, 특히 B2C(Business to Customer)에서는 브랜드를 갖게 되면서 점점 사라지고 있습니다. 소금도 브랜드가 되면 일정한 서비스를 포함한 상품으로 볼 수 있게 되기 때문입니다. 원시 거래 형태에서 말하는 상품의 의미는 박물관에나 있다고 할 수 있습니다.

- **상품 & 서비스**: 현대의 상품 개념에 가장 적합한 것은 상품과 서비스의 결합이라고 할 수 있습니다. 과거에는 상품과 서비스를 나누기도

했지만 현재는 극단적인 서비스에도 유형의 제공물들이 포함되고, 거래에서 중요한 역할을 하기도 합니다. 과거에 순수 서비스라고 정의해왔던 금융이나 의료 서비스도 이제는 순수라는 말이 의미가 없어졌습니다. 서비스도 브랜드화가 되었고, 가시적 형태의 제공물들이 거래에 중요한 역할을 하기도 합니다.

국내 인터넷 은행 중 하나인 카카오뱅크는 출시하자마자 엄청난 고객이 몰려 시스템이 멈추고 업무량이 폭발적으로 증가하면서 직원들이 밤샘을 하기도 했습니다. 이 배경에는 카카오 프렌즈의 캐릭터 카드가 큰 역할을 했습니다. 카카오뱅크는 이 캐릭터 카드에 힘입어 출시한 지 8일 만에 200만 계좌를 돌파했습니다.

출시한 지 8일 만에 200만 계좌를 돌파한 카카오뱅크의 캐릭터 카드

상품은 생산과 유통 과정에서 서비스에 의해 전달되기 때문에 각 과정에 대한 특징과 개념을 나누는 것이 필요하지만 마케터들은 이를 하나로 보는 것이 중요합니다. 상품을 기획하는 단계에서부터 생산과 소비, 전 과정을 아우르는 기획이 되어야 한다는 뜻입니다.

과거 마케팅 경로는 생산자와 중간상, 소비자의 역할이 대체적으로 지정되어 있었습니다. 하지만 사회와 산업 구조가 복잡해지고 경계가 흐려지면서 제조와 유통의 개념을 넘어서는 기업도 생겨났고, 상품 중심의 산업 구조에서 서비스 중심 구조로 변화하였습니다. 따라서 이제는 단순히 눈에 보이는 유형의 것들만 만들어내는 것이 아니라 총체적인 시장 제공물을 설계해야 합니다.

파편화되고 복잡해진 구조 탓에 마케터들은 조사해야 할 것이 차고 넘쳐 더욱 어려운 상황에 처하게 되었습니다. 온·오프라인의 속성과 구조, 상품과 서비스의 속성과 구조, 유통 과정의 전반과 마케팅 커뮤니케이션 등을 고민해야 상품이 나오는 시대가 도래한 것입니다.

그리고 브랜드의 개념이 확장되어 비즈니스 모델이자 마케팅 전략이 되면서 브랜드에 대한 개념도 알아야 합니다. 이런 전 과정을 상품에 대한 의사결정 경로라 하겠습니다. 상품 속성, 브랜딩(Branding), 패키징(Packaging), 레이블링(Labeling), 상품 지원 서비스 등 모든 것을 결정해야 합니다. 이 과정을 마케팅 4P믹스라고 개념적으로 정의하지만 업무 프로세스로 본다면 상품을 기획하는 모든 과정이 속해 있다고 해도 과언이 아닙니다.

- **상품 & 서비스 & 경험**: 역사적으로 경험도 상품이 되기 시작한 지 그리 오래되지 않았습니다. 콘텐츠 비즈니스가 활발해지기 시작하면서 콘텐츠를 경험하는 것이 시장에서 거래되는 하나의 상품 형태가 되었습니다. 영화를 관람하는 일, 놀이동산에서 즐겁게 노는 일은 경험을 사는 것입니다. 이런 경험도 하나의 상품으로 볼 수 있습니다.

과거와 달리 상품과 서비스가 표준화되고 브랜드화되면서 차별점들은 점점 이미지와 이를 통한 경험치로 표현되고 있습니다. 이런 상황에서 고객 가치를 창출하는 시장 제공물이 차별화되니 가치를 부여하기 위해 상품이나 서비스를 전달하는 것에 더해 경험을 만들고 긍정적 감정을 유발하는 것까지 상품의 정의에 들어온 것입니다. 고객 경험에 대해서는 뒤에서 자세히 설명하겠습니다.

- **상품 & 서비스 & 경험 & 정체성**: 상품을 사용하는 소비자는 상품을 통해 자아정체성을 확인하는 단계에까지 이르렀습니다. 어떤 상품을 소비함으로써 그 상품이 가진 정체성을 소비자의 자아로 연결하여 상

품의 브랜드 아이덴티티를 통해 자신의 정체성을 보여주고 있습니다. 이는 SNS를 통한 자기과시 현상과 맞물렸습니다. 과거에는 자신을 보여주는 것이 대부분 외모이거나 유형적 상품의 소비에서 해결되었지만 지금의 소비자는 자신이 이용하는 상품, 이용 과정, 경험, 상품의 브랜드 정체성을 자신의 정체성과 동일시하는 모습 등을 SNS를 통해 과시하고 있습니다. 이것이 바로 상품을 단순히 시장의 원초적 니즈를 충족시켜주는 형태의 시장 제공물로 바라봐서는 안 되는 이유입니다.

이제 상품은 경험까지 포함해야 한다.

일본의 라이프스타일 브랜드 무인양품(MUJI)을 좋아하고 소비하는 사람은 심플하고 군더더기 없는 삶을 살 것이라 예상할 수 있습니다. 그리고 과시적인 생활이 아닌 실속적인 생활을 한다고 예상할 수 있습니다. 따라서 기업은 이제 상품을 기획하는 단계에서부터 소비자 구매 여정과 아이덴티티를 어떻게 투영할 것인지 등도 고민하고 있습니다. 예를 들면 애플의 상품을 소비하는 사람들 중에는 애플의 브랜드 정체성과 자신의 정체성을 동일시하는 사람도 있습니다. 종종 과하게 추종하는 사람도 있죠. 애플의 상품과 서비스를 사용하고 이를 통한 결과물로 자신을 표현하는 것입니다. 이런 현상까지 일어나면서 상품을 규정하는 것조차 어려운 시대가 되었습니다.

용어적 정의를 통해 시장에서 역할을 정확히 하고 프로세스에서 할 일이 정해지기 때문에 마케팅적 용어의 정의는 필요하지만 상품은 이미 너무 큰 함의를 가진 용어가 되었습니다.

애플을 좋아하는 사람들을 표현하는 단어가 있을 정도로 브랜드 정체성과 자신의 정체성을 동일시하기도 한다.

❷ 소비자 유형에 따른 분류

- **생산재와 소비재**: 미국의 경제학자인 코플랜드(Copeland)에 의해 분류된 정의로, 생산재는 산업재라고도 불리며 이는 제조업체가 신상품을 개발하기 위해 필요한 재화를 말합니다. 산업재는 주로 원자재나 부품 등을 의미하는데, 사업을 위해 구매하는 상품이 산업을 위한 것인지, 소비를 위한 것인지에 따라 산업재가 소비재로 구분되기도 합니다. 이에 반해 소비재는 소비자가 사용하는 재화를 말합니다.

- **소비재의 구분**: 소비재는 고객이 상품을 구매하기 위한 행동적 특징을 기준으로, 편의품(Convenience goods/Products), 선매품(Shopping goods/Products), 전문품(Specialty goods/Products)으로 나눌 수 있습

니다. 하지만 상품 생산 기술의 발전과 마케팅 개념의 변화 등으로 이런 정의가 명확하게 구분되지는 않습니다.

구분	편의품	선매품	전문품
정의	자주, 최소한의 노력으로 구매되는 상품이나 서비스	품질, 가격, 스타일 등을 신중하게 비교하여 비교적 가끔 구매되는 상품이나 서비스	구매를 위해 많은 노력을 기울여야 하거나 특정 아이덴티티를 가진 상품이나 서비스
관여도	낮음	비교적 높음	매우 높음
가격	대체로 저가	고가	고가 또는 초고가
유통	광범위한 유통 전략	선별적 유통 전략	독점적 유통 전략
예	세제, 치약, 휴지 등	TV, 가구, 의류 등	시계, 명품 등

소비재의 구분과 특징

마케팅의 범주와 개념이 바뀌면서 최근에는 상품의 개념이 확대되었습니다. 상품은 유형의 상품뿐 아니라 서비스, 조직, 브랜드 가치, 콘텐츠, 장소, 아이디어 등 상품과 같이 제공되는 거의 모든 것(시장 제공물)의 총합을 의미합니다. 그래서 4P믹스를 확장시켜 People(사람), Process(과정), Physical Evidence(물리적 증거, 성과나 커뮤니케이션을 위한 유형 요소) 등을 포함시키기도 하는데, 4P의 개념에 같이 들어 있다고 보아도 무방합니다.

상품 기획

고객의 니즈를 조사하여 필요한 구체적 욕구를 규정한 후 원자재는 어떻게 조달하고 어떤 방식으로 설계·생산할지 결정하는 것을 협의의 상품 기획이라 할 수 있습니다. 이는 생산자 관점에서의 상품 기획입니다. 마케팅 중간상(유통) 관점에서의 상품 기획이란 많은 상품 중에 고객이 좋아할 만한 상품을 결정하고, 이를 매입하여 펼쳐놓은 뒤 판매 서비스를 통해 전달하는 과정이라 할 수 있습니다.

그러나 이것도 NB(National Brand) 관점에서의 전형적 상품 기획이고, PB(Private Brand) 관점의 상품 기획은 생산과 유통 전 과정을 아우르는 의사결정 구조를 만들고 실행하는 것입니다. 물론 각 과정마다 전담자가 있기는 하지만 이 전반의 과정이 잘 설계되어야만 성공 가능성이 높아집니다. 다음은 상품 기획 과정을 매우 심플하게 정리한 것이나 각 과정마다 수많은 과정이 담겨 있습니다.

상품 기획 과정 프로세스

1 상품 속성 정의

상품 기획을 할 때 가장 먼저 해야 할 일은 상품 속성을 결정하는 것입니다. 상품 속성에는 품질부터 특징, 스타일과 디자인 등이 포함되어 있습니다. 이는 산업혁명으로 인해 생산량이 늘고 기술이 발전하면서 생겨난 속성이라 할 수 있습니다. 가내수공업 수준에서도 가능한 이야기이긴 하지만 대량생산을 전제로 했을 때 나오는 속성이죠. 기본적으로 좋은 품질, 아름다운 디자인, 고객의 욕구에 상응하는 상품이 잘 팔린다고 말할 수 있지만 이는 가격, 유통, 프로모션 전략을 같이 결정할 수도 있는 속성입니다.

예를 들어 포드가 모델 T를 만들어 시장에 내놓았을 때는 대량생산의 장점을 최대로 끌어올리기 위해 검정색이라는 단일 색상을 선택하고 컨베이어 벨트의 생산 방식을 처음 도입하여 다른 기업보다 저렴하고 빠른 생산으로 시장을 선도할 수 있었습니다. 이후 페인트 기술의 발전이란 과정도 있었지만 경쟁사들은 다양한 디자인과 컬러를 도입하여 고객의 관심을 돌려세웠습니다. 이런 결정들이 상품의 속성을 정의하는 과정입니다.

현대에 와서 상품의 품질 수준을 결정하는 것은 가격 정책의 차이를 가져오고, 이는 유통 경로를 선택하는 기준이 되었습니다. 또한 이 속성에 따라 프로모션 수준을 결정하기도 합니다. 그래서 상품 기획 중 상품의 속성을 결정하는 것은 이후 모든 과정의 기준이 되는 매우 기본적이고 중요한 과정입니다.

(왼쪽)1914~1926년까지 생산된 검정색 모델 T
(오른쪽)1926년 이후 경쟁과 페인팅 기술의 발전으로 컬러가 도입된 모델 T

❷ 브랜딩

앞서 브랜드의 전반적 의미와 개념, 커뮤니케이션 등을 살펴보았기 때문에 여기서는 상품 기획 과정에서의 브랜딩으로 좁혀 간략하게 살펴보도록 하겠습니다. 브랜딩은 상품 속성에 따라 브랜드의 전략적 위치나 계층적 위치를 정하고 이에 따르는 콘셉트와 디자인 퀄리티, 커뮤니케이션 수단과 과정까지 고려하는 업무적 속성입니다.

상품 속성이 매우 제한적이라 해도 브랜드를 가지게 되면 확장된 속성을 가질 수 있습니다. 또한 다른 동일한 상품군 속에서 차별화나 가치 획득으로 비교 우위를 점하게 됩니다. 시장을 둘러보면 동일한 자원이 투입된 상품 간에도 브랜드 차이에 의해 가격 결정이 달라지는 것을 확인할 수 있습니다. 그래서 상품 기획 전반에 걸쳐 브랜드 전략이 잘 스며들고 적용될 수 있도록 해야 합니다.

각기 다른 회사에서 출시되었지만 디자인은 유사한 휴대폰들. 브랜드에 따라 가격 차이가 있다.

❸ 패키징

패키징은 상품을 담는 용기나 포장재 등을 디자인하거나 생산하는 것을 말합니다. 과거에는 상품의 형태 보존이나 손상을 방지하는 목적만을 수행했지만 현재는 마케팅에서 매우 중요한 요소로 작용하고 있습니다. 상품 선택의 보조적 수단이자 상품 경험 수준을 높이는 역할을 넘어 최근에는 패키징 자체 때문에 상품을 구매하는 경우도 많습니다. 이는 패키징이 상품의 보조 수단에서 벗어났다는 것을 의미합니다. 패키징 자체가 브랜드 가치를 전달하기도 하고 마케팅 커뮤니케이션 방법으로 활용되기도 하며 환경 문제, 안전과도 관련되기 때문에 중요하게 생각할 필요가 있습니다.

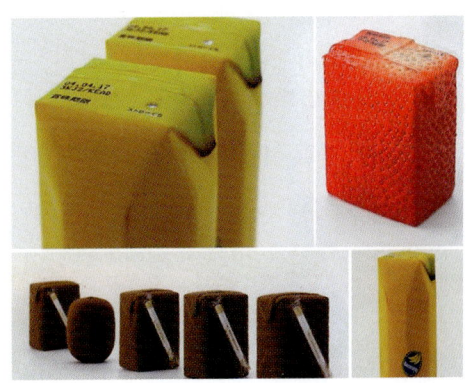

패키징 자체 때문에 상품이 판매되는 경우도 많다.

❹ 레이블링

상품에 부착되는 레이블은 단순한 이름표부터 복잡한 디자인 요소가 들어간 패키지의 일부에 이르기까지 범주가 매우 넓습니다. 기본적 기능은 해당 상품의 브랜드를 구분하고 성분, 제조 관련 정보를 표시하는 것이지만 현재는 프로모션의 일환이자 포지셔닝의 요소로 활용되기도 합니다. 와인의 레이블은 와인이 생산된 농장의 역사와 품질, 미학적 디자인, 브랜드 스토리 등을 소개하는 좋은 사례라 할 수 있습니다.

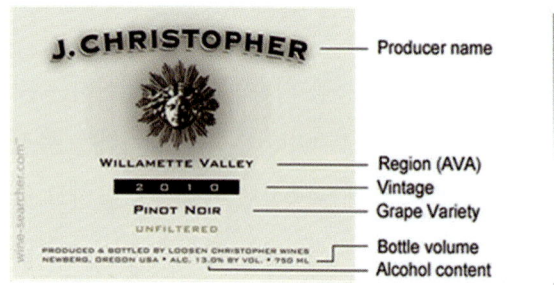 

와인의 레이블은 상품명, 와인의 수준 등의 정보를 보여주기도 하고 미학적 디자인을 뽐내기도 한다.

❺ 상품 지원 서비스

기업이 제공하는 시장 제공물은 자연스럽게 서비스를 포함하게 됩니다. 애프터서비스나 비포서비스를 말하기도 하고, 유통 과정에서 자연스럽게 발생하는 프로세스나 대면 서비스를 말하기도 합니다. 이런 서비스는 고객 경험에서 매우 중요한 부분을 차지하고 있기 때문에 현대 마케팅에서 중요하게 다루어지고 있습니다.

과거에는 서비스를 네 가지 특성에 따라 규정하고 정형화된 서비스를 지원하고자 했지만 요즈음은 상황에 맞는 진실한 서비스, 전체 고객 경험의 흐름을 깨지 않고 조화를 이루는 경험으로써의 서비스가 더욱 훌륭한 것으로 평가받고 있습니다. 과거에는 서비스 산업이라 하여 제조 산업과 구분하기도 했지만 현재는 산업 간 경계가 무의미한 시대이기 때문에 제조업과 서비스업 등 산업 경계를 가리지 않고 상품 기획으로써의 서비스가 매우 중요해졌습니다.

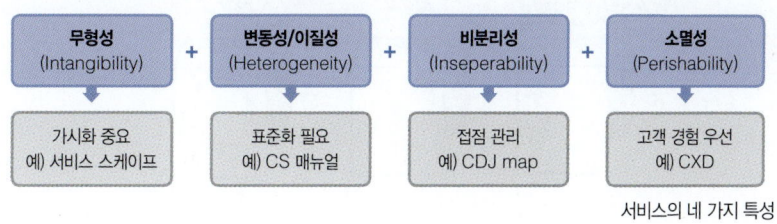

서비스의 네 가지 특성

상품의 개발 과정과 수명주기에 따른 전략

100여 년 전 특허들을 살펴보면 재미있는 것이 많습니다. 당시에는 필요가 없거나 기술이 없어 만들지 못한 상품들이 현재에 이르러 수요가 생기고 기술 구현이 가능해져 만들어진 것들도 있습니다. 인류 역사에서 상품은 사람들의 불편함을 해소하거나 기존의 상품들을 더 편리하게 개선하는 것으로 진화해왔습니다. 지금도 마찬가지이고 앞으로도 그럴 것입니다.

다만 지금의 상품 개발은 더욱 험난할 것입니다. 없는 상품을 찾기 어렵고, 초공급 시대는 수요 자체를 감소시키기도 합니다. 또한 환경이나 자원 고갈 등의 문제로 개발에 제한이 생길 가능성도 큽니다. 프로세스가 변하는 것은 아니지만 더욱 고객의 입장에서 단순 필요뿐 아니라 경험이 가미된 상품 또는 욕망을 자극하고 즐기기 위한 상품 개발로 방향이 바뀔 것이 분명합니다.

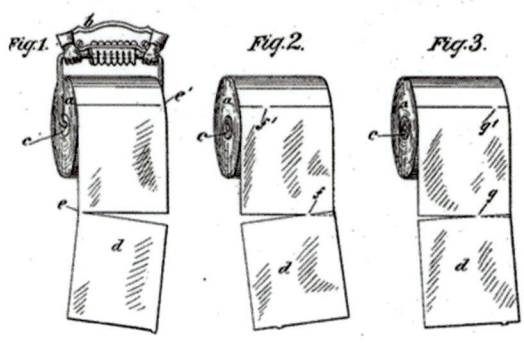

1891년에 특허 출원된 두루마리 화장지

신상품 개발은 아이디어 도출에서 출발하여 아이디어가 현재 시장에 적합할지, 상품화가 용이할지, 고객의 취향을 저격할 수 있을지 등을 고민하여 선별하고, 본격적인 콘셉트 도출과 상품 설계 등의 과정으로 진행됩니다. 동시에 마케팅 전략과 사업성 분석이 진행되어야 하고, 이를 통과하면 본격적인 상품 개발이 진행되고 테스트 마케팅을 실시할 수 있습니다. 최종적인 의사결정이 되면 공장이 돌아가고 상품이 고객의 품에 안기게 되는데, 유형적 상품뿐 아니라 무형적 서비스도 동일한 과정을 거칩니다.

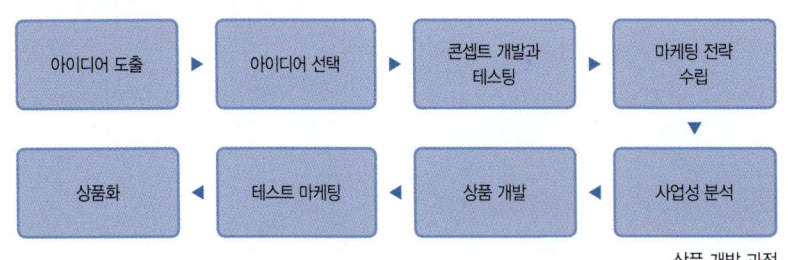

상품 개발 과정

❶ 아이디어 도출

기업은 점점 다양한 곳에서 아이디어를 얻고 있습니다. 과거에는 기업 내부에서 아이디어를 만들어냈지만 현재는 유통 과정, 고객 의견, 아이디어 콘테스트 등 다양한 방법을 통해 아이디어를 얻고 있습니다. 최근에는 크라우드 소싱(Crowd Sourcing)이나 기업 내 스타트업 프로그램 혹은 협업 프로그램을 통해 미래의 먹거리를 찾는 기업도 늘고 있습니다.

스타벅스는 고객의 아이디어를 적극적으로 발굴하고자 홈페이지에 고객이 아이디어를 작성할 수 있는 게시판을 만들어놓았고, 레고는 고객이 상품 디자인 아이디어를 올리고 1만 건 이상의 호응을 얻으면 디자인을 상품화하고 수익을 나누는 사이트 CUUSOO를 운영하고 있습니다.

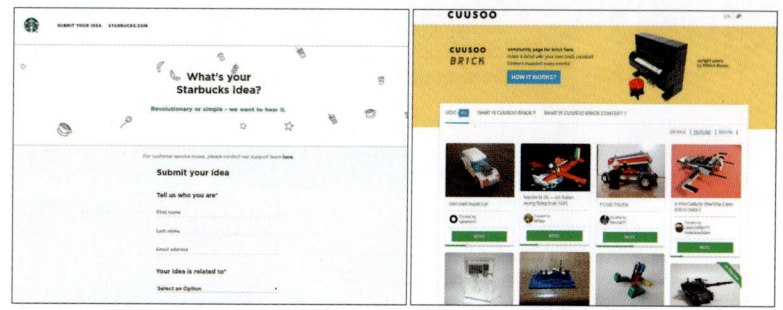

고객의 아이디어를 얻기 위한 스타벅스의 아이디어 페이지와 레고의 고객 아이디어 발굴 사이트 CUUSOO

❷ 아이디어 선택

아이디어 도출 단계는 비교적 저비용으로 구현할 수 있지만 아이디어를 선별하는 단계에서부터는 자원이 늘어납니다. 따라서 합리적 기준으로 아이디어 현실 가능성, 필요와 욕구가 존재하는지의 여부 등을 조사하여 상품화가 가능한 아이디어를 추려야 합니다.

❸ 콘셉트 개발과 테스팅

아이디어는 그 자체로 상품으로 발전할 수 있을지 알 수 없습니다. 아이디어에 상품 콘셉트를 입혀 시장에서 상용화 가능성이 있는지 살펴볼 필요가 있습니다. 자동차 회사들이 콘셉트카를 개발하여 모터쇼에 내놓는 것은 시장성이 판단되지 않는 상품들을 프로토타입(본격적인 상품화에 앞서 기본 기능만 넣어 제작한 모델) 등의 형태로 고객의 반응을 테스트해보기 위함입니다.

아우디의 콘셉트카

❹ 마케팅 전략 수립 및 사업성 분석

상품 개발 단계에서 마케팅 전략은 세부적 전술을 수립한다기보다는 목표 시장을 분석하고 포지셔닝을 수립하는 등 개념적 전략 수립 단계라 할 수 있습니다. 목표 시장은 타깃 고객이라고 말할 수 있고, 이 상품은 기업 내에서 어떤 위치에 둘지 또는 얼마만큼 매출이나 시장 점유를 가져올 수 있을지 다양한 각도로 판단하는 과정입니다.

사업성 분석은 이를 더욱 구체화·체계화하여 소요될 자원을 산출하고, 얼마나 이익이 날지 유사 상품이나 경쟁 상품들의 현황을 바탕으로 수치화하는 과정입니다. 이 과정에서 긍정적 반응이 나왔다 하더라도 양산 과정이나 시장에 직접 내놓았을 때 반응이 달라지거나 환경이 변해 기대하지 못한 방향으로 진행될 수도 있으므로 매우 신중하게 판단해야 합니다.

❺ 상품 개발과 테스트 마케팅

본격적인 상품 개발에 들어가면 매우 많은 비용이 발생합니다. 따라서 상품을 만들 때 예측되는 위험 요소들을 사전에 파악하여 대비책을 세워둘 필요가 있습니다. 또한 기업 내 핵심 인력이 모두 과정을 살필 수 있도록 실제 상품 원형을 만들고, 기능과 안전성 문제를 지속적으로 살펴봐야 합니다. 상품 콘셉트 개발 때 실행한 테스트들이 상품 개발 단계에서 기술적·비용적 문제로 구현되지 않을 수도 있고, 이미지나 상상으로 반응을 보이는 시장조사가 실물로 나왔을 때 전혀 다르게 나타날 수도 있기 때문에 많은 경우의 수를 준비해두어야 합니다.

❻ 상품화와 상품 수명주기 전략

테스트 마케팅을 통해 최종 상품화 결정을 내리기 위한 다양한 정보를 수집하고, 이를 경영진이나 의사결정권자에게 전달하여 신상품을 시장에 내놓는 과정이 상품화입니다. 이는 기존 상품 개발 과정에서 발생한 비용을 회수하는 과정이므로 매우 적극적으로 마케팅믹스 전략을 실행하여 시장에 안착할 수 있도록 해야 합니다. 상품을 시장에 내놓는 것만으로 상품 개발이 완료된 것이 아닙니다. 고객의 반응과 경쟁 상황 등을 고려하여 지속적인 상품 관리 과정으로 발전해야 합니다.

사람이 태어나고, 성장하고, 나이가 들면 노쇠하듯 상품도 똑같은 과정을 거칩니다. 레이몬드 버논(Raymond Vernon)은 이를 상품 수명주기(PLC, Product Life Cycle)라 정의하였는데, 시기마다 적절한 상품 관리 전략을 세우고 실행하여 상품이 시장에서 오랜 기간 존속할 수 있도록 수명주기를 늘려가야 합니다. 그리고 상품 수명주기와 더불어 고객들의 기술 수용주기를 고려한 상품화와 마케팅 전략을 병행해야 합니다. 상품이나 서비스가 성숙기에 접어들면 해당 상품이나 서비스는 기업의 캐시카우 역할을 하게 됩니다. 그런데 엄청난 속도로 변하는 기업 환경에서 언제 쇠퇴기를 맞이할지 모르기 때문에 대체 상품이나 서비스를 준비하면서 새로운 기술을 도입하는 등의 준비를 동시에 하는 것까지 상품화 과정으로 확대하여 관리해야 합니다.

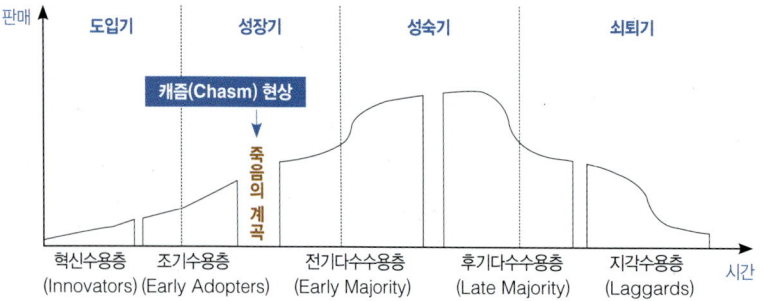

상품화 과정에서 고려해야 할 상품 수명주기와 기술 수용주기
(출처: Everett M. Rodgers[1995], Diffusion of Innovations, 4th edition, The Free Press)

가격(Price)

기업의 흥망이 결정되는 중요한 이슈

가격은 상품과 따로 떼어 생각할 수 없는 실과 바늘과 같은 마케팅 요소라 할 수 있습니다. 앞서 상품을 설명하면서 살짝 언급했듯 상품 개발 전 과정은 시장에서 받아들일 만한 가격이라는 것을 고려하여 진행되어야 합니다. 아무리 아이디어가 좋고 고객이 필요로 하는 상품이라 해도 소비자가 수용하지 못할 가격으로 출시한다면 성공을 거둘 수 없습니다. 특히 상품력의 상향평준화로 인해 경쟁 상황이 치열한 시장에서의 가격 정책은 고객의 선택 기준에서 매우 중요한 역할을 합니다.

가격은 기업이 존속할 수 있는 가장 기본적인 숫자입니다. 이익이 나지 않는 기업은 존재할 수 없습니다. 가격은 기업의 지속가능성을 보장해줄 수 있는 선에서 시장의 원리에 따라 결정되어야 하고, 실제로 많은 상품이 개발 과정에서 시장 가격에 맞춰 만들어집니다.

학교에서 경제와 관련된 가장 기초적인 법칙을 배우는데, 이때 등장하는 것이 바로 공급과 수요 법칙에 따른 가격 결정입니다. 가격이 높다고 해서 기업이 돈을 많이 벌 수 있는 것은 아닙니다. 가격이 비싸면 수요가 줄어 이익이 줄어들 수도 있습니다. 반대로 가격이 너무 저렴하면 상품이 많이 팔려도 이익이 적거나 팔수록 손해가 나는 상황이 발생할 수도 있습니다. 생산자나 유통 회사들은 이러한 과정을 이해하고, 상품의 성격과 시장 환경을 잘 이해하여 신중한 가격 정책을 취해야 합니다. 이를 프라이싱(Pricing)이라고 합니다.

최근 이런 가격 정책에서 가장 확실한 승기를 잡은 곳은 미국의 아마존입니다. 1994년 아마존은 제프 베조스에 의해 인터넷 서점 서비스를 시작으로 전 세계 유통 시장을 좌지우지하는 공룡이 되었습니다. 제프 베조스의 냅킨으로 유명한 비즈니스 모델은 이러한 가격 정책의 기본기를 잘 보여줍니다.

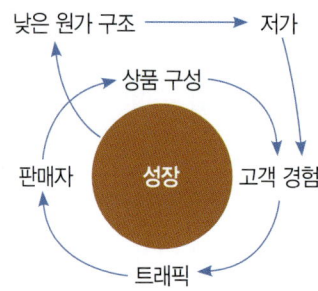

제프 베조스의 냅킨

제프 베조스가 한 카페에 앉아 냅킨에 그렸다는 이 그림은 아마존 비즈니스 모델의 기본이자 성장 전략을 보여줍니다. 비즈니스가 성장하기 위해서는 낮은 원가 구조를 가져야 하고, 낮은 가격은 고객의 경험을 만들고, 이는 고객을 모으고, 고객이 모이면 셀럽이 늘어나고, 선택의 폭이 넓어지고, 이는 다시 고객 경험에 반영되고 선순환을 만들어낸다는 가정입니다.

이 가정은 미국에서 현실이 되었고, 아마존은 미국의 유통 역사를 바꿔놓았습니다. 물론 가격만이 아마존을 존재하게 한 것은 아니지만 이 구조를 위해 아마존은 모든 것을 쏟아부었고, 결국 성공을 거두었습니다. 온·오프라인이 적절히 변화되는 역사 속에서 제프 베조스의 그림은 더욱 잘 적용되고, 많은 오프라인 기업이 손들고 항복하는 사태가 발생했습니다. 이를 의미하는 아마존드(Amazoned)라는 신조어가 생겨났을 정도이니 그 충격은 감히 상상하기 어렵습니다.

가격은 마케팅 요소 중 비용을 수반하는 다른 요소와 달리 유익하게 수익을 내는 요소입니다. 그러면서 마케팅 전략 중 유연성이 높아 가장 즉시적 실행이 가능한 전략이기도 하죠. 다만 가격 정책은 매우 민감하고 다양한 요소가 함께 적용되기 때문에 신중해야 합니다.

많은 마케터가 유통이나 프로모션 믹스에 자신감을 보이는 반면, 가격 정책은 어렵게 생각합니다. 한 상품의 가격 정책으로 인해 기업의 흥망이 결정될 수도 있기 때문입니다. 가격 정책에 성공하는 경영자는 기업의 지속가능성을 높여주는 유능한 리더라 할 수 있습니다.

가격 전략

기업 입장에서 매출액은 상품 기준으로 보면 판매량과 상품 단가의 곱이고, 고객 기준으로 보면 고객 수와 객단가의 곱입니다. 제조업에서는 전자의 기준으로, 유통업에서는 후자의 기준으로 가격을 결정합니다. 사실 이 공식대로라면 가격 결정은 매우 쉽습니다. 판매량을 늘리려면 판매 단가를 낮추고 고객 수를 늘리거나 객단가를 높이는 마케팅 계획을 수립하면 됩니다. 하지만 이는 현실적으로 그리 쉬운 일이 아닙니다.

과거에는 상품 수가 많지 않았기 때문에 가격은 주로 원가 기준이나 경쟁 현황에 영향을 받았습니다. 하지만 현재는 너무 많은 상품이 존재하기 때문에 '가치'를 기준으로 상품을 판단해야 합니다. 고객이 기대하던 이상의 효용을 얻는다면 만족감을 느끼게 되고, 가격 대비 얻는 가치가 매우 높다고 생각하게 됩니다. 반대의 경우에는 불만족으로 나타나게 되죠. 하지만 이 가치라는 것이 가격만으로 결정되는 시대가 아니기 때문에 가격 결정이 매우 어렵다는 것입니다.

사실 마케팅 책에서 가격 결정에 대한 이론을 늘어놓아 봤자 별 도움이 되지 않습니다. 가격은 현장에서 일어나는 일이기에 개념적으로 이해하고 있다 하더라도 시장 상황에 따라 즉시적 해결책을 찾아야 하는 문제이기 때문입니다. 가격 하나만으로 한 권의 책을 쓸 수 있을 정도로 복잡한 문제입니다. 여기서는 가격 결정의 요소는 무엇인지, 어떤 원칙들이 제공되는지만 살펴보겠습니다.

가격 전략을 이해하기 앞서 가치와 효용에 대해 잠시 살펴보도록 하겠습니다. 가치는 고객의 필요와 욕구를 충족시킬 수 있는 것을 말합니다. 이러한 가치는 투입된 비용에 대한 질이나 서비스의 크기로 측정할 수 있는데, 즉 내가 지불한 비용보다 더 큰 가치를 얻었다고 생각하면 소비에 대한 만족으로 나타나는 것입니다. 이러한 가치는 효용이 있어야 합니다. 이러한 효용은 물리적 효용과 심리적 효용, 두 가지 형태로 나타납니다.

물리적으로는 형태(소비자가 원하는 형태), 시간(원하는 시간에 구매 가능), 장소(원하는 장소에서 구매 가능), 소유(소유 이전 및 경로 단축) 형태의 효용이 있고, 심리적으로는 서비스 만족감, 경험적 특이성, 자존감 등 다양한 형태로 표출됩니다. 가격 전략이 점점 어려워지는 이유는 가치 측정에 있어 물리적 효용보다는 심리적 효용이 차지하는 비중이 커지고 있기 때문입니다. 이러한 이유 때문에 '가성비', '가심비'라는 신조어가 등장한 것이죠. 가격 전략은 비즈니스에서 매우 중요한 역할을 합니다. 물론 비즈니스 종류나 상품, 서비스 종류에 따라 다르지만 비즈니스의 모든 활동은 가격으로 가치가 매겨지고, 이익을 내는 방법은 가격을 기반으로 합니다.

일반적으로 가격 전략은 원가 기반 가격 전략과 고객 가치 기반 가격 전략, 경쟁 기반 가격 전략으로 나뉘는데, 이런 기본 가격 전략을 기반으로 하여 확장된 개념의 가격 전략들도 있습니다.

가격 전략을 이해하기 위해서는 가격의 구조를 이해해야 합니다. 가격은 비용에 이익을 포함하여 정해집니다. 이익을 올리면 수요가 없어지는 상한선이 생기고, 이익을 낮추면 손해를 보게 되는 하한선이 생깁니다. 이러한 구조를 제대로 이해한 후에 가격 전략을 고민해야 합니다.

❶ 원가 기반 가격 전략(Cost-based pricing)

비용에 적당한 이익을 더해 가격을 결정하는 전략으로, 생산자나 판매자의 비용(가격하한선)이 가격 전략의 핵심입니다. 가장 일반적이고 간단하며 데이터 활용이 쉬운 방법입니다. 이는 고객의 지불 의사(수요)나 경쟁 관계를 고려하지 않는 전략입니다.

이런 전략은 대부분 가격이 상품 경쟁력이 되는 상품, 대형마트나 저가 항공사 등이 사용합니다. 고정 비용은 유지되기 때문에 판매 수준을 고려한 후 목표 이익과 변동비를 계산하여 가격을 결정해야 합니다.

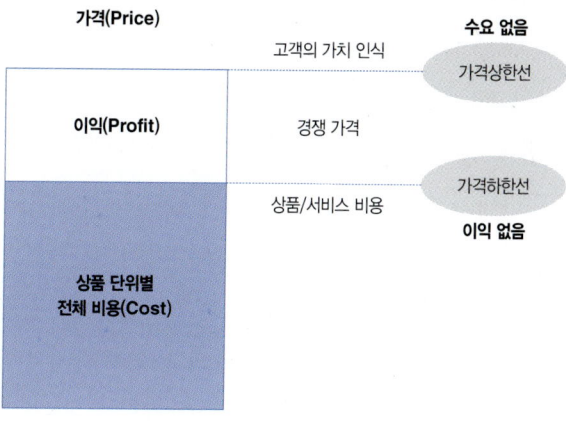

가격의 구조

❷ 고객 가치 기반 가격 전략(Customer value-based pricing)

고객 가치에 대한 인식에 기반하여 가격을 결정하는 전략으로, 수용이 있을 법한 가격상한선을 목표로 가격을 결정합니다. 최우선으로 고려해야 할 것이 고객의 관점인데, 관련 데이터를 얻고 해석하기가 매우 어렵습니다. 하지만 성공하면 높은 이익을 보장하는 가격 전략입니다. 이러한 가격 전략은 프리미엄 상품에 해당하고, 디자인이나 서비스, 유통 등을 고객의 가치 관점으로 최적화해야 하기 때문에 상품 판매 단가가 높아질 수밖에 없습니다. 고급 자동차나 고가의 전자 상품 등을 생산하고 판매하는 회사들이 주로 사용하는 전략입니다.

❸ 경쟁 기반 가격 전략(Competitor-based pricing)

경쟁 업체의 예상 가격이나 관찰된 가격을 기반으로 하여 가격을 결정하는 전략입니다. 데이터 활용이 쉽지만 고객을 고려하지 않아 좋은 기회를 놓칠 수도 있습니다. 이런 전략은 가격에 상관없이 상품을 이용하는 시장에서 많이 나타나는데, 주유소나 온라인 쇼핑몰 등에서 볼 수 있습니다.

❹ 기타 가격 전략

앞서 설명한 가격 전략들은 상품이나 서비스의 형태, 수준에 따라 다르게 나타나고, 시장점유율을 목표로 할지, 더 많은 이익을 목표로 할지, 신규 시장에 침투하는 상황인지, 경쟁 상황이 치열한 곳인지에 따라 다르게 나타나기 때문에 마케팅 환경 전반을 고려해야 합니다. 이런 원론적인 가격 전략 외에도 중간 가격 전략이 있습니다. 이는 고객이 다양한 상품 중에 중간값을 고려하는 경우를 위한 전략으로, 골디락스 가격 전략(Goldilocks Pricing, 영국의 전래동화에서 주인공 골디락스가 숲속에서 곰이 사는 오두막을 발견하고 들어가 식당에 차려져 있던 뜨거운 죽, 미지근한 죽, 차가운 죽 중에 미지근한 죽을 먹고 만족한다는 내용에서 유래)이라고도 합니다.

종속 가격 전략(Captive product pricing)은 본체와 부속품이 갖춰져야 사용할 수 있는 상품일 때 본체 가격은 낮추고 부속품의 가격을 높여 이익을 높이는 전략입니다. 프린트기나 면도기, 즉석 필름 카메라 등이 이런 전략을 사용하는 대표적 상품입니다. 가격 전략은 여러 상품이나 서비스를 묶어 판매하는 묶음 상품 전략, 의도적인 고가 전략, 저가의 가격으로 경쟁 시장에 들어가는 침투 가격 전략 등 기업의 상태나 시장 환경에 따라 다양한 형태로 나타납니다.

가격 전략은 상품의 원가와 고객의 지각된 가치 사이에서 정해지는 기본적 원칙을 가지고 있지만 경쟁사와의 관계, 마케팅 목표나 전략, 시장과 수요의 성격, 다른 마케팅 요소들과의 관계 등 고려할 것이 매우 많아 신중하게 생각해야 합니다.

유통(Place)

고객에게 가치를 제공하는 활동

'좋은 쥐덫을 만들면 세상이 당신의 문을 향할 것이다'라는 말이 있습니다. 좋은 상품은 팔린다는 뜻입니다. '아무리 좋은 쥐덫도 더 이상 쓸 일이 없다면 아무 소용없다'라는 말도 있습니다. 환경 변화에 적응하지 못하면 아무리 좋은 상품이라 해도 필요가 없어진다는 뜻입니다. 이에 더해 '좋은 쥐덫을 만들 수는 있지만 적절한 때와 적절한 곳에 있지 않으면 아무 쓸모가 없다'라는 말도 있습니다. 좋은 상품도 적절한 유통 경로를 필요로 한다는 뜻입니다. 쥐덫 하나로 많은 마케팅 핵심을 설명하고 있습니다.

제롬 매카시 교수가 마케팅 4P를 정의할 때는 세상이 이리 복잡하지도, 기술이 많이 발전하지도 않은 상태였습니다. 유통은 입지를 의미하는 말이었고, 사람이 모이는 곳이 유통업의 최적지였던 시절이 있었습니다. 사실 그리 오래전 이야기도 아니죠. 하지만 지금의 유통은 매우 복잡한 말입니다. 온라인과 오프라인의 경계, 시장 구성원 역할의 경계가 사라져 전통적 마케팅 요소 중 하나인 유통의 정의도 규정하기가 매우 힘들어졌습니다. 유통을 담당하던 기업들이 생산자와 같은 역할을 하고, 정보를 제공하고 시장을 감시하던 미디어가 판매를 하기도 합니다. 전통적 유통 경로에 존재하던 도매상과 소매상의 역할도 구분하기 힘들고, 수평적 구조였던 유통 구조는 수직적·복합적 구조가 더해져 매우 복잡합니다. 이런 유통을 제대로 이해하는 것은 마케팅을 이해하는 데 매우 중요합니다.

상품과 서비스가 유통되던 경로가 매우 획기적으로 변해가고 있는 세상입니다. 물론 상품이나 기술의 혁신으로 인해 유통이 변하기도 합니다. 이러한 변화의 궁극적인 목표는 결국 소비자에게 가치를 제공하는 것입니다. 유통은 마케팅 활동의 일환으로, 기업의 상품이나 서비스를 어떤 유통 경로를 통해 목표 시장이나 고객에게 어떻게 제공해줄 것인가를 결정하고, 새로운 시장 기회와 고객 가치를 창출하는 일련의 활동이라고 정의합니다. 짧게 정의해보자면 고객에게 가치를 제공하는 일련의 활동이라 할 수 있습니다.

AMA가 정의한 마케팅도 줄여보면 고객 가치를 창출하고, 전달하고, 소통하는 프로세스라 할 수 있습니다. 유통과 마케팅의 정의가 유사해지는 것을 보면 마케팅 전체에서 유통이 차지하는 비중이 매우 크다는 것을 알 수 있습니다. 상품의 본질적 효용보다 심리적 효용과 유통 과정에서 고객이 경험하는 것들이 중요해지면서 이러한 현상이 도드라집니다. 전통적 유통의 형식이 파괴되어 가고 있지만 기본적인 유통의 역할과 기능들을 살펴보면서 새로운 유통 패러다임을 생각해 보도록 하겠습니다.

> 유통 구조의 변화를 핵심적으로 보여주는 몇 가지 사례가 있다. 영화와 음원이 대표적이다. 넷플릭스나 왓챠로 대변되는 영화 유통 구조는 on-air(상영 중)의 극장과 안방을 지나 VHS 비디오와 DVD를 거쳐 모바일로 스트리밍되고 있다. 음원도 마찬가지다. 라이브 음악 감상의 시대를 지나 LP와 카세트테이프, CD를 거쳐 스트리밍이라는 유통 경로를 지나고 있다. 이런 사례에서 꼭 기억해야 할 것은 유통을 지배하는 자가 시장을 지배한다는 점이다. 이것이 유통의 변화를 주목해야 하는 이유다. 다만 다음의 유통은 그 누구도 예상하기 쉽지 않다. 그래서 귀를 기울이고 눈을 부릅뜨고 지켜봐야 한다.

유통의 기본 구조와 역할

가격 전략을 성공적으로 이끄는 방법은 다양하지만 대체적으로 고정비는 줄이기 쉽지 않습니다. 그래서 변동비를 최소화하는 것이 중요한데, 이것이 바로 정보화 시대를 거치면서 유통의 역할이 커진 이유이기도 합니다. 유통비를 최소화하는 것은 가격 정책에 있어 매우 중요합니다. 유통의 과정 수가 줄어들수록 비용이 줄어들고, 오프라인보다 온라인에서 유통할 때 비용 효율화가 가능합니다. 이런 유통 과정을 유통 경로(Distribution channel)라고 하는데, 마케팅 경로와 동의어로 사용되고, 몇 가지 특징이 있습니다.

첫째, 상호의존적인 조직의 집합체입니다. 기업에서 고객으로 상품이나 서비스가 전달되는 과정에 참여하는 조직들은 자신들만의 역할로만 존재할 수 없다는 의미입니다. 에이전트나 도매상, 소매상의 모든 역할에 전후의 역할이 같이 존재해야만 한다는 것입니다. 물론 이런 기존의 유통 과정이 적용되지 않는 사례도 많지만 우선 기본적 구조를 이해하면 왜 유통 과정이 변했는지 유추해볼 수 있고, 혁신이 가능한 고리도 생각해볼 수 있습니다.

둘째, 경로 구성원이 수행하는 여러 활동은 연속적 과정입니다. 최종적 구성원인 고객에게 상품이나 서비스가 도달하는 과정 중에 일어난 행동은 그 자체만으로 존재하지 않는다는 뜻입니다. 그리고 정의에서도 살펴보았지만 세 번째 특징은 이런 경로의 존재 목적은 최종 사용자를 만족시키는 것입니다. 모든 경로의 설계는 고객의 만족을 기준으로 그려져야 한다는 것입니다.

유통은 기본적인 역할이 있습니다. 이는 매우 상식적이고 과학적인 일입니다. 유통이 존재하는 이유이기도 하죠.

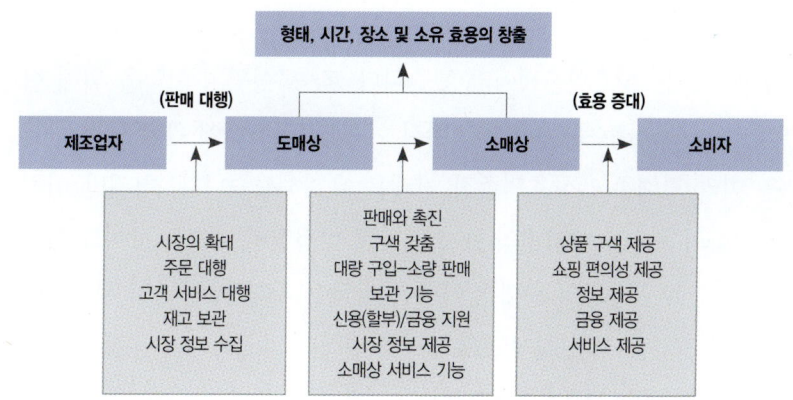

전통적 유통의 구조와 경로 간 역할

1 거래의 집중화

기업과 고객 사이에 유통업자가 매개함으로써 거래의 경우의 수를 최소화하면 효율이 높아집니다. 3개의 기업, 3명의 고객이 있다고 생각해봅시다. 각 기업은 3명의 고객과 직접 거래를 해야 하고, 고객도 마찬가지입니다. 그런데 중간에 유통업자가 개입한다면 기업이나 고객 모두 한 곳의 유통업자와 거래를 하면 됩니다. 그런데 지금은 이러한 전통적 유통의 특징이 퇴색되고 있습니다. 기술의 발전, 이동 수단과 물류의 혁신, 맞춤화와 속도의 향상 등으로 기업과 고객 간 직거래가 가능한 시대이고, 다양한 유통 경로를 유지하는 것이 이익이 되는 경우도 존재합니다. 그래서 전통적 개념의 유통만 고집할 것이 아니라 새로운 유통 혁신을 고민하는 것이 유통 전략이라 할 수 있습니다.

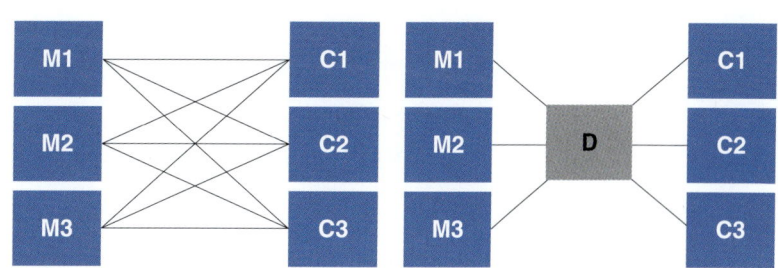

전통적 유통에서의 거래 집중화의 의미. 공급자와 소비자가 직접 만난다면 9개의 거래가 생기지만 중간에 유통업자가 존재한다면 6개로 거래 수가 감소한다.

❷ 거래의 정형화

유통 경로는 상호의존적이라 했습니다. 각 구성원의 이익을 위해 협력하는 구조라는 뜻입니다. 그래서 이 과정에 거래에 관한 규칙과 틀을 미리 정해주고 상호의존적 거래를 유지해왔습니다. 하지만 이런 정형화의 모습도 인터넷의 등장과 함께 비정형적 모습을 보이고 있습니다. 경로 단순화의 문제뿐 아니라 지역이나 시간, 공간의 제약에서 벗어나고 있습니다. 결제 프로세스의 변화나 암호화폐의 등장으로 더욱 빠르게 변할 것으로 보입니다.

❸ 구색 갖추기와 거래 불확실성 감소

이러한 유통의 역할이 현재도 중요하지 않은 것은 아닙니다. 공급과 수요의 이질성을 해결하기 위한 것이 유통이고, 유통 경로는 상품의 분류와 집적, 배분, 구색 등의 문제를 해결하는 역할을 해왔습니다. 이런 역할은 거래 불확실성을 감소시켜주었습니다. 다만 지금은 다양한 형태의 유통 경로가 등장했고, 온·오프라인 경계의 붕괴로 인해 그 의미가 많이 약해졌습니다. 기업과 고객이 직접 만날 수도 있고, 어떠한 채널들은 가상의 공간에 구색을 갖춰놓기도 합니다. 이러한 변화로 인해 오프라인 유통 시대의 구색의 의미가 많이 퇴색되어 가고 있습니다.

시장의 진화와 탈유통의 가속

유통이란 말이 소비재 시장에 한정되는 것은 아니지만 유통의 용어들은 대부분 기업과 고객 사이의 거래 위주로 설명되고 있습니다. 그래서 소비재 시장을 중심으로 시장의 진화와 탈유통에 대해 알아볼까 합니다.

시장은 살아 있는 생명체와 같습니다. 기술의 변화, 사회 환경의 변화와 함께 진화를 거듭하고 있습니다. 과거의 유통은 오프라인의 정형화된 구조로 대표되었기 때문에 기존의 문법을 가지고 현대의 유통을 설명하는 데는 한계가 존재합니다. 그래서 현재의 유통을 설명하려면 시장과 소비자의 변화를 먼저 살펴보아야 합니다.

장면1 1970~1980년대에 미국에서 생활하던 삼촌은 조카를 위해 학용품을 사오고, 조카는 학교에 가서 친구들에게 물 건너온 상품이라고 자랑을 합니다. 현재를 사는 조카는 미국의 아마존에서 삼촌이 필요하다는 물건을 직구해줍니다.

장면2 미국의 11월 넷째 주 목요일은 추수감사절, 다음 날인 금요일은 블랙프라이 데이입니다. 이 날은 연중 최대 할인 판매가 진행되는데, 전쟁 같은 쇼핑 장면이 생중계되기도 합니다. 하지만 요즈음에는 이런 열풍이 오프라인에서 온라인으로 옮겨갔습니다.

장면3 미국의 온라인 유통 회사인 아마존은 온라인 서점 서비스로 비즈니스를 시작했습니다. 아마존은 승승장구하여 오프라인 서점들을 파산에 이르게 했습니다. 그런데 아마존은 '아마존 북스'라는 오프라인 서점을 열었습니다.

장면4 미국의 한 워킹맘이 퇴근 후 집으로 돌아와 알렉사(Alexa)를 부릅니다. 알렉사는 아마존이 만든 인공지능의 이름으로, '에코'라는 스피커에 탑재되어 있습니다. 워킹맘은 개밥과 쓰레기봉투가 떨어진 것을 보고 알렉사에게 구매를 지시하고, 알렉사는 아마존에 구매 요청을 보냅니다. 아마존은 드론(아마존 프라임 에어)을 통해 30분 내에 배송을 완료합니다.

모두 현재 유통의 모습입니다. 이런 장면이 구현될 수 있는 이유는 기술의 발전 때문입니다. 기술 발전의 최대 수혜자는 유통이라 해도 과언이 아닙니다. 이런 유통 환경은 고객의 구매 패턴을 송두리째 바꾸었고, 기존의 유통 방정식으로는 유통을 설명할 수 없는 지경에 이르렀습니다. 물론 이것이 시장 전체의 모습은 아니지만 그 변화의 속도는 상상 이상일 것이 확실합니다.

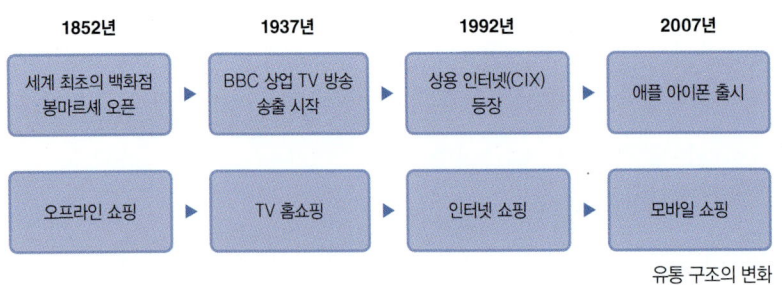

유통 구조의 변화

기술의 발전은 탈중간상화(Disintermediation)를 가속화시키고 있습니다. 탈중간상화는 상품과 서비스 생산자가 중간상을 거치지 않고 최종 구매자에게 직접 도달하거나 새로운 형태의 유통 중간상이 전통 유통상을 빠르게 대체하는 현상을 말합니다. 앞서 몇 가지 장면에서 본 상황이 탈중간상화의 상징적 모습입니다.

그런데 이는 거대 유통 공룡을 등장시키기도 합니다. 기업들은 고객을 직접 만날 수 있는 방법을 찾기도 하지만, 어떤 기업들은 아마존이나 월마트 같은 거대 유통 공룡들 없이는 고객을 만나기가 쉽지 않습니다. 아이러니하게도 오프라인 유통 공룡과 온라인 유통 공룡이 전쟁을 치르는 양상을 보이기도 합니다. 이런 시장 환경에서 많은 소비자가 기존의 크로스오버 쇼퍼로 변신하고 있습니다. 기업이나 고객 모두 생존하기 힘든 유통 환경인 것은 확실합니다.

구분	내용
쇼루머	오프라인 매장에서 상품을 본 뒤 온라인에서 구매하는 사람
역쇼루머	온라인에서 정보를 얻은 뒤 오프라인에서 구매하는 사람
옴니쇼퍼	가능한 모든 채널을 활용하여 정보를 수집하고 구매하는 사람

> **알아두세요**
>
> **O2O**
> 'Online to Offline'의 약자로, 온라인의 기술을 활용해 오프라인의 수요와 공급을 혁신시키는 새로운 유통 구조 중 하나다. 광의적 정의로는 온라인 기술이 오프라인 세상에 적용되는 모든 현상을 말한다. 트라이얼 플레이의 CEO가 처음 언급하면서 새로운 세상을 알리는 신조어로 등장하였다.
> "그루폰, 오픈테이블, 레스토랑닷컴, 스파파인더의 공통점이 무엇일까? 그들은 Online to Offline 상거래를 활성화시켜주고 있다. (중략) 나의 관점에서 O2O의 핵심은 온라인에서 소비자를 찾아 실제 오프라인 매장으로 이끄는 것이다."
> O2O 현상의 급격한 성장은 기술의 발전과 합리적 소비를 배경으로 하고 있다. 인공지능과 로봇 자동화가 점점 가시화되고, 일자리는 줄어들고, 성장은 한계에 이르렀다. 이런 배경에서 새로운 혁신의 등장은 이미 예고된 것일지도 모른다. 이런 성장 배경에 중요한 키워드는 경험과 연결성이다. 기존의 오프라인에서 일어나는 모든 구조가 온라인과 공유되고 연결되면서 새로운 현상들이 나타나고, 이런 현상들이 비즈니스로 만들어지고 발전하고 있다. 앞으로 더욱 발전할 것으로 기대되는데, 그 이유는 고객들이 더 이상 채널 간 이질성을 용납하지 않고, 속도의 한계를 느끼지 못하기 때문이다. 그리고 빅데이터와 사물인터넷으로 대변되는 기술 환경의 지원은 온·오프라인의 경계를 더욱 빠르게 사라지게 할 것이다.

O2O와 옴니채널

급격한 유통 환경 변화를 대변하는 신조어(이제는 신조어가 아니지만)가 있습니다. 그것은 바로 O2O와 옴니채널입니다. O2O가 유통만을 이야기하는 것은 아니지만 대표적 유통 혁신 채널이 많습니다. 대표적 O2O 업체로는 호텔 하나 없는 세계 최대 숙박 체인 에어비앤비, 택시 하나 없는 세계 최대 택시 회사 우버, 우리나라의 카카오택시, 배달의민족 등이 있습니다.

O2O를 유통의 눈으로 해석하자면 온라인과 오프라인을 연결해 새로운 가치를 창출하는 서비스라고 말할 수 있습니다. 기존 오프라인 회사들은 온라인으로, 온라인 회사들은 오프라인으로 진격하는 모습이라고 할 수도 있습니다.

최근 다양한 O2O 업체가 등장하고 있습니다. 음식 배달 관련 서비스가 가장 많이 이용되고 있고, 예약/할인 관련 서비스, 택시 관련 서비스, 차량 관련 서비스, 장소 관련 서비스, 홈케어 관련 서비스, 여가 스포츠 관련 서비스 등 전방위로 확산·발전하고 있습니다. 이런 O2O 서비스가 유통에 미치는 영향은 지대합니다.

유통구조적으로 O2O를 철학적이자 구조적 관점이라고 한다면, 옴니채널은 전략적 개념에 가깝다고 할 수 있습니다. 옴니채널은 온라인과 오프라인의 수많은 유통 경로를 하나의 유통 경로로 경험하듯 만들어준다는 유통 경로 전략입니다. 온라인과 오프라인이 구별되던 시대에는 기업과 고객 사이에 단일 채널별로 정형화된 구매 패턴을 보였지만 기술이 발전하고 채널 간 경계가 점점 사라지면서 고객들은 비정형화된 멀티채널을 활용해 상품을 구매했습니다.

그런데 이 과정에서 채널별 경험(동일한 상품의 가격 차이나 판매 서비스, AS 등)이 달라지면서 불만이 나타났고, 이런 불만 요소를 해결하고 구매 경험을 확대하는 전략의 하나로 옴니채널을 추진하게 되었습니다. 이는 새로운 전략이라기보다는 전반적인 시장 환경과 기술 발전, 고객 중심의 시장 권력 재편 등으로 인해 자연스럽게 발전했습니다.

> **알아두세요**
>
> **옴니채널**
> 고객 중심으로 모든 채널을 통합하고 연결하여 일관된 커뮤니케이션을 제공함으로써 고객 경험을 강화하고 판매를 증대시키는 채널 전략이라 정의할 수 있다. 옴니채널 전략의 전제는 모든 채널이 대상이 되어야 하고, 하나의 모습으로 통합 연결되고, 채널 간 끊이지 않는 일관된 경험을 제공해야 한다는 것이다.
> 옴니채널의 확산 배경은 기존 전통적 구매 패턴의 고객보다는 옴니채널을 이용하는 고객들이 소비량이 많고 객단가가 높기 때문이다. 또한 이런 편리한 경험이 채널에 잔류하는 시간을 높이고 충성도를 높이는 역할도 하고 있다. 옴니채널 전략은 단지 유통 경로에서 통합된 경험만을 제공하는 것에 그치지 않고 마케팅 영역 전반에 영향을 주고 있다. 기업들은 이런 방향성에 맞춰 경영 전략을 세우고 실행해야 한다.
> 전 세계적으로 대부분의 공급자와 유통업자들이 이 전략을 자연스럽게 받아들이고 확산하고 있어 앞으로 더욱 발전된 모습으로 구매 경험을 높일 것으로 보인다.

유통 전략

유통 전략은 단순히 효율적인 유통 경로를 선택하는 일만을 의미하지 않습니다. 상품 전략과 가격 전략, 커뮤니케이션 전략이 톱니바퀴처럼 맞물려 하나로 움직여야 하는 것이 유통 전략입니다. 제조 중심의 기업이든 유통 중심의 기업이든 유통 전략은 기업의 핵심 전략 중 하나이고, 이런 유통 전략은 전반적으로 고객 경험 확대 전략과 맞물려 전개되고 있습니다.

❶ 상품 전략과 유통

상품 전략은 유통 구조를 설계하고 관리하는 가장 기초적인 역할이자 중요한 역할을 합니다. 상품 전략이 정해져야 유통 전략을 세울 수 있기 때문이죠. 제조사 입장에서는 유통 전략이라 할 수 있고, 유통사 입장에서는 MD(Merchandising) 전략이라 할 수 있습니다.

어떤 경우든 유통 전략을 설계하는 사람은 상품 전략에서 다른 상품의 특성이나 수명주기, 브랜드 전략, 신상품 개발 전략 등 다양한 상품 전략 기반하에 최근 유통의 흐름과 구조에 맞는 유통 경로를 설계하고 관리하는 과학적이고 고객 중심적인 유통 전략을 수립해야 합니다. 기존 유통 채널의 구조에서 시작할지, 새로운 유통 채널 중심으로 상품과 서비스를 전개할지, 고객과 직접적인 연결이 가능한 채널을 만들지 다양한 경우의 수를 고민해야 합니다. 최근에는 유통사의 시장 내 영향력 확대로 생산자의 영역까지 범위를 넓혀가고 있습니다. 대표적인 사례가 유통사들의 PB 확대 전략입니다. 기존 유통 경로의 구조에서 마케팅 중간상 역할을 하던 유통사들이 자사의 고객을 무기로 하여 제조 분야의 영역까지 사업 영역을 확대하는 것을 말합니다. 이런 구조적 변화뿐 아니라 고객에게 다양한 경험을 판매하려는 Shoptainment(복합쇼핑몰)로서의 진화는 산업 간 경계가 흐려지는 환경(Blur Economy, 블러경제)에서 기존 제조 중심 기업들에게 더욱 어두운 그림자를 드리우고 있습니다.

이커머스 회사인 티몬의 PB 생활용품 브랜드

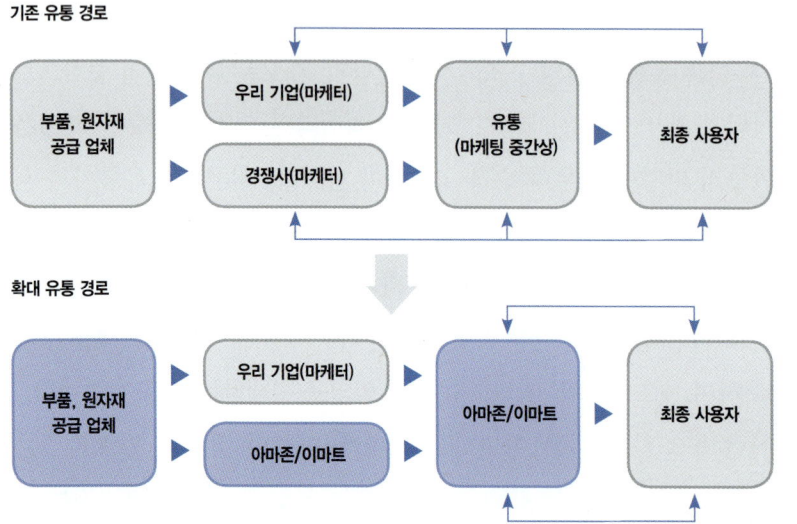

유통이 생산자의 역할을 하고 후방 거래 영역까지 영향력을 확대하면
대형 브랜드마저도 지속가능성을 위협받을 수 있다.

❷ 가격 전략과 유통/프로모션

가격 전략은 시장에서 성공을 거둘 수 있는 핵심 전략입니다. 생산자에게 가격 전략은 변동비에 대한 관점에서 보았을 때 유통비를 어떻게 효과적이고 효율적으로 관리할 것인가에 대한 문제이고, 유통사에게 가격 전략은 생산자가 공급하는 상품의 가격을 어떻게 낮출 수 있는지를 고민하는 영역입니다. 이는 가격 할인이나 마케팅 커뮤니케이션과 같은 프로모션 믹스 차원에서도 연결되는 문제입니다. 시장 환경과 기술의 발전이 마케팅 요소들의 결합을 더욱 공고하게 만들고 있습니다. 결론적으로 마케팅 4P는 비즈니스 모델 전체를 아우르는 문제가 되었고, 이는 마케팅 전략과 브랜드 전략이 서로 다른 영역이 아니라는 이야기와 같습니다. '마케팅에 정답이 없다'라는 말이 마케터들에게는 다시 한 번 또렷하게 들릴 것입니다.

MARKETING

프로모션(Promotion)

05

고객을 움직이게 하는 모든 활동

프로모션을 '마케팅의 꽃'이라 부릅니다. 그 이유는 무엇일까요? 마케팅 경로에서 고객과 가장 직접적으로 만나는 일이고 고객의 마음을 움직이는 일이기 때문입니다. 좋은 상품과 좋은 가격, 적절한 유통 채널이 기본이지만 고객이 관심을 갖지 않는다면 모든 게 허사입니다. 연예인들이 방송에 출연하여 '악플보다 무서운 것이 무플이다'라고 말하는 것을 본 적이 있을 것입니다. 이는 프로모션을 가장 적절하게 설명한 예라고 생각합니다. 물론 상품에 나쁜 평가가 따르는 것이 좋다는 의미가 아닙니다. 연예인과 달리 상품과 서비스는 고객이 직접 사용하는 것이기 때문입니다.

전통적인 마케팅에서 프로모션은 매우 한정적인 정의로 규정되었습니다. 프로모션이라고 하면 대부분 판매 촉진과 동일한 것으로 여겼죠. 하지만 상품의 다양화와 고객 취향의 다변화, 여기에 더해진 커뮤니케이션의 폭발적 성장과 변신, 이를 가능케 하는 다양한 기술로 인해 이제는 프로모션을 몇 가지 분야로 한정 짓기 어려운 시대가 되었습니다.

이러한 연유로 고객 관점에서 프로모션을 커뮤니케이션으로 정의하기도 하고, 프로모션 믹스라고 하여 상품이나 서비스가 고객에게 전달되는 과정에 활용되는 프로모션 요소들을 잘 엮어 마케팅 활동으로 만들어내기도 합니다. 이런 전반적 추세에 맞춰 등장한 용어가 바로 통합적 마케팅 커뮤니케이션(IMC, Integrated Marketing Communication)입니다.

마케팅 4P의 다른 요소와 마찬가지로 프로모션도 상품과 가격, 유통 전략과 유기적으로 움직여야 하고, 이를 위해 잘 설계되고 실행되어야 합니다. 상품이나 서비스의 성격과 속성, 가격의 높고 낮음, 유통 경로의 선택에 따라 프로모션이 다르게 설계되기 때문입니다. 다른 마케팅 요소도 마찬가지이지만 프로모션은 가장 많은 경우의 수를 가지고 있기 때문에 매뉴얼 같은 것이 더욱 통하지 않는 영역입니다. 수많은 고객을 대상으로 수많은 미디어를 선택하고, 메시지를 만들고, 일관된 메시지를 개발하고, 이를 위한 창의적 아이디어를 고민하는 일인지라 마케팅에서 가장 논리적으로 설명하기 힘든 영역입니다.

프로모션을 고객을 움직이게 하는 모든 활동이라고 보았을 때 마케팅이라는 개념이 수립되면서 고객이 움직이는 과정을 연구한 모델들이 나타났고, 시대의 변화와 함께 변화되어 왔습니다.

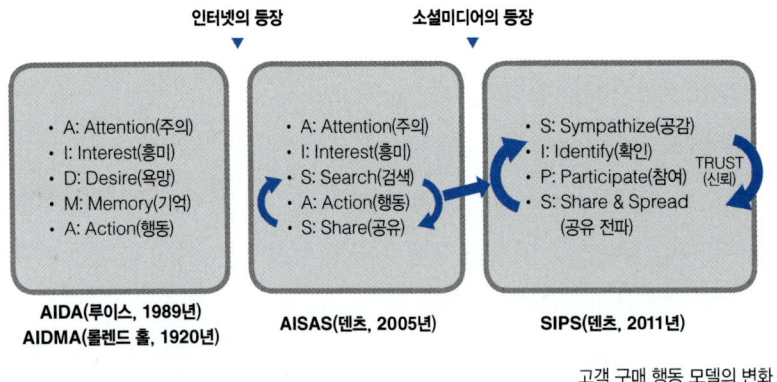

고객 구매 행동 모델의 변화

1898년 E. S 루이스(E. St. Elmo Lewis)가 주장한 AIDA 모델과 1920년 롤렌드 홀(Roland Hall)이 주장한 AIDMA 모델은 소비자가 행동하

기까지 '주의-흥미-욕망-기억-행동'의 단계를 거친다는 것으로, 오랜 세월 그렇게 인정되어 왔습니다. 하지만 인터넷의 등장으로 이런 패턴이 변화했고, 2005년 일본의 광고 회사인 덴츠가 AISAS(주의-흥미-검색-행동-공유) 모델을 발표하면서 주목을 받았습니다. 이후 덴츠는 모바일 시대로 옮겨가면서 AISAS 모델에 더해 모바일 세대의 행동 패턴을 연구하여 SIPS(공감-확인-참여-공유 전파) 모델을 발표하였습니다. 이런 고객의 구매 행동을 연구하는 것은 고객에게 상품을 알리고 구매하는 전반의 과정을 연구하여 그에 맞는 프로모션 믹스를 제공하기 위함입니다.

앞서 언급했듯 CXD나 CDJ Mapping 같은 프로세스도 이러한 고객의 접점들에서 더욱 섬세하고 공감되는 커뮤니케이션을 하려는 목적에서 만들어진 것이라 할 수 있습니다.

프로모션의 정의와 역할

프로모션을 간단하게 정의하면 고객을 대상으로 하여 상품이나 서비스를 알리고 유통시키는 데 필요한 다양한 활동이라 할 수 있습니다. 정의를 보면 역할을 알 수 있습니다. 사실 프로모션의 핵심 역할은 알리고, 구매하고 싶은 마음이 들게 만드는 것입니다. 이 두 가지만 해결되면 상품이나 서비스의 여정이 구매라는 행동을 통해 큰 틀에서 마무리됩니다. 그래서 알리고 설득하는 일을 보통 커뮤니케이션이라고 하고, 프로모션에서 가장 많은 비중을 차지하는 것입니다. 과거 프로모션의 가장 큰 역할은 직접적인 고객의 행동을 이끌어내는 것이었지만 현재 프로모션의 역할은 소비자의 인지적 변화를 이끌고 그에 대한 이미지를 만드는 것입니다.

이러한 과정에 전통적인 프로모션 믹스의 대표 도구들이 있습니다.

고객 가치를 설득적으로 전달하고 고객과의 관계를 구축하기 위한 것으로, 고객의 직접적 행동을 유도하는 역할을 하는 것도 있고, 고객의 마음에 상품이나 서비스를 인식시키고 우호적 태도를 만들게 하는 역할을 하는 것도 있습니다. 고객 시대에는 더욱 복잡한 마케팅 환경에서 전통적인 촉진 믹스(광고, 판매 촉진, 공중관계, 인적 판매, 직접 마케팅) 외에도 모바일 마케팅이나 이벤트, 경험 프로모션 등이 더해져 얼마나 복합적이고 효율적인 관리가 되고 있느냐가 프로모션 믹스 혹은 마케팅 커뮤니케이션의 성패를 좌우하고 있습니다.

이런 프로모션 믹스를 할 때는 시대의 트렌드만 따라가다 보면 놓치는 고객들이 발생할 수 있기 때문에 전통적인 주요 프로모션 요소와 온라인 시대에 적절한 요소들을 잘 조합하고 연결하여 누수되는 일이 없도록 조심해야 합니다. 다섯 가지 주요 프로모션의 도구와 그 정의는 다음과 같습니다.

1 광고(Advertising)

광고(廣告)는 '넓은 영역으로 알린다'라는 의미로, 1963년 AMA는 '누구인지를 확인할 수 있는 광고주가 하는 일체의 유료 형태에 의한 아이디어, 상품 또는 서비스의 비대개인적 정보 제공 또는 판촉 활동'이라고 정의했습니다. 대규모 광고는 비용이 많이 들지만 넓은 범위에 도달할 수 있고, 해당 기업이나 브랜드의 긍정적이고 우호적인 이미지를 심어줄 수 있다는 장점이 있어 오랫동안 프로모션 믹스의 가장 중요한 역할을 해왔습니다.

하지만 모바일 시대가 되고 올드미디어의 역할 감소와 뉴미디어의 출현, 지속적인 분화, 사회 구조의 개인화, 고객의 맞춤형 취향 등의 트렌드 변화로 인해 과거보다 그 역할과 영향력, 중요성이 현저히 낮아진 상태입니다. 그러나 미디어와 마케팅 환경에 맞춰 진화하는 모습이 계속 나타나고 있으며 대중적 이미지를 만들어가는 역할을 계속하고 있습니다.

❷ 판매 촉진(Sales Promotion)

상품이나 서비스의 구매 및 판매를 자극하는 단기적이고 직접적인 방법으로, 마케팅 경로에서 고객의 행동을 유도하는 가장 효과적인 방법이기도 합니다. 이는 가격이나 유통 전략과도 맞물려 있어 신중하고 철저한 계획하에 실행되어야 하는 프로모션 도구 중 하나입니다. 여전히 주변에서 많이 볼 수 있는 가격 할인, 쿠폰, 덤, 선물, 샘플 등이 이에 해당합니다. 흔히 판촉이라고 말하는데, 고객의 주의를 끌고 구매를 유도하는 강력한 도구입니다. 그러나 과도한 판촉은 상품이나 브랜드의 이미지 형성에 방해가 될 수도 있기 때문에 성격에 따라 활용 여부를 신중하게 판단해야 합니다.

❸ 공중관계(PR, Public Relations)

대중에게 긍정적인 이미지를 만들어주고 신뢰를 형성해주며, 부정적인 이야기나 사건에 적절하게 대처함으로써 기업의 다양한 공중과 우호적 관계를 만들어가는 일입니다. 뉴스거리를 제공하거나 특집 기사를 만들고 후원이나 이벤트를 통해 원하는 이미지나 신뢰감을 만들어가는 도구입니다. 다만 주로 올드미디어를 중심으로 이루어지던 도구인지라 미디어 중심으로 커뮤니케이션이 이루어지던 시대에는 큰 역할과 비중을 차지했지만 고객이 정보를 적극적으로 찾고 공유하는 시대가 되면서 입지가 많이 축소되고 있습니다.

❹ 인적 판매(Personal Selling)

상품 및 서비스의 판매나 고객과의 관계 구축을 위한 목적으로 한 영업사원들의 활동을 말합니다. 유통이 고도화되기 전에는 많이 활용되는 도구였으나 유통 경로의 확산과 발전으로 인해 축소되었습니다.

다만 일부 특수한 영역에서는 여전히 강력한 프로모션 도구로 역할을 하고 있고, 기술적 도구들의 도입으로 진화를 거듭하면서 새로운 채널로 각광받고 있습니다.

야쿠르트는 대면 상태에서 구입 가능한 상품 출시와 앱 등을 활용해 인적 판매의 새로운 가능성을 보여주었다.

토막상식

트리플 미디어(Triple Media)

과거에 미디어 환경은 4대 매체(TV, 라디오, 신문, 잡지) 중심이었기 때문에 미디어 환경의 구분이 따로 없었다. 하지만 디지털 미디어 시대는 새로운 국면을 맞이하였고, 2011년 일본의 요코야마 류지가 이런 환경을 개념화한 것이 트리플 미디어다. 페이드 미디어(Paid Media), 온드 미디어(Owned Media), 언드 미디어(Earned Media)가 서로 연계하여 마케팅 효과를 극대화하는 환경이다.

형식	정의	사례	특징
페이드 미디어	구매한 미디어	TV, 신문, 인터넷 등	즉시성, 통제 가능, 고비용
온드 미디어	기업이 소유한 미디어	사보, 홈페이지, 블로그, 페이스북 계정 등	통제 가능, 지속성, 비용 효율성
언드 미디어	사회관계 속에서 얻은 미디어	팔로어, 친구, 대화, 바이럴 등	신뢰도, 영향력

⑤ 직접 마케팅(Direct Marketing)

고객의 데이터를 이용하여 즉각적인 반응이나 구매를 목적으로 선별된 고객과의 직접적인 연결을 말합니다. 과거에는 우편이나 카탈로그, 전화, 온라인 등을 활용했는데 최근에는 모바일 환경에 맞는 채널의 선택과 개인화된 제안, 메시지로 더욱 진화하는 모습을 보이고 있습니다.

광고	세일즈 프로모션	이벤트 &체험	홍보	온라인 마케팅	모바일 마케팅	다이렉트 마케팅	개인화 판매
인쇄 광고 방송 광고 패키징 극장 브로슈어 포스터 옥외 광고 POP ...	경연/게임 프리미엄 선물 샘플 전시회 쿠폰 리베이트 저금리 ...	스포츠 연예 축제 예술 공장 투어 박물관 거리 공연 ...	보도자료 연설 세미나 연차 보고서 자선 간행물 사회적 후원 로비 매거진 B. Journal ...	웹 이메일 검색광고 배너 블로그 SNS (F.T.Y...) ...	문자메시지 애플리케이션 SNS ...	카탈로그 메일링 텔레마케팅 홈쇼핑 팩스 ...	상품 소개 인센티브 샘플 박람회 ...

프로모션 믹스의 다양한 채널

프로모션 믹스 전략

프로모션 믹스 전략은 크게 푸시(Push) 전략과 풀(Pull) 전략으로 나눌 수 있습니다. 푸시 전략이 마케팅 경로를 통해 상품이나 서비스를 밀어내는 것이라면, 풀 전략은 기업이 고객의 구매를 유도하기 위해 고객을 겨냥하여 마케팅 활동을 실행하는 것입니다.

푸시 전략은 유통 경로에 있는 구성원들이 최종 고객에게 구매를 유도하는 활동을 하도록 여러 가지 활동을 유통 경로 구성원들에게 수행하는 전략입니다. 예를 들면 기업이 딜러 회사나 유통 회사를 이용해서 이들이 고객에게 커뮤니케이션하거나 마케팅 활동을 하게 하는 모양새입니다. 이에 반해 풀 전략은 기업이 고객들을 겨냥하여 광고를 하거나 판촉 활동을 직접적으로 수행하여 구매를 일으키도록 하는 전략입니다.

이 두 전략은 각각 움직이는 것이 아니고, 기업이 취급하는 상품의 성격이나 수명주기, 시장/고객의 유형, 속성에 따라 다양하게 혼합하여 운영할 수 있습니다.

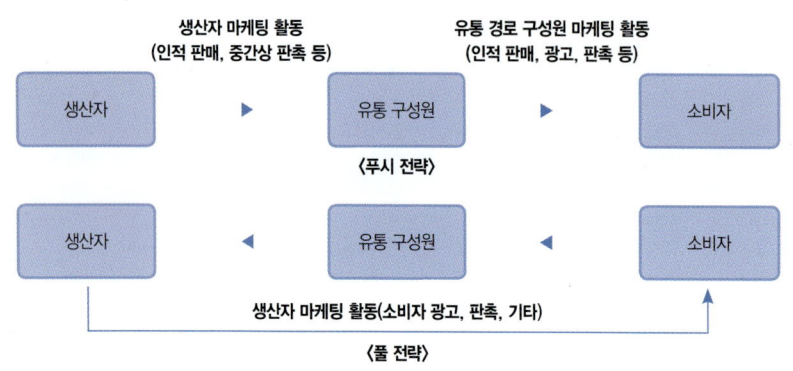

프로모션 믹스 전략

풀 전략과 푸시 전략을 어떻게 설계하느냐에 따라 전반적인 마케팅 커뮤니케이션 채널 운영에도 영향을 미칩니다. 과거에는 4대 매체라 불린 TV, 라디오, 신문, 잡지를 통해 광고 중심의 프로모션 믹스를 운영하는 것을 ATL(Above The Line)이라 하고, ATL의 일방향적 커뮤니케이션의 한계를 극복하기 위해 오프라인 이벤트나 체험을 제공하는 것을 BTL(Below The Line)이라 규정했습니다. 하지만 인터넷과 모바일 기술의 발전으로 온·오프라인의 경계가 사라지면서 올드미디어와 뉴미디어, 온라인과 오프라인의 경계를 넘나드는 프로모션 믹스를 통해 고객과 소통하는 시대가 되어 점점 사용하지 않는 용어가 되었습니다.

이런 두 성격의 채널을 복합적으로 이용하는 전략을 CTL(Cross 혹은

Convergence The Line)이라고도 하는데, 현업에서는 이런 단어보다는 마케팅 커뮤니케이션 전략이라는 말을 주로 사용하고 있습니다. 각 업무의 성격과 활동 방법에 따라 미디어 전략, 채널 전략, 커뮤니케이션 전략, 판촉 전략 등으로 다양하게 이용되고 있습니다.

이러한 시대적 변화를 반영한 것이 IMC입니다. 이 말도 개념적 정의로만 사용되지, 현장에서 직접적으로 사용하는 용어는 아닙니다. 최근에는 커뮤니케이션 툴이 모바일이나 인터넷으로 집중되는데, 이런 미디어는 고객을 트래킹하여 최적화된 메시지나 제안을 통해 구매로 연결하거나 반응을 이끌어내고 있습니다. 이를 디지털 마케팅, 퍼포먼스 마케팅, 소셜 마케팅, 마케팅 자동화, SNS 마케팅 등 다양한 용어로 정의하고 있습니다.

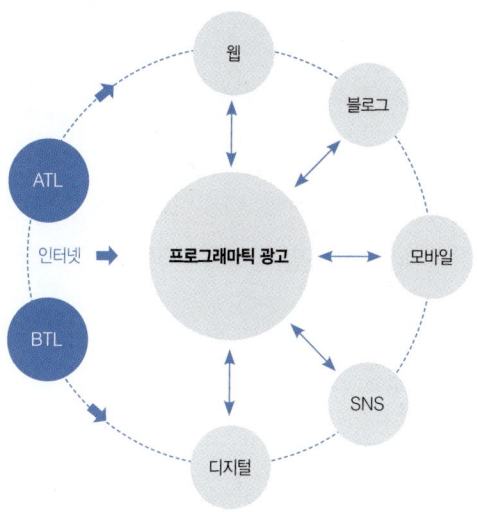

마케팅 커뮤니케이션의 진화

IMC 전략의 정의

프로모션 믹스가 직접적인 판매 활동까지를 의미한다면 마케팅 커뮤니케이션은 전반적 프로모션 믹스 중에서 미디어나 매체, 브랜드 커뮤니케이션 등을 포함한 고객과의 소통에 방점을 찍는 활동입니다. 마케팅 커뮤니케이션이라 함은 마케팅을 행함에 있어 마케팅의 목표를 효과적으로 달성하기 위해 기업과 고객 사이에 일어나는 모든 정보 교류 활동이라 정의할 수 있습니다. 과거에는 주로 정보의 교류와 구매로 전환시키고자 하는 구매 행동에 영향을 미치는 메시지 중심의 전략이었다면, 디지털 시대가 되면서 적절한 채널과 디바이스 등을 통해 최적화된 고객 경험을 제공해주는 활동으로 확장되고 있습니다. 그래서 ATL과 BTL로 구분하던 시대에는 미디어나 프로모션 활동의 통합적 운영과 효율화가 중요하다고 하여 IMC라 정의하였으나 최근에는 이는 당연한 과정이기 때문에 굳이 전반적인 마케팅 커뮤니케이션 전략을 IMC라 하지 않습니다. 하지만 기업이 대규모의 자원을 활용하여 온라인과 오프라인을 아우르는 대단위 캠페인을 전개하는 경우를 의미하는 전략적 용어로 존재하고 있습니다.

이런 마케팅 커뮤니케이션은 크게는 네 가지 구성 요소가 잘 맞아떨어져야 성과로 이어질 수 있는데, 타깃 고객에게 적절한 채널을 믹스하여 최적의 시간과 고객 개별 성향을 고려한 메시지를 보내는 것입니다.

구분	내용
적절한 사람 (Right Person)	고객이 어디에 있는지, 어떤 사람들인지 정확하게 아는 것 고객세분화 데이터를 통해 적절한 타깃인지 확인
적절한 장소 (Right Place[Channel])	전통적 채널과 새로운 채널의 적절한 조화 고객별 최적화된 채널 탐색
적절한 때 (Right Time)	고객의 반응을 이끌어낼 수 있는 적당한 타이밍 데이터를 통한 고객의 활동 이력과 반응에 대한 분석
적절한 메시지 (Right Message)	고객의 아이덴티티에 맞는 메시지로 Right Thing을 전달 브랜드 이미지를 반영한 메시지

마케팅 커뮤니케이션 최적화

위와 같은 마케팅 커뮤니케이션 요소를 조합하여 설계하였다면 이를 커뮤니케이션 프로세스에 반영하여 만들어내는 것이 실행 단계입니다. 이런 커뮤니케이션 설계는 고객의 구매 준비 단계에 따라 캠페인의 성격이 달라지는데, 기업의 상품이나 서비스가 처음 등장하는 것인지, 이미 시장에서 인지와 지식이 퍼져 있는 상태인지에 따라 고객과 메시지를 정해야 합니다. 인지도도 높고 정보도 많다면 더욱 호감을 갖도록 하는 방향으로 마케팅 커뮤니케이션이 이루어져야 합니다. 이런 커뮤니케이션이 최고조에 다다랐을 때 개별 고객에게 구매나 반응으로 넘어올 수 있는 직접적 제안을 제시함으로써 커뮤니케이션 효과를 극대화할 수 있습니다.

IMC 전략의 실행

마케팅 커뮤니케이션의 실행 과정은 특별히 다르지 않습니다. 일반적인 마케팅 활동의 과정과 프로세스는 동일합니다. 다만 마케팅 커뮤니케이션 과정이 전체 기업의 목표에 얼마나 기여하는지 수치적으로 정확하게 설명하는 데는 한계가 있습니다. 물론 디지털 마케팅에서는 고객 트래킹이 가능하고 반응을 실시간으로 수집하기 때문에 커뮤니케이션 성과를 정량화하여 보여주고 있지만 이도 커뮤니케이션 활동 중 어느 시점에서 구해 확신을 가졌는지는 파악하기 어렵기 때문에 한계도 존재합니다. 하지만 과거보다는 디지털 환경에서의 마케팅 커뮤니케이션이 훨씬 체계적이고 기여도를 산정하기 용이해졌습니다.
프로모션 믹스 전략은 크게 두 가지 리소스가 필요합니다. 하나는 아이디어이고, 다른 하나는 돈입니다. 프로모션은 기본적으로 수익을 만드는 활동이 아닌 비용을 수반하는 활동이기 때문에 항상 전체 기업 경영 과정과 자원의 수준을 고려하여 설계되고 실행되어야 합니다. 이를 위해 시장과 회사 전체의 움직임을 주시하고 항상 지속가능성을 염두에 두고 계획이 수립되어야 합니다.

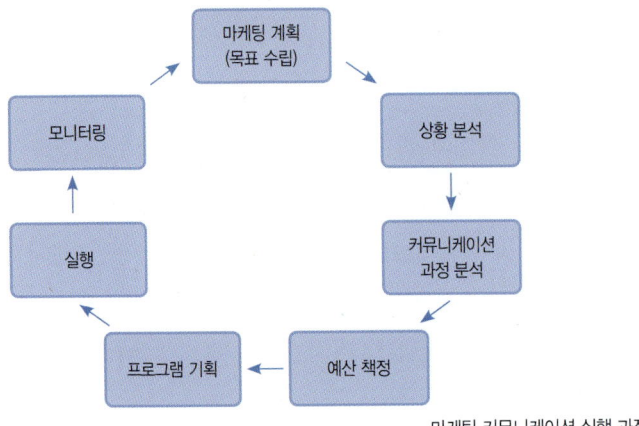

마케팅 커뮤니케이션 실행 과정

마케팅 커뮤니케이션의 성공 여부는 얼마나 섬세하고 디테일하게 프로세스를 설계하느냐에 따라 판가름이 납니다. 또한 그 과정이 고객들에게 색다른 경험을 전달해야 하고, 이를 통해 기업에 대한 이미지를 우호적으로 바꿀 수 있어야 합니다. 마케팅이 어려운 이유는 다른 게 아닙니다. 유통 경로가 상호의존적 기관의 집합체라고 했듯 마케팅 커뮤니케이션도 설계부터 고객의 반응으로 나타날 때까지의 모든 과정이 연속적입니다.

과거에는 파편화된 미디어, 파편화된 접점, 파편화된 메시지 등으로 일관되고 종합적인 소통이 어려웠지만 마케팅 고도화와 기술의 뒷받침은 마케팅의 전체적인 흐름과 커뮤니케이션 기술을 고도화하고 있습니다. 모든 과정이 매우 과학적이고 기술적인 지원으로 체계화되고 자동화됨에도 불구하고 마케팅이 어려운 이유는 한 길 사람 속을 알 수 없다는 사람에 대한 일이기 때문입니다. 마케팅 커뮤니케이션은 세상이 천지개벽하여도 고객에 대한 관심과 애정에서 시작됩니다. 이는 변하지 않는 진리입니다.

채널 파편화의 문제를 기술의 발전이 해결하면서 IMC 전략 실행이 고도화되고 있다.

둘째 마당

5장 | 시장을 공략할 마케팅 설계하기
6장 | 브랜드 이해하기

MARKETING

마케팅 설계와 브랜드 전략

MARKETING

5장

시장을 공략할
마케팅 설계하기

마케팅 전략의 정의와 방향

소비자 관점에서 세우는 마케팅 전략

'마케팅에 정답이 없다'라는 말은 그만큼 다양한 상품과 서비스가 존재하고, 과거 비차별적 마케팅 시대를 거쳐 현재는 차별적 마케팅을 해야 하는 상황임을 이야기합니다. 마케팅믹스 전략만 보더라도, 예를 들어 기업이 운영하는 상품 라인을 4개, 가격 전략을 3개, 유통 전략을 5개, 프로모션 전략을 4개 정도로만 정해도 경우의 수는 240개의 조합이 나올 수 있습니다.

극단적인 예이기는 하지만 세분 시장마다 특징이 더욱 쪼개지고 있고, 다양한 취향이 소비자 구매 프로세스를 파고들고 있습니다. 이에 더해 모바일 기기의 발달로 인해 개인화된 마케팅 전략으로 접근해야 하는 시대가 되었습니다. 물론 상품의 성격에 따라, 채널 상황에 따라 마케팅 전략을 세세하게 세운다는 것은 불가능합니다. 그럼에도 불구하고 끊임없이 변하는 시장 상황과 주변 환경에 맞춰 마케팅 전략도 계속 변화해야 한다는 사실은 바뀌지 않습니다.

마케터는 자신에게 주어진 자원을 효율적으로 사용해 최대 성과를 내는 사람입니다. 그렇다면 마케팅 전략이란 주어진 자원을 효율적으로 사용하여 최대 성과를 낼 수 있는 전략이 됩니다. 앞서 성과를 내려면 마케팅을 잘해야 한다고 이야기했습니다. 마케팅을 잘하기 위한 프로세스를 만들어나가는 과정이 마케팅 전략입니다. 앞서 살펴본 STP 전략이나 마케팅믹스 전략도 전반적인 마케팅 전략 중 하나입니다. 이런 전략 수립에 있어서 상품을 새로 기획하고 개발하는 경우가 아니라면 '기존의 상품이나 서비스를 어떻게 구매로 이어지게 만들까' 하는 커뮤니케이션 전략이 주된 축이 됩니다.

이는 협의의 마케팅 전략이라 할 수 있습니다. 현대의 마케팅 전략은 비즈니스 전략 자체를 이야기할 정도로 범위가 넓어졌습니다. 기업이 상품을 기획하고, 전달하고, 이를 소비자가 선택하고, 가치를 느끼고, 공유하는 순간까지 모든 접점에 마케팅적 사고와 전략이 필요합니다. 그로 인해 비즈니스 전략이 마케팅 전략과 범주가 비슷해지는 상황입니다. 이에 더해 브랜드 전략도 이와 유사한 범주를 커버하면서 비즈니스 전략과 마케팅 전략, 브랜드 전략이 따로 노는 것이 아니라 한 몸처럼 보이고 그렇게 움직여야 하는 시대가 되었습니다.

'전략'은 군사 용어입니다. 전쟁에서 이기기 위해 필요한 큰 계획을 말하는데, 이를 비즈니스에 사용한 것입니다. 비즈니스도 사실 전쟁 수준이기 때문에 굳이 다른 정의가 필요하지 않을 듯합니다. 비즈니스 전략이 조직이 목표를 달성하기 위해 활용하는 행동 계획이라면, 마케팅 전략은 마케팅 목표를 효율적이고 효과적으로 달성하기 위한 계획이라 할 수 있습니다. 비즈니스 전략이 기업 중심적 전략, 즉 비즈니스의 생존과 지속가능성 확보를 위해 좀 더 기업 관점으로 초점이 맞춰져 있다면, 마케팅 전략은 시장의 큰 흐름이 공급자에서 소비자로 옮겨와 있기 때문에 소비자 중심에서 바라보는 관점으로 전략을 세워야 하면서도 기업의 영속성을 위한 지원 전략으로써의 역할도 해야 합니다.

전략 수립 과정

전략 수립 구조는 기업의 구조와 같은 단계로 구성됩니다. 가장 크게 기업의 장기적 목표를 위해 정하는 기업 전략이 있고, 사업 구조에 따라 SBU(strategic Business Unit) 전략이 있고, 각 기능별 전략이 있습니다. 이를 위한 다양한 방법론을 살펴보도록 하겠습니다. 전략이 없다는 회사도 존재하긴 하지만 실제로 가고자 하는 방향이 있고, 그 방향을 위한 실행 계획이 있다면 문서화된 혹은 구조화된 전략 형태가 아니더라도 전략이 있다고 할 수 있습니다.

전략의 수립 절차나 구성 방법은 각 기업의 경영 환경이나 내부 조직/인적 구성, 경영자의 성향에 따라 달라지기 때문에 꼭 이렇게 해야 한다고 결정하는 것이 매우 어렵습니다. 다만 체계적이고 가시적이고 차별화된 모습을 도식화시키거나 가시화시키기 위해 대략적인 프로세스 과정을 거칩니다.

전략 수립이 다를 수밖에 없는 이유는 경영이 학문이냐 아니냐의 논쟁에서 기인했습니다. 학문이라면 획일화되고 구조화된 방식이 존재할 수 있지만 경영은 예술적 요소도 존재하는 분야이기 때문입니다. 그럼에도 불구하고 대부분의 기업이나 비즈니스를 운영하는 사람들이 일정한 사고의 흐름을 보이기 때문에 경영 환경을 분석하고, 거시 지표를 제시하고, 세부적 경영 전략을 수립하고, 이를 실행하는 계획을 세우는 과정으로 전략 수립을 진행합니다.

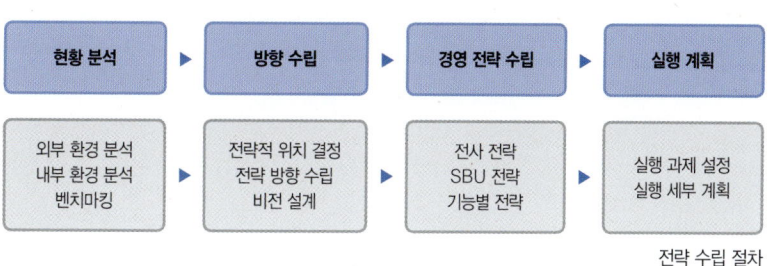

전략 수립 절차

전략 수립은 회사의 비전과 장기적 전망을 바탕으로 중기 전략을 세우고, 연도별 경영 계획을 수립하는 것이 일반적입니다. 전략은 이 방향의 역순으로 피드백을 통해 끊임없이 수정되고 발전되어야 합니다. 이런 전략적 단계도 기업의 상태나 속성에 따라, 산업 변화 동인과 환경 변화에 따라 성격이 달라집니다. 역동적인 산업은 시나리오 기반으로 지속적인 변화를 담아야 하고, 정적인 산업은 장기적 비전에 따라 중·단기 경영 계획이 잘 진행되는 방향으로 전략 수립을 실행해야 합니다.

마케팅 전략 수립의 구조와 절차

마케팅 전략 수립을 위한 전제

전략 수립은 크게 세 단계를 거칩니다. 가장 먼저 기업 단위의 경영 계획 달성을 위한 경영 전략 단계입니다. 경영 전략에는 경영(Management)의 의미가 들어가 있지만 영어로는 Strategic planning(전략적 계획)으로 표현됩니다. 조직의 사명(Mission)을 정의하고, 장기적인 목표를 설정하고, 목표를 달성하기 위한 전략을 수립하는 것입니다.

전사적 전략 수립은 생산, R&D, 재무, 회계, 마케팅, HR 같은 기능부서나 SBU의 계획 수립의 기준이 됩니다. 전사적 전략이 수립되면 마케팅 전략을 수립하는 단계로 내려옵니다. 여기에서 마케팅은 협의의 마케팅 전략입니다. 마케팅 전략 내에는 앞서 정의했던 내용들이 들어갑니다. 시장조사를 통한 마케팅 상황 분석, 마케팅 목표 수립, 시장세분화와 목표 시장 선정, 포지셔닝과 차별화 전략 수립, 마케팅 믹스 설계까지의 단계가 여기에 해당합니다.

전략적 마케팅 계획을 수립하였다면 각 상품이나 부문의 세분화된 마케팅 계획을 수립하는 단계를 거치고, 이를 실행하고 평가하면서 마케팅 전략이 구조화됩니다.

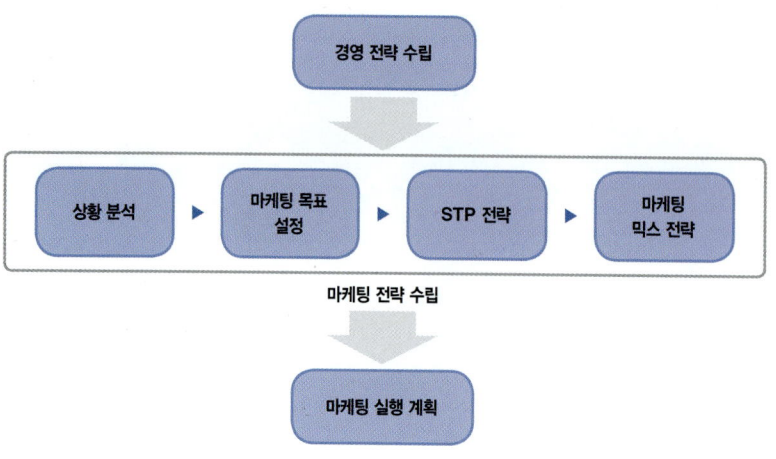

마케팅 전략 수립의 3단계

사실 마케팅을 처음 해보는 초보자는 마케팅 전략을 세워야 하는 상황에 처하면 어디서부터 무엇을 해야 할지 막막할 것입니다. 당연합니다. 과거에는 기업들이 사수와 부사수라는 역할을 주고, 사수가 부사수를 가르치는 형태로 일을 진행했습니다. 하지만 밀레니엄 시대가 되면서부터 조직이 슬림해지고, 신입사원보다 경력사원을 선호하면서 이런 조직 형태가 사라졌습니다. 그러다 보니 신입사원이나 다른 업무를 하다 마케팅 업무를 맡게 된 사람들은 마케팅에 대해 독학하는 형태로 일을 배워야 했습니다. 글로 마케팅을 배우다 보면 용어는 어느 정도 이해할 수 있지만 혼자서 마케팅 전략을 세우는 것은 쉬운 일이 아닙니다. 마케팅 전략을 세워야 할 때 고려해야 할 몇 가지 사항이 있습니다.

❶ 기업의 마케팅에 대한 관점

앞서 진화적 관점에서 상품이 어떻게 발전했는지 살펴보았습니다. 기업의 마케팅 수준도 시대의 흐름과 기술의 발전에 따라 진화해왔습니다. 기업마다 이를 받아들이는 속도도 다르고, 마케팅이 기업 내에서 차지하는 위상도 다를 수밖에 없습니다. 그래서 마케팅 전략을 세울 때 우리 기업의 마케팅 수준이 어느 정도인지 감안해야 합니다.

기업 내에서 마케팅 전략이 비즈니스 전략 수준으로 기업 전체의 업무 프로세스에 녹아들어 있다면 마케팅 전략을 고려할 때 전사적 마케팅 자원이 어떤 역할을 하고, 어떤 경로에서 마케팅 역할이 필요한지 살펴봐야 하기 때문에 마케팅 전략 자체가 기업 전체의 경영 전략 수준으로 만들어져야 합니다. 하지만 기업이 취급하는 상품 자체가 세분화되어 있지 않거나 트렌드에 크게 영향을 받지 않는다면 기존의 마케팅 전략이 어떻게 수립되고 실행되었는지를 살펴보고 그 수준에서 결정해야 합니다.

물론 기업이나 상품의 역사가 깊다 하더라도 지금을 사는 소비자들의 눈높이에 맞추기 위해 새로운 이미지를 만드는 작업이나 새로운 유통 경로를 찾는 다양한 시도를 하기도 합니다. 하지만 그것이 기업 구조 전체를 바꿀 정도의 혁신이 아니라면 기존 체계에서 크게 벗어나지 않을 수도 있습니다. 이 점을 고려해야 합니다.

무작정 '마케팅은 뭔가 새롭고, 있어 보이고, 소비자가 혹할 만한 이벤트 중심으로 이루어지는 것이다'라고 판단하는 것은 큰 착각입니다. 우리 기업이 나아가야 할 방향에 맞게 마케팅을 하고 있는지, 기능적인 면만 보고 마케팅을 하고 있는지에 따라 전략의 방향성과 실행 계획이 달라질 수 있다는 것을 알아야 합니다.

❷ 기능별 전략과 조화

마케터가 최상의 전략을 수립할 수 있는 전략을 가지고 있다 하더라도 기업 내 다른 기능들과 조화를 이루지 못하면 그 전략은 겉돌 수밖에 없습니다. 상품이나 서비스 수준, 유통 경로는 기본이고, 재무나 인사, R&D, 영업, 총무 등 기업의 각 기능 수준이 어느 정도 마케팅과 연결될 수 있을지 확인해야 합니다.

과거의 마케팅이 협의의 마케팅 수준이었다면 현재의 마케팅은 조직이나 연구 개발, 설비, 기업의 문화까지 포괄적인 형태로 이해되고 있기 때문에 마케팅 전략만 잘 수립한다 해서 마케팅이 잘 이루어지는 것이 아닙니다. 마케팅 전략에 대한 조직들의 이해도를 높이고 마인드를 높이는 일을 마케팅 기능에서 해주어야 합니다. 예를 들어 과거에는 기업의 사회적 책임(CSR) 활동이 단순히 홍보 수준에서 또는 부여된 활동 같은 성격으로 이루어졌다면 현재는 마케팅 마인드와 수준에서 기획되고 실행됩니다. 또한 이런 케이스들이 브랜드 커뮤니케이션이나 마케팅 프로모션과 함께 이루어지기도 합니다. 그래서 기업 내 많은 것이 이제는 마케팅 혹은 브랜딩 커뮤니케이션과 연결될 수 있다는 것을 염두에 두고 마케팅 전략 수립에 나서야 합니다.

❸ 정량적 성과와 연계

마케팅 활동을 정량적 성과로 도출하기란 쉬운 일이 아닙니다. 마케팅이란 것이 기업의 활동 속에서 일정 부분만을 차지하고 있지 않기 때문이죠. 상품이나 서비스의 기획 단계에서부터 유통을 통해 소비자의 손에 들어가기까지 고객의 구매에 영향을 미치는 변수가 더더욱 많아지기도, 복잡해지기도 했습니다.

유통이나 프로모션 환경이 디지털화가 되었다고 하나 여전히 오프라인 시장의 규모가 비교가 되지 않을 만큼 큽니다. 디지털화된 프로세스를 들여다본다 하더라도 구매로 연결되는 프로세스를 정확하게 찾아내기 힘듭니다. 물론 유통 경로 속에 자주 머물거나 검색되는 행위들이 주로 자극을 높이고 구매로 연결될 가능성이 크다고 할 수 있습니다. 하지만 여전히 검색이나 콘텐츠에 관심을 주는 것이 구매로 100% 연결된다고 말할 수는 없습니다. 그럼에도 불구하고 마케팅 자원이 점점 많이 사용되는 추세이기 때문에 기업의 자원을 관리하는 부서에서는 이런 마케팅 자원들이 기업의 이익을 담보하는 데 체계적이고 가시적인 결과로 보이길 바랍니다.

100% 완벽할 수는 없겠지만 이런 과정을 설명할 수 있는 설득적 통계치나 고객의 변화 또는 반응을 체크할 수 있는 다양한 실험을 해봐야 하는 것이 현실적인 숙제입니다. 다만 이런 정량적 수치를 만들어 내기 위해 단기적인 마케팅 전략이 많이 만들어지다 보면 기업의 장기적 비전이나 경영 전략과 결이 달라질 수 있기 때문에 이런 부분까지 고려하여 전략 수립을 해야 합니다.

마케팅 전략 수립 절차

마케팅 전략 수립 절차가 모범 답안으로 만들어져 있는 것은 아니지만 기업의 미션이나 비전이 수립되어 있다면 그와 연계한 비즈니스 전략이 수립될 것이고, 그에 따라 마케팅 전략도 수립되어야 합니다. 마케팅 전략이 아무리 훌륭하다 하더라도 마케팅 실행 계획이 구체적이고, 실행 가능하고, 결과로 연결될 수 있어야 하기 때문에 큰 그림을 그리는 것만큼 세세한 실행 계획, 즉 다양한 전술을 만들어내는 것도 중요합니다. 마케팅 전략 수립은 크게 세 가지 단계로 이루어지는데, 가장 먼저 기업의 목표와 연결되는 마케팅 목표를 수립하고, 이를 달성하기 위한 전략을 수립합니다. 그리고 그 전략을 수립하기 위한 세부 실행 계획을 수립합니다.

그럼 어떻게 해야 하느냐가 관건입니다. 우선 세 가지 단계에 대해 알아보고, 이후에 전략 수립에 필요한 몇 가지 방법론을 설명하도록 하겠습니다. 그렇다면 세 가지 단계와 방법론을 가지고 조합해서 만들면 될까요? 그렇지 않습니다. 마케팅 전략 수립은 매일 마케팅 업무를 하는 사람에게도 힘든 일입니다. 전략은 정답이 아닌 해답을 찾는 것이고, 그렇게 된다는 보장이 있는 것도 아닙니다. 그리고 전략은 곧 의사결정을 받아야 하고, 실행을 위한 초안이 되어야 하기 때문에 어떤 때는 이 전략대로 하는 것이 의심스러울 수도 있고, 내용 자체가 현실과 동떨어져 보일 때도 있습니다.

그래서 현업 담당자들은 '똥 볼 차는 소리하지 말고 발은 바닥에 붙이고 고민하라'라고 말하기도 합니다. 어떤 사람은 '마케팅 전략은 머리로 하는 것이 아니다'라고도 말합니다. 이러니 전략 수립이 어려울 수밖에 없습니다.

다만 마케팅 전략 수립을 위한 기본적인 프로세스는 크게 다르지 않기 때문에 그 프로세스에 맞는 내용을 도출해낼 수 있도록 부단히 노력하며 경험을 쌓아야 합니다. '우리는 전략이 없다. 매일매일 부딪히며 살아간다'라고 말하는 기업들이 있습니다. 하지만 기업이 나아가고자 하는 방향성과 흐름은 분명 존재합니다. 마케팅 전략이 의미가 없지 않으려면 실행 계획까지 결이 이어지도록 상품이나 서비스의 기획부터 소비자의 손에 들어가기까지 전체 과정을 이해해야 합니다. 이때 주변 환경 분석과 내부 분석, 소비자 분석, 경쟁자 분석, 강약 분석, 위기와 기회 분석, 영향을 미칠 만한 변수 분석 등 다양한 데이터를 참고하는 것이 좋습니다.

❶ 목표 설정

목표는 기업의 목표와 결을 같이해야 한다고 설명했습니다. A기업의 목표는 국내 시장점유율 1위인데, 현재 10% 정도 차이로 2위라고 생각해봅시다. 그리고 B기업은 2위와 시장점유율이 10% 정도 차이 나고, 또 다른 기업들은 5% 정도 차이로 시점 점유를 나누고 있습니다. 자, 그렇다면 이 기업들은 어떤 목표를 정할 수 있을까요? 1위 기업은 계속 1위를 하는 것, 시장점유율 격차를 더욱 벌리는 것, 시장점유율 절반 이상을 차지하고 글로벌 시장에 진출하는 것이 목표가 될 수 있겠죠. 2위 기업은 어떨까요? 시장점유율을 매년 3%씩 좁혀 3년 후에는 1위 기업과 어깨를 나란히 하는 것이 목표가 될 것입니다. 3~4

위 기업은 2위 자리에 오르는 것이 목표가 될 것이고, 후발 주자는 시장에서 인지도가 생기는 것이 목표가 될 것입니다. 당연하게도 각 기업의 위치에 따라 목표가 달라집니다. 그렇다면 그 목표를 달성할 수 있을지 계산해보고 목표를 정해야 합니다.

어느 정도 이상적이라 할지라도 가능성이 전혀 없는 목표를 세워서는 안 됩니다. 그렇다고 꼭 시장점유율이나 매출액으로 세울 필요도 없습니다. 한 시장을 많은 기업이 작은 비율로 나눠 갖고 있다면, 꼭 시장점유율이 1차적 목표가 될 필요가 없고, 시장 중에 특정한 세분 시장을 차지하는 목표를 세울 수도 있습니다. 이미 시장에 진입한 기업이라면 이런 목표를 세우겠지만 이제 시장에 진입하는 기업이나 스타트업이라면 시장에 안착만 하는 것이 목표가 될 수도 있습니다. 이렇듯 목표라는 것은 기업이나 마케팅 부서가 처한 환경에 따라, 능력에 따라 다르게 설정됩니다.

목표는 일정 기간에 달성해야 하는 구체적이고 측정 가능한 성과를 말합니다. 피터 드러커는 "목표는 스마트(Smart)해야 한다"라고 말했습니다. 목표는 구체적이고 측정 가능하며 달성 가능한 결과를 지향하여 시간 내에 이루어내야 한다는 의미입니다.

SMART	내용
Specific	구체적인 목표
Measurable	측정 가능한 목표
Achievable	달성 가능한 목표
Result-Oriented	결과지향적 목표
Timely	시간제한이 있는 목표

피터 드러커의 목표의 조건

목표 설정은 보통 단계를 거친다고 했습니다. 그래서 각 단계에 맞는 목표가 설정되는데, 보통 세 가지 유형으로 수렴이 됩니다. 첫 번째, 중·장기 전략을 구체화하여 매년 사업 계획이나 목표를 설정합니다. 중·장기 전략이라는 것도 크게 보면 목표이기 때문에 그 목표나 비전을 달성하기 위해 이를 해마다 어떻게 이루어나가야 할지 계획을 세워야 합니다. 대부분의 기업이 그렇게 목표를 설정하지만 아마존은 3~5년 이후에 어떻게 할 것인지 목표를 세운다고 합니다. 이유는 매년 목표를 세우다 보면 그 해 목표를 달성하기 위해 중·장기 계획이 단기 계획으로 변질될 가능성이 있기 때문입니다. 3~5년 단위로 목표를 세우면 일을 좀 더 멀리 내다볼 수 있습니다.

두 번째, 주요 사업 이슈에서 과제나 목표를 도출합니다. 세 번째, 기능별 혹은 부서별로 진행하고 있는 기능이나 업무 중심으로 목표를 만들어냅니다. 이는 단계별로 목표를 설정하는 방식으로 설명됩니다. 회사의 목표가 정해지면 이는 사업부의 목표로 나눠지고, 그룹이나 팀의 목표로 또 세분화되고, 이를 바탕으로 조직원들의 개인 목표를 설정하는 것입니다.

목표는 위에서 아래로, 실행은 아래에서 위로 올라가는 방식으로 설정되는 것이 일반적입니다. 목표를 정할 때는 중점 과제를 나열하는 방식이나 핵심 지표를 설정하는 방식으로 하는데, 전자는 개인 차원에서, 후자는 전사적 또는 사업부 차원에서 사용합니다.

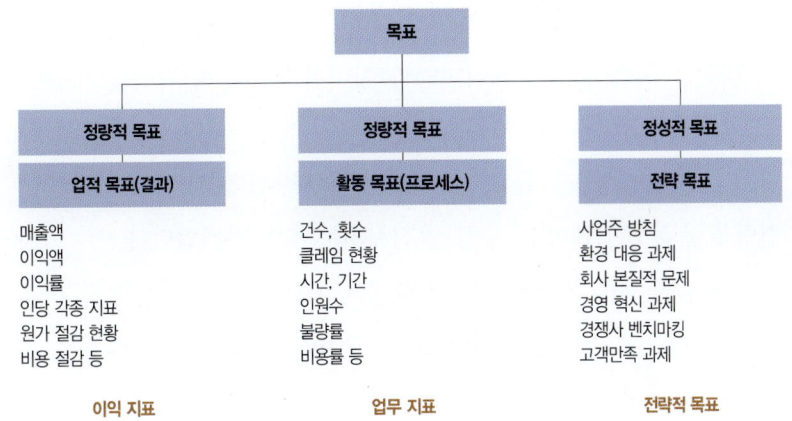

목표로 설정하는 정량적·정성적 지표의 예

2 전략 수립

목표가 정해지면 목표를 수립하기 위한 전략을 세워야 합니다. 전혀 새로운 시장에 발을 내딛는 것이 아니라면 전략은 대체적으로 경쟁 관계 속에서 어떤 위치에 있느냐에 따라 달라집니다. 앞서 1위 기업과 2~3위 기업, 후발 주자의 목표가 다르다고 이야기했습니다. 목표가 각기 다르기 때문에 전략도 모두 다릅니다.

앞서 마케팅 조사 기법들을 살펴보면서 경쟁자들의 지위에 따른 마케팅 전략에 대해 알아보았습니다. 리더는 방어적 마케팅을, 도전자는 공격적 마케팅을, 추종자는 측면 공격을, 니치플레이어는 게릴라 마케팅을 해야 한다고 했습니다. 이는 전략을 수립하는 데 그대로 연결됩니다. 시장의 리더들은 1위 자리를 지키기 위해 1위다운 마케팅 전략을 세웁니다. 시장 지배적 상품이나 서비스를 더욱 정교화하면서도 새로운 활력소를 위한 신상품을 개발하고, 자원의 여유를 바탕으로 과감하고 선제적인 마케팅 전략을 세웁니다.

2위 그룹의 전략 방향은 기본적으로 1위를 따라잡기 위한 전략이 됩니다. 1위를 따라잡기 위해 사용하기 가장 좋은 방법은 같은 가격이면 품질을 높이거나 기능을 추가하는 것입니다. 품질이나 성능이 같다면 낮은 가격으로 승부를 해야 합니다. 하지만 쉽지 않은 일입니다. 1위라는 타이틀이 주는 프리미엄과 이미지는 단순히 가격을 내린다고, 품질을 높인다고 해결되는 것이 아니기 때문입니다. 각 기업의 위치에 따라 방향성을 만들고, 그에 맞는 전략을 만들고, 이미 만들어진 전략을 우리 기업에 맞게 수정·발전시키는 것이 관건입니다.

전략 수립 단계는 전사 전략 범위가 있고, SBU 전략, 기능별 전략 범위가 있다고 했습니다. 마케팅 전략은 SBU 범위일 수도 있고, 기능별 범위일 수도 있습니다. 이는 회사 구조마다 달라지기도 하고, 전사 전략 범위의 수준을 어떻게 잡느냐에 따라 달라지기도 합니다.

기업 전략은 크게 기업의 목적인 이익 극대화를 위한 성장 전략과 현 사업의 경쟁 전략으로 구분할 수 있습니다. 마케팅 전략은 경쟁 전략에 포함됩니다. 성장 전략은 주로 주력 사업을 확대한다든가 사업다각화, M&A 등이 해당하고, 경쟁 전략은 세부 시장 전략과 차별화, 원가 우위 전략 등이 해당합니다.

각 전사 전략 범위에 맞게 SBU 전략, 기능별 전략을 수립해야 합니다. 이렇게 순서나 개념만 설명하다 보면 이해가 잘 되지 않을 수도 있습니다. 하지만 꼭 어떤 형식적인 틀이 정해진 것은 아니니 앞서 언급한 몇 가지 순서를 고려하고, 미리 살펴보았던 환경 분석, 3C 분석 등을 통해 현황을 파악하고, 상황에 맞는 방향을 잡고, 그에 따른 전략을 세우고, 실행 계획으로 정교화하면 됩니다.

그럼 전략에는 어떤 것들이 있을까요? 전략은 전사, SBU, 기능별 단계를 거칠 수도 있고, 아닐 수도 있습니다. 그리고 그 방법론이 꼭 어느 한 영역에만 필요한 것은 아닙니다. 물론 전사 전략 툴과 기능별 전략은 그 접근 방법이나 실행에 따라 다르지만 선을 꼭 그어놓는 것은 아닙니다. 각 방법론을 상황에 맞게 정리할 수 있는 것이 업무 능력입니다. 사업 전략이 기업이 목표하는 시장에 전달하고자 하는 상품의 정의 및 가치 체계에 대해 말한다면, 기능 전략은 가치를 효과적·효율적으로 만들어내기 위한 기업 내부의 가치 생성/전달 체계를 말합니다. 사업 전략은 매출과 관련되어 있고, 기능 전략은 비용과 관련되어 있다고 생각하면 더 빠르게 이해될 것입니다.

다음은 한 기업의 새해 경영 전략 목차입니다. 실제로 이론서에서 다루는 내용은 거의 사용하지 않습니다. 컨설팅 회사들이 만든 화려한 전략은 신규 사업을 준비하거나 회사를 M&A하거나 기업의 급격한 사업 구조 변화 등이 필요할 때 사용합니다. 아무리 큰 규모의 기업이라 할지라도 보통은 전년과 금년의 환경 변화를 살펴보고, 전년 경영 계획 달성 결과를 보고, 다음 해 경영 계획을 공유하고, 그에 따른 이슈와 과제 등을 정리하는 수순을 밟습니다. 이후에 각 사업 단위나 기능에 따라 실행 계획이 나온다고 보면 됩니다.

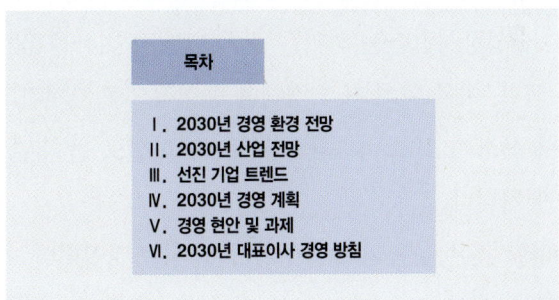

한 기업의 경영 계획 발표 목차

그러면 마케팅 전략은 어떻게 수립하면 될까요? 앞서 마케팅 전략은 기업의 경영 전략의 아래 단계, 즉 기능 전략이라 했습니다. 그렇다면 마케팅 전략은 경영 전략이 이루어지게 하는 방향성에서 마케팅 기능을 어떻게 실행할 것인가 정하는 것이라 할 수 있습니다. 흔히 전략을 이야기할 때 성장 전략, 공격 전략, 방어 전략, 경쟁 전략, 차별화 전략, 다각화 전략 등 이른바 기업의 모든 활동에 전략이라는 단어가 붙습니다.

이런 전략이 정해지면 마케팅에서 할 수 있는 형태의 전략을 수립해야 합니다. 앞서 STP, 마케팅믹스를 살펴보았는데, 성장 전략을 쓰기 위해서는 어느 시장을 어떻게 나누고, 어떤 시장을 목표로 삼아 차별화된 가치는 무엇으로 하고, 이것을 마케팅 4P에 어떻게 적용시킬 것인가 고민해야 합니다. 각 전략마다 방법이 달라지는 것이 당연합니다. 어떤 활동에 전략이란 단어를 가져다 붙이면 전략이 되듯 마케팅도 어떤 활동에 마케팅이란 단어를 가져다 붙이면 마케팅이 됩니다. 그래서 마케팅의 이름이 셀 수도 없이 많은 것입니다.

- **성장 전략**: 사업 전략의 방향이 성장 바늘에 가 있다면 마케팅 전략도 성장 전략에 따라 수립되어야 합니다. 환경 분석에서 살펴본 BCG 매트릭스에서 사업부든 상품이든 스타가 많아야 한다는 뜻입니다. 스타에 해당하는 상품은 시장성장률이 높고 상대적 시장점유율이 높다고 했습니다. 성장시킨다는 의미는 결국 마케팅 비용을 많이 사용한다는 뜻이 되고, 이를 위해 가격 정책을 공격적으로 가져가고, 다양한 유통 채널에 선보이고, 소비자와의 커뮤니케이션도 전 채널을 중심으로 진행하게 됩니다.

여기서 주의할 것은 상품의 수명주기가 있다는 것입니다. 상품이 시장에서 어떻게 성장하고, 성숙하고, 쇠퇴하는지를 잘 지켜보고 그에 맞는 전략을 수시로 수정해줘야 합니다. 그런데 현장에서 보면 대부분의 기업이 성장 전략을 구사하고 있습니다. 무슨 말이냐 하면 1등도 시장을 지키기 위해 계속 성장을 바라고, 2~3등은 말할 것도 없고, 하위 그룹도 마찬가지입니다. 물론 그 성장의 속성이 다르기 때문에 성장 속에서 방어적 성격을 갖는지, 공격적 성격을 갖는지 나눠질 것입니다.

> 삼성카드는 2011년 브랜드 리뉴얼 전략을 수립하며 숫자 시리즈 카드를 새롭게 시장에 내놓았다. 카드 대란 이후 이렇다 할 히트 상품이나 공격적 전략 없이 유지 전략만으로 버텨오다가 현대카드의 약진과 은행계 카드의 선전에 자극을 받아 브랜드 리뉴얼로 이미지를 재고하고, 신상품을 바탕으로 시장점유율을 높이기로 결정한 것이다. 그래서 'Essentializing'이라는 브랜드 에센스(Essence)를 정하고, '꼭 필요한 것에 집중, 참 실용적인 삼성카드'라는 상품 슬로건과 함께 숫자 시리즈 카드를 내놓았다.
> 삼성카드는 기존의 카드들이 혜택이나 제휴사 중심으로 상품 개발을 하는 것에서 벗어나 소비자의 라이프스타일에 근거해 그에 해당하는 상품을 개발했다. 그리고 디자인을 비롯한 커뮤니케이션을 통해 기존 삼성카드가 가지고 있던 올드한 이미지에서 벗어나 시장점유율 회복에 시동을 걸었다. 신용카드와 체크카드 실적을 같이하느냐 마느냐에 따라 시장점유율이 달라지긴 하지만 업계 4위까지 내려갔던 삼성카드는 2017년 말, 2위 자리에까지 올라섰다.

어떤 마케팅 전략들은 성장 전략처럼 보이기도 하지만 방어 전략이기도 하고, 시장이 커지지 못하게 만드는 전략으로 사용되기도 합니다. 한 음료 회사는 에너지 드링크 음료 시장이 성장할 기미를 보이자 이 시장을 키우지 않기 위해 맛이 없는 음료를 개발하여 시판하였습니다. 그런데 해외 유명 상품이 시장에 진입하여 파이를 키우자 엉겁결에 같이 성장했다는 믿거나 말거나 한 사례가 회자되기도 합니다. 전략이라는 것이 시장 상황에 영향을 많이 받는다는 점을 단적으로 보여주는 사례입니다.

- **차별화 전략**: 마케팅 전략에서 가장 많이 사용될 수밖에 없는 전략입니다. 마케팅은 시장을 세분화하는 것에서 시작하기 때문입니다. 시장을 나누고, 그 시장에 존재하는 소비자를 위해 가치 제안을 한다는 의미가 차별화 전략을 사용한다는 말입니다. 그러나 차별화 전략은 생각처럼 쉽지 않습니다. 차별화 전략을 위해서는 자원, 즉 비용이 많이 투입됩니다. 새로운 시장을 개척하거나 신상품을 개발하거나 신상

품을 유통시키거나 각종 프로모션을 통해 소비자에게 각인시키기 위해 처절할 정도의 마케팅 활동이 필요하기 때문입니다.

> 2017년 배달의민족은 호텔을 빌려 '치믈리에 자격 시험'이라는 생소한 시험을 실시했다. 주로 치킨 배달이 주가 되는 비즈니스 아이템인지라 이와 관련된 프로모션을 진행하게 되었는데, 시장에 큰 반향을 불러일으켰다. '쓸고퀄'이라는 말은 이럴 때 써야 하는 것이라며 프로모션에 참여한 소비자는 물론 미디어와 업계, 마케터 사이에서 화제를 일으켰다. 배달의민족을 운영하는 우아한 형제들은 다른 배달 전문 브랜드와 차별화를 갖기 위해 끊임없이 노력하고 있다. B급 문화를 활용한 다양한 고객 커뮤니케이션을 행하고, 배짱이라는 팬클럽을 운영하고, 치믈리에 자격 시험을 실시하고, 심지어 《치슐랭 가이드》라는 책을 출간하기도 했다. 이는 업의 본질을 이어가면서도 다른 배달 앱과 무엇을 다르게 할 것인지 끊임없이 고민한 결과로, 배달의민족이 배달 앱 시장에서 50%의 시장점유율을 이어가고 있는 요인 중 하나다.

- **다각화 전략**: 마케팅 전략 수립에 많이 활용할 만한 매트릭스가 있습니다. 러시아의 경제학자 이고르 앤소프(Igor Ansoff)가 고안한 매트릭스라서 '앤소프 매트릭스'라고 불리는데, 상품과 시장 관점에서 발생하는 네 가지 본원적 전략을 탐색하여 최적의 전략을 도출하는 프레임워크입니다.

	기존 상품	신상품
기존 시장	시장 개발 (Market Development)	다각화 (Diversification)
신시장	시장 침투 (Market Penetration)	상품 개발 (Product Development)

시장 침투는 기존 상품에 변화를 주지 않고 더 많은 매출과 시장 점유 방안을 찾아보는 단계입니다. 시장 개발은 기존 상품을 가지고 새로운 시장을 개발하는 것인데, 상품 속성을 바꿔 새로운 시장을 열기도 하고, 새로운 지역에 진출하여 시장을 만들기도 합니다. 상품 개발은 기존 고객들에게 새로운 상품으로 가치 제안을 더해주는 것이고, 다

각화는 기존 상품 시장에서 벗어나 신규 사업을 시작하거나 인수하여 성장하는 경우입니다.

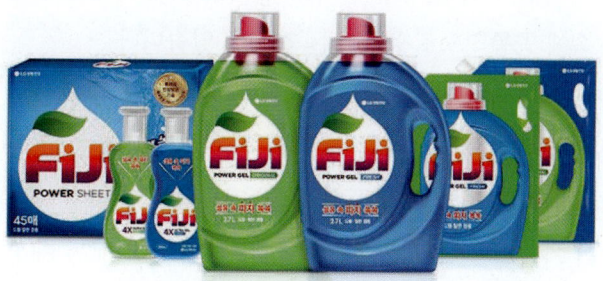

기존 시장에 신상품을 출시할 때는 새로운 속성이나 형태로 다각화하는 전략이 필요하다.

```
Ⅲ. 2030년 마케팅 중점 추진 전략

1. '라이프스타일 리테일'로 이미지 포지셔닝   ▶ Life Shoptainment 이미지 구축
2. 라이프스타일을 제안하는 'MD 스타일리스트' 실현   ▶ 상품 중심의 마케팅 강화
3. 선택과 집중/가치 있는 타깃 로열티 강화   ▶ 고객 가치의 지속성 재고
4. 감동이 있는 '문화가 생동하는 공간' 실현   ▶ 문화 마케팅 심화
5. 경쟁 및 영업 환경 변화에 따르는 것   ▶ 업태 경쟁력 강화
6. 성장 시대를 이어가기 위한 것   ▶ 신규점 활성화 방안
```

한 유통 회사의 마케팅 추진 전략 예

❸ 실행 계획 수립

마케팅 계획 수립은 기업의 전략 목표를 달성하기 위한 것으로, 마케터는 사업 단위 또는 상품, 브랜드별 구체적 마케팅 계획을 세워야 합니다. 어떤 방향을 정하고, 어떤 전략으로 시장을 공략할지 정했다면 그다음에는 실행 계획을 세워야 합니다. 전략이 '큰 틀에서 어떠한 방법으로 이루게 할 것이다'라고 한다면, 실행 계획은 전술에 해당합니다. 세부적인 실행에 전략 방향성과 목표를 달성하기 위한 다양한 행위가 수반됩니다.

구체적 실행 계획이기 때문에 아이디어가 매우 중요합니다. 소비자

에게 어떤 가치를 줄 수 있을지를 고려하여 스토리를 만들고, 아이템에 따른 구체적 5W1H를 설계하는 것이 필요합니다. 앞서 이야기했듯 전략은 기업마다, 환경마다 다르기 때문에 형식적 통일성은 없지만 내용 속에 공통적으로 들어가는 것들이 있습니다.

첫째, 현재의 상황. 거시적·미시적 환경이 마케팅에 미치는 영향이 크기 때문에 시장 분석을 통해 시장과 주요 세분 시장을 구분·정의하고, 소비자의 니즈와 주요 마케팅 환경 요인들을 확인해야 합니다. 그리고 우리 기업의 상품 현황은 어떠한지 매출과 이익 등 재무적 상태도 검토해야 합니다. 주요 경쟁자들의 상태도 빼놓지 않고 확인해야 하고, 경쟁 포지션과 품질, 가격, 유통 경로 및 프로모션 전략을 살펴보아야 합니다.

둘째, 이슈 분석. 현재의 상황과 함께 목표 달성에 영향을 미친 요인들을 분석해야 합니다. 현재 상황의 내부 분석과 이슈 분석을 동시에 하게 되는데, 이를 보통 SWOT 분석이라고 합니다. 기업 전략에서도 사용할 수 있고, 사업부나 기능별 전략에서도 드릴다운(Drill down)해서 사용할 수 있는 범용적이고 강력한 분석 방법입니다. 다만 서술에 그쳐서는 안 됩니다. 우리 기업의 강약점을 위기와 기회 상황에서 어떻게 활용할 것인지 심도 있는 고민이 드러나야 합니다.

셋째, 마케팅 목표와 이슈. 일정 기한 내에 이루어내야 하는 성과를 서술하고, 이를 달성하는 데 영향을 주는 이슈에 대해 준비해야 합니다. 이는 컨틴전시 플랜(Contingency Plan, 돌발 변수에 의한 상황 변화에 대응한 계획)을 준비해두는 데 도움이 됩니다.

넷째, 마케팅 전략. 사업 단위나 상품, 브랜드가 목표를 달성하기 위해 고려해야 할 목표 시장, 포지셔닝, 시장 공략 방법, 비용, 이슈, 마케팅믹스, 요소별 구체적 전략이 모두 들어갑니다.

다섯째, 세부 실행 계획. 액션 플랜(Action Plan)이라고도 합니다. 전략을 구체화해서 목표를 달성하는 데 필요한 내용으로 누가, 어떤 행위를, 언제, 얼마의 비용으로, 얼마의 기간 동안 실행할 것인지에 대한 구체적인 계획입니다.

마지막으로 가장 중요한 예산 계획과 마케팅 계획 실행 시 예상되는 재무적·전략적 성과에 대한 내용을 언급하고, 이 실행 계획을 모니터링하고 결과를 어떻게 확인할 것인지의 내용을 담으면 크게 빈 내용이 없는 마케팅 계획서가 됩니다.

위 내용 중에 기업 전략이나 사업부 단위 전략에서 언급된 내용이 있다면 굳이 들어갈 필요가 없습니다. 세부 실행 계획으로 계획서를 구성하는 것이 기업 내에서 일반적으로 사용되는 방법입니다.

3. 멤버십 활성화 계획

목표
- 멤버십 회원 수 목표 초과 달성 및 사용률 지속 확대

사용 활성화
- 멤버십 카드 구매 활성화 유도
  - 첫 사용 F/G, 쿠폰 상품 포인트 추가 적립, 모바일 앱을 통한 구매 편리성 강화
- MD 연계 포인트 상시 사용 확대
  - 포인트숍 상시 운영: 고급 생활용품 시리즈 기획
  - 포인트 사용 프로모션 활성화: 사은품 개발
- 포인트 교환 제도 도입
  - 타 회사 포인트 전환 사용(○○카드 3천억 원, ○○카드 1천억 원 등)

로열티 강화
- 대형 제휴사 공동 마케팅 확대
  - 제휴 프로그램 차별화(이슈성 경품 시리즈, 제휴 고객 내점 유도), 극장 연계
- 우수 회원 대상 문화 서비스 제공
  - 앱 내 문화 서비스 전용 '컬처 라운지' 신설
  : 주요 문화 공연/이슈성 전시회 할인, 스페셜데이 이벤트, 멤버십 초대전 등

한 기업의 멤버십 카드 활성화 계획 예시

마케팅 전략 수립을 위한 방법과 도구

전략 수립 전에 해야 할 것들

현업에서는 마케팅 전략과 계획을 따로 구분하지 않습니다. 이미 구조가 갖추어진 기업이라면 연간 1회 정도 혹은 반년에 1회씩 전사 경영 전략을 수립하면서 각 기능별 혹은 사업부별 전략을 수립하는데, 사실 이것도 전략이라기보다는 계획에 가깝습니다. 신규 사업부나 새로 기업을 하는 상황이 아니라면 이미 상품이나 서비스 구조가 짜여 있고, 그 해 목표에 따라 어떻게 실행할 것인가를 점검하는 수준이기 때문입니다. 하지만 신상품이나 신규 서비스를 준비하고 있거나 스타트업이라면 마케팅 전략 수립을 문서화가 되었든 아니든 조직원들이 공유할 수 있게 하거나 경영자가 자신만의 마케팅 방향성과 전략으로 가지고 있어야 합니다.

그래서 앞서 살펴본 여러 가지 순서나 방법론을 활용하여 마케팅 전략을 수립하는데, 그보다 앞서 전략을 세우기 위한 기획력이나 문제 해결력이 전략이라는 이름 앞에 존재해야 합니다. 사실 기업의 일이 소비자의 문제를 해결해주는 일이고, 이런 문제를 해결하는 방법을 기획하는 것이라 정의해도 크게 벗어난 정의가 아닙니다. 그래서 기업 전체의 사업 전략이나 마케팅 전략을 수립한다는 의미도 기업이나 마케팅 부서 앞에 놓인 당면 과제를 어떻게 해결할 것인가를 정하고 이를 계획대로 실천하겠다는 것입니다.

문제 해결 능력이 이런 과제를 어떻게 정의하고 구조화시켜서 구체적인 방안을 찾아낼 것인가를 찾는 것이라면 기획력은 문제 해결 능력과 많은 부분을 공유하지만 좀 더 커뮤니케이션 쪽에 가까운 의미의 능력입니다. 기획력은 문제 해결에 대한 방안을 기업 내에서 설득시키고 실행할 수 있도록 공유하고, 이를 실행 부서들이 받아 문제 해결을 할 수 있도록 가이드까지 하는 역량입니다. 문제 해결 능력이 아이디어 도출이나 판단 능력, 구조화 능력 등 비가시적 영역이 더 크다면, 기획력은 문제 해결 능력을 바탕으로 이를 문서화하고 기업이나 조직 내에서 어떻게 설득하고 실행화할 것인가에 더 초점을 맞춥니다. 그래서 문제 해결 능력이나 기획력을 갖추고 있다고 판단되는 사람들이 주로 기획 부서나 전략 부서에서 일하게 되는 것입니다.

문제 해결 능력

사전에서는 '문제'를 '해답을 요구하는 물음'이라 정의하고 있습니다. 이를 경영이라는 틀에서 다시 정의해보자면 공급자와 소비자 사이에서 발생하는 모든 기대에 대한 결과치의 차이라고 해석할 수 있습니다. 소비자의 니즈를 충족시키기 위해 공급자는 어떤 상품이나 서비스를 공급해야 하는데, 최종 단계에 이르기까지 많은 단계와 과정을 거치면서 해결해야 할 일, 즉 문제들이 발생합니다. 생산 단계에서, 유통 단계에서, 소비자에게 인계된 다음에도 여러 가지 일이 발생하고, 기업은 이 모든 과정에서 일어나는 일을 해결해야 하는 숙제를 가지고 있습니다. 결국 기업은 문제 해결 능력을 가진 조직이나 구성원을 통해 이런 문제에 접근하고, 해결책을 찾고, 이를 소비자가 만족할 때까지 개선하는 작업을 해야 합니다.

일상에서 문제를 잘 해결하는 사람들을 달인이라 칭하기도 합니다. 어떤 문제에 봉착하거나 어떤 상품과 서비스를 오랫동안 다뤄 기술이 뛰어난 사람들이라는 의미도 가지고 있을 것입니다. 이를 기업의 입장에서 보면 조직 내에 많은 달인을 두고 있는 상황이라면 어떤 목표를 향해 나아가는 데 훨씬 수월할 것입니다. 그래서 많은 기업이 문제 해결 능력이 출중한 인재를 뽑고자 하는 것입니다.

문제 해결 능력은 결국 기업의 목적인 이익 창출에 지대한 역할을 합니다. 문제 해결 능력은 몇 가지 역량을 필요로 하는데, 책으로 몇 자 읽어본다고 해서 양성되는 것이 아닙니다. 꾸준히 공부도 하고 일도 하면서 업력을 쌓아야 생기는 역량입니다. 물론 사회 경험이나 타고난 리더십 등을 통해 이런 역량을 내보이는 사람도 있지만 대체적으로 문제 해결을 위한 역량도 꾸준한 훈련을 통해 성장하는 것이므로 다양한 경험과 이론적 학습을 같이해야 쌓을 수 있습니다.

이런 문제 해결 능력은 한두 가지 역량으로 갖추어지는 것이 아닙니다. 어떤 비즈니스를 영위하는 데 있어 의사결정을 할 수 있는 판단 역량과 판단을 내리고 계획을 세운 업무를 효율적이고 효과적으로 진행하는 역량, 이를 문서화하거나 보고하여 설득하는 기술을 함께 갖추어야 합니다. 그리고 과제가 생겼을 때 이를 꾸준히 관리하고 결과물을 만들어낼 수 있는 리더십과 커뮤니케이션 능력 등을 골고루 갖추어야 합니다. 이 책은 마케팅에 대한 것이므로 그에 적합한 몇 가지 내용만 살펴보도록 하겠습니다.

문제 해결 프로세스	내용	필요 역량
문제 정의	현재 상태와 이상적 상태의 차이	상황 판단력, 분석력
맥락 파악	현재 상태에서 이상적 상태로 가야 하는 이유 또는 가지 못하는 이유와 배경	논리력, 분석력
구조화	정의된 문제를 해결 가능 수준의 문제로 나누는 것(작은 문제들의 합=큰 문제)과 우선순위로 나열	논리력
가설 수립	가설이란 핵심/세부 질문에 대한 해답과 근거	창의력, 논리력
검증 계획 수립	과제, 데이터, 예상 결과, 담당자, 기간 등으로 구성	기획력, 갈등 관리, 팀워크
인사이트 도출	검증을 통해 나온 자료를 바탕으로 실행 가능한 과제 목록 구성	정보 활용 능력, 변화 관리
커뮤니케이션	과제를 해결하기 위한 조직 내 커뮤니케이션	발표력, 의사소통 능력

문제 해결 프로세스의 필요 역량

기획력

앞서 기획력이란 문제 해결에 대한 방안을 기업 내에서 설득시키고 실행할 수 있도록 공유하고, 이를 실행 부서들이 받아 문제 해결을 할 수 있도록 가이드까지 하는 역량이라고 설명했습니다. 일상에서도 기획력이 뛰어난 사람들이 있으면 재미있는 일이 많이 생깁니다. 주변을 둘러보면 때마다 이벤트를 만들어 모임을 주도하는 사람도 있고, 여행을 갈 때 사전에 맛집, 주요 포인트 등을 학습해 모두를 만족시키는 사람도 있습니다. 이런 사람들은 기업 내에서 문제 해결을 위한 정보를 구하고 이를 체계적으로 정리하고 보고할 수 있는 다양한 형태의 모습을 만들어 주요 의사결정권자들이 전략 방향을 결정하고 실행 계획을 승인하게 만드는 기획자의 모습과 유사합니다.

기획자는 어떠한 문제를 해결하기 위한 과제를 부여받으면 다음과 같은 프로세스로 문제 해결을 위한 기획을 합니다. 문서화가 기본은 아니지만 대체적으로 문서화나 도식화를 통해 발표되거나 공유되는 과정을 거칩니다. 그래서 문서 작성 능력은 기획력과 뗄 수 없는 사이라 할 수 있습니다.

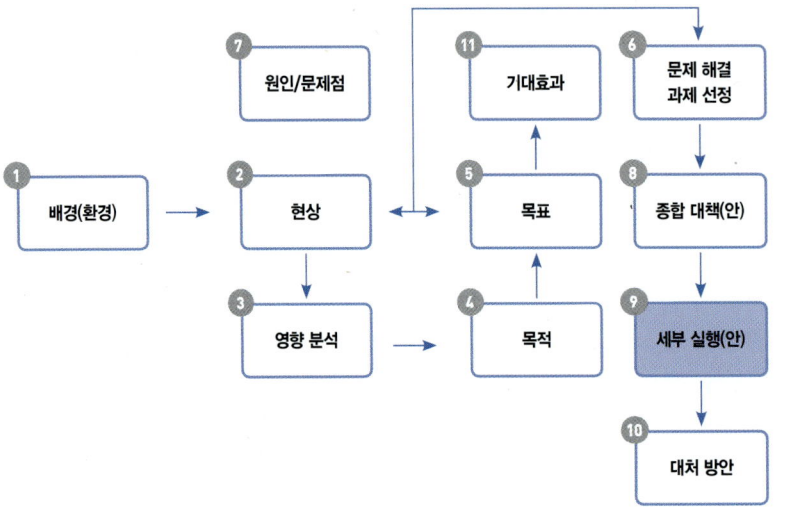

문제 해결 능력이 기획력으로 연결되어 커뮤니케이션 과정을 거치면 과제 수행이 완료된다.

전략 수립에 필요한 몇 가지 도구

문제 해결 과정이나 기획 과정에서 이를 수월하게 해줄 몇 가지 도구가 있습니다. 시장 분석이나 전략 수립을 할 때도 어떤 매트릭스나 구조도를 통해 쉽게 전략을 도출하는 방법을 살펴보았습니다. 이를 전략 수립을 위한 큰 그림을 그리는 구조화 도구라 한다면 이제부터 설명할 몇 가지 도구는 이를 실행하는 과정에서 쉽게 아이디어를 도출하고 이를 구조화시키기 위해 매우 자주 사용되는 것들입니다. 그리 어려운 개념은 아니나 이를 현업에서 실행하고자 할 때는 매우 많은 요소가 있기 때문에 꽤 많은 시간과 자원을 투입해야 합니다. 마케팅 전략 수립을 위해 필요한 도구의 정의와 예를 통해 개념만 살펴보도록 하겠습니다.

❶ MECE(Mutually Exclusive Collectively Exhaustive)

문제 해결이나 기획에 있어 사용되는 몇 가지 도구 중에 MECE와 로직트리(Logic Tree)는 한 세트처럼 사용됩니다. MECE를 이해하고 로직트리를 보면 서로 붙어 있어야 하는 도구임을 쉽게 이해할 수 있을 것입니다. MECE는 'Mutually Exclusive Collectively Exhaustive'의 약자로, 중복도 없고 누락도 없는 상태를 말합니다. 우리말로 해석하면 상호배타적이고 전체를 포괄하는 완전한 전체를 의미합니다.

예를 들어 동물을(학문적으로 접근하면 복잡해지니 상식적인 수준에서) 살펴보겠습니다. 동물은 연충류, 곤충류, 어류, 양서류, 파충류, 조류, 포유류로 나뉩니다. 이 동물 집합을 생각해보았을 때 만약 조류가 빠지면 MECE 상태가 아닌 것입니다. 좀 더 쉽게 설명하면, 컴퓨터가 필요해서 Free-Dos 상태의 컴퓨터를 구매했습니다. 이 컴퓨터에는 운영 체제가 기본 사양으로 설치되어 있지 않습니다. 운영 체제가 없어 프로그램을 사용할 수 없으므로 이는 컴퓨터라 할 수 없습니다. 컴퓨터는 하드웨어와 소프트웨어 그리고 하드웨어의 기능을 제어하는 펌웨어로 구성되는데, 세계에서 가장 많이 사용되는 운영 체제인 윈도우가 설치되어 있지 않은 경우 MECE의 상태가 아닌 것입니다. MECE의 개념이 중요한 이유는 문제를 해결하고자 할 때 문제를 세부화하여 해결해야 하는데, 하나의 문제라도 누락되면 전체 문제가 해결되지 않기 때문입니다.

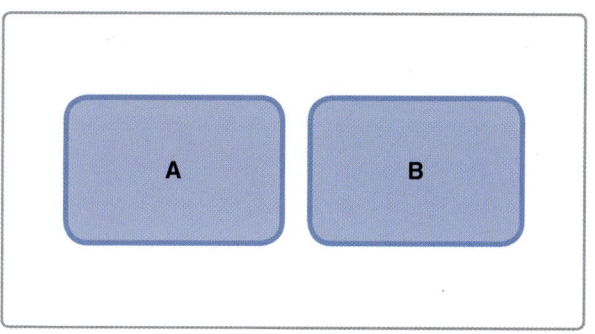

MECE인 상태를 집합으로 표시한 예

시장에 새로운 음료를 하나 출시하고자 기획한다면 먼저 시장에 어떤 음료가 있는지 확인해보는 작업을 할 것입니다. 그렇다면 어떤 식으로 음료 시장을 나눌까요? 가격, 제조 회사, 용량, 온도, 음료를 마시는 상황 등 다양한 기준으로 나눌 수 있습니다. 이러한 상황에서 각 기준에 모든 음료를 포함시킬 수 있도록 나누면 누락되는 음료가 없습니다. 이런 상황을 앞서 설명한 적이 있습니다. 바로 세분 시장을 나누는 방법, 즉 세그멘테이션은 MECE의 형태를 가지고 나누면 아직 비어 있는 시장이 어디인지, 어디가 공략 가능할지 판단할 수 있습니다.

MECE는 단지 어떤 구분을 하기 위한 도구가 아닙니다. 문제를 세분화하고 빠짐없이 챙겨야 큰 문제 전체가 해결되기 때문에 기업에서 문제 해결을 하기 위한 다양한 방법에 MECE라는 개념이 들어가는 것입니다. 그런데 MECE라는 말을 꼭 들어보지 않았다 하더라도 일상에서 많이 사용하기 때문에 이를 꼭 용어적 정의로 기억할 필요까지는 없습니다. 어렸을 때 엄마가 콩을 손질하면서 썩은 콩과 정상인 콩, 돌을 골라내라고 한 적이 있을 것입니다. 이때 우리는 의식하지 않은 상태로 MECE라는 도구를 잘 사용했습니다.

MECE를 사용할 때는 누락이나 중복이 일어나지 않도록 자세히 살펴봐야 하고 기타/이상/이하의 범위 요소를 사용할 때 그 범위가 너무 넓어지지 않도록 주의해야 합니다.

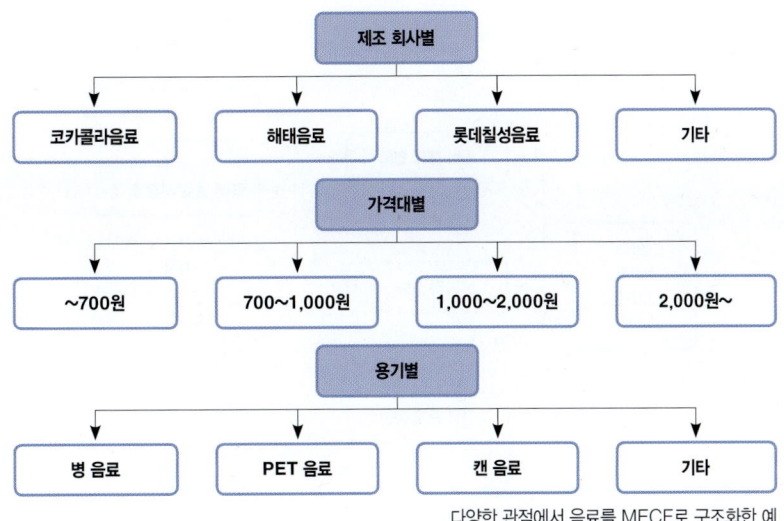

다양한 관점에서 음료를 MECE로 구조화한 예

❷ 로직트리(Logic Tree)

이슈트리(Issue Tree)라고도 합니다. 주어진 문제 또는 과제가 논리적 연관성이 있는 하부 문제나 과제로 나무 모양으로 전개된 것을 말합니다. 논리적으로 인과관계와 크고 작음을 나누는 것입니다. 앞에서 이미 로직트리를 본 사람도 있을 것입니다. MECE의 사례에서 거꾸로 된 나무 모양을 보았다면 이미 로직트리를 이해한 것입니다. 물론 더 복잡하게 계속 가지를 뻗어나갈 수 있기 때문에 나무 모양처럼 보이지 않았을 수도 있지만 MECE의 사례도 로직트리의 모습을 가지고 있습니다. 그래서 앞서 로직트리와 MECE를 하나의 것처럼 이해해야 한다고 이야기한 것입니다.

한 탄산음료 회사에서 새로운 음료를 출시하기 위해 프로젝트를 진행하고 있습니다. 그런데 음료 시장이 점점 축소되고 있습니다. 음료 시장이 축소되는 원인을 찾으면 해결책도 나올 거 같은데, 원인을 어떻게 정리해야 할까요? 당연히 MECE를 떠올려야 합니다.

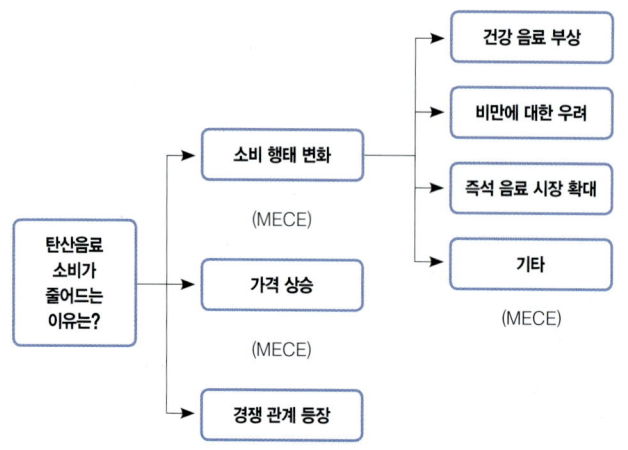

탄산음료 소비의 감소 원인을 찾는 로직트리와 MECE

이는 피라미드 스트럭처(Pyramid Structure)라고도 불리는데, 모양에서 비롯된 것입니다. 어떻게 불리든 로직트리는 문제 해결이나 기획에서 빠질 수 없는 도구 중 하나이기 때문에 마케팅 전략뿐 아니라 모든 기획과 분석 과정에서 사용됩니다. 로직트리는 일관성이 없거나 논리가 부족할 때 정리가 제대로 되지 않기 때문에 설득력이 떨어집니다. 꼭 방향성과 MECE를 고려하여 세분화하는 과정을 잘 살펴보기 바랍니다.

❸ 벤치마킹

벤치마킹은 기업이 경쟁력을 높이기 위한 방법을 연구하는 과정에서 다른 기업의 상품이나 서비스의 장점, 프로세스의 우수성 등을 자사의 여러 과정에 도입하는 것을 말합니다. 미투 상품이라고 하여 한 기업이 출시하여 성공한 상품을 베끼는 것은 단순한 모방일 뿐 벤치마킹이라고 하지 않습니다. 벤치마킹은 기업의 모든 기획 과정에 들어가는 도구 중 하나가 되었습니다. 신상품을 기획한다면 현재 다른 기업들은 어떻게 하고 있는지에 대한 내용이 꼭 들어갈 것입니다. 이는 기본적으로 장점을 도입하여 우리 기업의 상품이나 서비스도 성공시키고자 하는 의미도 있지만 상대적으로 리스크를 감소시키려는 목적도 있습니다. 기업 내부적으로는 설득시키기 위한 데이터로 활용 가치가 높습니다.

벤치마킹은 1979년 미국의 제록스에서 유래되었다고 합니다. 복사기의 대명사 제록스가 시장에서 96%의 점유율을 가지던 시절도 있었는데, 일본의 캐논 등이 제록스의 생산가보다 낮은 소비자가로 시장의 돌풍을 일으키면서 제록스의 점유율은 45%까지 추락하였습니다. 이때 새로 취임한 회장이 다른 회사들이 어떻게 하고 있는지 살펴보고 와서 상품을 혁신하게 했고, 다시 경쟁 우위를 점할 수 있었다고 합니다. 이때부터 모든 기업이 대부분의 문제 해결 과정에서 벤치마킹을 사용하게 되었습니다.

일본의 기업들이 미국 시장에 진출하기 위해 미국을 벤치마킹했고, 한국의 기업들이 일본을 따라잡기 위해 일본을 벤치마킹했고, 이제는 중국이나 동남아 기업들이 한국 기업을 벤치마킹하고 있습니다. 벤치마킹을 단순한 모방으로 생각해서는 제대로 된 벤치마킹을 할 수 없습니다. 우리 기업의 기본적인 체계나 프로세스에서 무엇이 부족한지, 아쉬운 점이 무엇인지 등을 분석하고, 이를 잘 해결하고 있는 곳은 어떻게 하고 있는지 찾아서 살펴보고, 이를 우리 기업에 맞게 적용해야만 성공적인 벤치마킹이라 할 수 있습니다.

과거에는 기업들이 외부에 자사의 정보를 공개하는 것을 꺼렸지만 요즈음에는 개방화된 회사가 타 기업의 장점들을 잘 벤치마킹하여 도약이나 혁신을 이룬 사례가 많아졌습니다. 그러면서 오히려 개방을 통한 경쟁이나 벤치마킹을 시도하는 곳이 늘어나고 있습니다.

벤치마킹을 할 때 원하는 기업이나 사례를 찾아 무작정 실행해서는 안 됩니다. 대상 선정에서부터 벤치마킹을 실행할 조직 구성, 이를 도와줄 파트너 선정까지 신중하게 생각해야 합니다. 그리고 어떤 것들을 벤치마킹할 것인지 내부에서 세부 실행 계획안을 가지고 대상 기업의 정보를 수집·분석하고, 이를 바탕으로 우리 기업에 적용할 인사이트를 찾아내는 일련의 과정을 거쳐야 합니다.

국내에도 벤치마킹 프로그램을 사내에 제도화시킨 기업이 많습니다. 삼성그룹의 현지 전문가 제도라든가 현대카드의 인사이트 투어 등이 대표적입니다. 꼭 제도화하여 명명하진 않았지만 수많은 기업이 벤치마킹을 당연히 해야 하는 일이라고 인정했습니다. 다만 벤치마킹을 통한 인사이트가 우리 기업의 의사결정 기준이 되어서는 안 됩니다. 그 기준이라는 것이 대상 기업에는 통했다 하더라도 우리 기업에는 통하지 않을 수도 있기 때문입니다. 마케팅에서는 더욱 그러합니다. 마케팅은 수많은 변수와 환경의 영향을 받아 나타나는 결과물을 기대하는 행위입니다. 그래서 타사의 마케팅 사례를 활용한다 하더라도 기대하는 바대로 이루어지지 않을 가능성이 매우 큽니다. 벤치마킹은 제대로 하든지, 하지 말든지 하는 방법뿐입니다.

❹ 아이디어 도출

아이디어란 어떤 일에 대한 구상, 고안, 생각, 착상 등을 말합니다. 우리말보다는 그냥 아이디어란 말이 친숙하고, 주로 사용되고 있습니다. 사실 아이디어는 그냥 막 생각나는 대로 머리 밖으로 끄집어내는 것이 아닙니다. 이는 문제 해결 과정으로, 효율적이고 효과적인 결과를 얻기 위해 다양한 도구를 사용하기도 합니다. 아마도 마케터가 아이디어를 가장 많이 내놓는 사람이지 않을까 싶습니다. 소비자의 접점 대부분이 마케팅과 연결되어 있어 상품 개발을 위한 아이디어에서부터 커뮤니케이션을 위한 아이템, 방법적 아이디어까지 수많은 아이디어를 요구받는 직업이기 때문입니다.

마인드맵, 브레인스토밍, 스캠퍼 등 다양한 아이디어 도출법이 있는데, 여기서는 가장 흔하게 사용하는 브레인스토밍과 스캠퍼에 대해서만 살펴보도록 하겠습니다.

우선 브레인스토밍은 회의나 워크숍에 참석한 모든 사람이 생각나는 대로 아이디어를 쏟아내는 방법입니다. 이는 미국의 광고 회사 사장인 알렉스 오스본(Alex Osborn)이 고안하였는데, 자유로운 발상을 통해 자연스럽게 연상이 이루어지게 하고, 선입견을 배제한 아이디어 존중이 평소에는 생각하지 못한 대답을 내놓을 수 있게 합니다.

브레인스토밍은 효과적인 분석이나 해결 방법이 보이지 않을 때 유관 부서나 조직 사람이 아니라 하더라도 주제에 관심이 있는 사람들이 모여 의견을 자유롭게 주고받으며 참신한 생각들이 나오길 기대하는 방법입니다. 화이트보드나 플립차트, 공책이나 메모지 등을 준비하여 의견을 쉽게 낼 수 있도록 하고, 비판이나 가치 판단을 하지 않도록 조심해야 합니다.

스캠퍼는 브레인스토밍을 했지만 아이디어가 잘 나오지 않을 때 일곱 가지 질문에 맞춰 생각을 내놓는 방법입니다. 창안자의 이름에 따라 오스본 체크리스트라고도 부릅니다. 브레인스토밍을 하다가 아이디어가 잘 떠오르지 않을 때 진행자가 스캠퍼의 원칙에 따라 질문을 하면서 주제와 질문을 조합하며 아이디어를 강제적으로 끌어내는 방법입니다.

사실 아이디어를 내는 방법론은 방법론일 뿐, 그것이 곧 아이디어를 만들어주는 것이 아닙니다. 아이디어 방법론은 좀 더 효율적으로 아이디어를 낼 수 있는 조건을 만들어주는 것입니다. 마케팅에서 아이디어가 매우 중요한 이유는 앞서 이야기했듯 대부분의 아이디어가 기업의 비즈니스에서, 소비자와의 관계에서 나오기 때문입니다. 물류나 재무 회계 등에서도 효율적인 아이디어가 비즈니스를 더욱 견고하게 하고 튼실하게 하지만, 마케팅의 아이디어는 소비자의 마음을 사로잡고 구매 충동을 일으키고 좋은 상품이나 서비스를 전파하게 만들고 싶은 욕구를 만들어줍니다. 이런 아이디어는 어느 날 갑자기 내보라고 해서 나오는 것이 아닙니다. 평소에 훈련이 잘 되어 있어야 합니다.

스캠퍼	내용	예
Substitute	대체하기	역할을 바꾸면 어떨까? 용도를 바꾸면 어떨까? 순서를 바꾸면 어떨까? 성분을 바꾸면 어떨까?
Combine	결합하기	새로운 짝을 지어보면 어떨까? 비슷한 기능 또는 다른 기능끼리 섞어보면 어떨까? 다른 단어끼리 결합하면 어떨까?
Adjust	조절하기	모양을 바꿔보는 것은 어떨까? 정해진 기준을 조절해보면 어떨까?
Modify, Magnify, Minify	변경, 확대, 축소하기	확대하거나 축소하면 어떨까? 형태나 품질을 바꿔보면 어떨까? 과장해보면 어떨까?
Put to Other Uses	용도 바꾸기	처음과 다른 용도를 찾아보면 어떨까? 대신할 물건이나 사람은 없을까? 기존과 다르게 하는 방법은 없을까?
Eliminate	제거하기	구성 요인 중 하나를 제거해보면 어떨까? 생략해보면 어떨까?
Reverse, Rearrange	역발상하기	배치를 바꿔보면 어떨까? 역할이나 위치를 바꿔보면 어떨까?

스캠퍼를 활용한 아이디어 발상법

아이디어를 잘 내는 사람들을 살펴보면 우선 호기심이 풍부합니다. 호기심이 풍부하다는 것은 많은 사물이나 사건 등에 관심을 갖는다는 것이고, 그런 관심은 인사이트를 찾는 데 탁월한 역할을 합니다. 그리고 읽고, 보고, 듣는 것을 중요하게 생각합니다. '하늘 아래 새것이 없다'라는 말이 있습니다. 인류의 역사가 그리 되어 왔고, 현재를 보여주는 상품과 서비스가 그러합니다.

하늘 아래 새것은 없지만 그것들을 바라보면서 더하고, 빼고, 나누고, 곱하며 새로운 것이 쏟아져나오는 세상입니다. 그리고 아날로그를 뒷받침해주는 디지털의 등장과 놀랄 만한 성장은 새로운 것이 지속적으로 나올 수 있는 구조를 만들어주고 있습니다. 마케팅에서 아이디어를 찾는 것은 온 세상에 관심을 갖는 것과 같습니다. 물론 박학

다식(博學多識)하지 못하고 박학다식(薄學多識)해질 수 있는 가능성이 크지만 마케터는 다양한 지식과 경험을 가지고 있어야 새로운 아이디어를 발산할 수 있습니다.

최근에는 한 가지에 깊은 관심을 가지고 산다는 덕후가 되는 것도 필요하다고 하지만 둘 중 하나만 선택하라고 한다면 마케팅을 하는 데는 마케터적 관점이 더 필요할 수도 있습니다. 물론 이는 다양한 상품과 서비스를 두루 다룬다는 전제이긴 합니다. 깊은 마케팅이 필요한 곳에서는 당연히 덕후의 기질을 가지고 있는 것이 훨씬 도움이 될 수도 있으니 한 가지는 깊게, 많은 부분은 넓게 보는 마케터적 관점이 최적일 수 있습니다.

5 차트와 다이어그램

차트는 지도 따위의 도면이나 각종 자료를 알기 쉽게 정리한 일람표를 말합니다. 그리고 다이어그램은 수량이나 관계 따위를 나타낸 도표 등을 말합니다. 마케팅 전략을 수립하는데 갑자기 왜 차트나 다이어그램 이야기가 나오나 싶을 것입니다. 마케터는 소비자와 만나는 일을 하지만 소비자에게 제안할 상품이나 서비스는 먼저 내부에서 낙점을 받아야 시장에 나갈 수 있습니다.

그래서 기업 내부 커뮤니케이션에도 능해야 하는 것이 마케터의 숙명이고, 차트와 다이어그램을 잘 다뤄 내부를 설득하는 것도 마케팅의 일부분입니다. 기업 내부에서 마케터만 차트와 다이어그램을 다루는 것이 아닙니다. 기업의 재무나 회계 흐름을 보여주는 IR(Investor Relations, 기업 설명) 문서에서도 차트와 다이어그램이 매우 많이 다뤄집니다. 차트와 다이어그램을 사용하는 가장 큰 이유는 간략한 도표나 그림을 제시하면 설득력이 훨씬 높아지기 때문입니다. 주식 시장에서도 선형 차트, 캔들(봉) 차트, 바 차트, 스윙 차트 등을 잘 봐야 한다고 합니다. 이는 주식의 흐름을 읽는 것이 중요하기도 하지만 읽기도 편하기 때문입니다. 차트가 다 숫자로 되어 있다면 주식 시세 흐름을 보기도 힘들고, 속도가 중요한 주식 시장에서 정보 읽는 시간이 너무 오래 걸릴 것입니다.

주식의 흐름을 읽을 수 있는 캔들(봉) 차트

기업 내부에서도 내용을 쉽고 빠르게 전달하고 이해하기 쉽게 하기 위해 전략서나 보고서에 많은 차트와 다이어그램을 활용하는 것입니다. 소비자들에게도 이해하기 쉽게 설명된 상품이나 서비스 설명서는 도움이 되지만 숫자와 글자만 빼곡하게 그려진 설명서는 쉽게 버려질 수 있습니다. 차트와 다이어그램은 입력되는 수많은 정보 중에 필요한 정보와 자료만 고르고 정리해서 다른 사람들이 쉽게 이해하기 위해 만들어주는 도구입니다.

차트와 다이어그램은 전략 수립 과정 중 문서화 과정에 가장 많이 사용됩니다. 그리고 소비자와 커뮤니케이션할 때도 많이 사용할 수 있습니다. 전략 수립이 꼭 문서화될 필요는 없다고 설명했지만 자의든 타의든 대부분 문서화가 되는 과정을 거치기 때문에 전략 수립에 있어서도 문서화하는 능력이 중요합니다. 다만 문서화하는 능력은 자동으로 키워지는 것이 아닙니다. 기획서나 계획안을 많이 써 봐야 키워지는 능력이므로 꾸준히 연습할 필요가 있습니다.

문서화 작업에는 세 가지 속성이 중요합니다. 확인, 결재 등을 통해 책임과 권한을 규정하는 공식성, 도표나 수치 등을 통해 객관적 자료를 제시하는 신뢰성, 간결하고 명쾌한 설득 논리의 명료성이 바로 그 것입니다. 초기에는 이 세 가지 기준에 잘 들어맞는지 계속 리뷰해보는 습관이 필요합니다. 선배들이 정리해놓은 전략서나 프레임워크를 자신의 내용에 맞게 차용하는 방법, 기존에 잘 만들어진 문서를 흉내 내보는 방법을 추천합니다. 다만 최근 많은 기업이 정형화된 틀이나 형식을 갖추려다 시기를 놓치는 것보다는 무형식이나 매우 간단한 형식을 통해 내부 설득 작업을 하고, 소비자와도 간결하게 커뮤니케이션하는 것을 선호하기 때문에 마케터가 기업 문화나 커뮤니케이션 형식에 따라 형식과 내용을 정리할 수 있어야 합니다.

간단한 문서 작성 법칙 몇 가지만 소개하고 전략 수립을 위한 도구 소개를 마무리하겠습니다.

문서 작성 법칙

법칙 1. 첫 장에서 설득해야 한다.
법칙 2. 핵심 용어를 사용하여 무엇을 설명하려는지 알려야 한다.
법칙 3. 오탈자 등의 실수는 신뢰도 하락을 가져온다는 것을 명심해야 한다.
법칙 4. 많은 사람이 사용하는 형식을 활용하여 내용이 보이지 않는 우를 범하지 않아야 한다.
법칙 5. 간결한 문장으로 내용을 설명해야 한다.

MARKETING

골라 담는 마케팅 전략

마케팅의 종류와 용어의 이해

앞서 언급한 차별화 전략에 따라 이슈가 되는 키워드들을 중심으로 다양한 마케팅 방법이 시장에서 통용됩니다. 이를 하나씩 살펴보면서 마케팅이 얼마나 다양한 방법론이 될 수 있는지 확인해보도록 하겠습니다. 이 책에서 사용한 용어들은 기업 내부에서 공식적으로 사용되지 않을 수도 있습니다. 마케팅에서 사용되는 단어가 외래어가 많아 마케팅 커뮤니케이션이나 PR(Public Relations) 등에 적절치 않을 수도 있기 때문입니다. 한 번 살펴보는 것으로 마케팅 전략 수립에 대한 단락을 마무리하도록 하겠습니다.

- **콘텐츠 마케팅**: SNS가 마케팅 커뮤니케이션의 중심으로 등장하면서 더욱 주목받는 마케팅 방법으로, 새로운 개념은 아닙니다. 기존의 콘텐츠가 전문가들이 생산하는 영역이었다면, 유튜브와 페이스북 등의 등장과 함께 소비자에게 이동하고 기업들도 이에 상응하여 이미지, 영상 등 다양한 정보와 재미를 담은 콘텐츠들을 생산하면서 마케팅 커뮤니케이션에서 차별화되고, 소비자의 관심을 모으면서 더욱 각광받고 있습니다.
- **인플루언서 마케팅**: 인플루언서를 활용한 마케팅 방법입니다. 과거에

는 연예인이나 정치인이 인플루언서였으나 현재는 가까운 사람 혹은 양질의 콘텐츠를 생산하여 소비자의 관심을 끄는 개인들이 인플루언서 마케팅의 주류가 되었습니다.

- **검색엔진 마케팅**: 미국의 구글이나 한국의 네이버, 다음 같은 포털 사이트 등에서 검색 도구를 단순 검색하는 것에 그치지 않고 특정 사이트로 방문을 유도하여 상품이나 서비스를 이용하게 하는 마케팅 방법입니다. 검색엔진에 등록하거나 검색 순위 상위에 위치시키는 것 등 검색을 통한 모든 활동을 의미하죠.
- **관계 마케팅**: 생산 시대의 마케팅이 상품의 질과 양을 중심에 두었다면 과잉생산 시대를 지나며 소비 권력이 이양되고 기업이 거래 당사자인 소비자와의 관계를 형성하고 유지하면서, 소비자는 니즈를 충족하고 기업은 이익을 극대화하는 전략을 말합니다.
- **일대일 마케팅**: 원투원(One to one) 마케팅이라고도 합니다. 소비자 개인 정보를 기반으로 고객의 필요에 맞는 상품이나 서비스를 제공하는 마케팅 방법이죠. 기술적 한계와 효율성의 문제로 인해 크게 부각되지 않았지만 모바일 시대를 맞아 더욱 적절하게 사용할 수 있습니다.
- **다이렉트(Direct) 마케팅**: 일반적 마케팅 경로를 거치지 않고 소비자와 직접 거래하는 마케팅 방법입니다. 중간 경로를 없애 서로 이익을 더 가져가는 형태입니다. 최근에는 기술의 발달로 정보의 전달이나 거래뿐 아니라 소비자 취향을 반영한 상품이나 서비스를 직접 제공하는 것까지 발달하였습니다.
- **데이터베이스(Database) 마케팅**: 소비자나 잠재 소비자에 대한 정보를 데이터베이스화하여 시스템에 저장해두고, 그 정보를 기반으로 마케팅 활동을 하는 것을 말합니다.
- **모바일 마케팅**: 스마트폰 등 휴대 기기를 통해 이루어지는 마케팅 방법입니다. 많은 소비자가 개인의 모바일 기기를 하나씩 갖게 되면서 더욱 중요해지고 있습니다.

- **바이럴(Viral) 마케팅**: 소비자가 자발적으로 기업의 상품이나 서비스를 널리 퍼지게 만드는 마케팅 방법으로, 컴퓨터 바이러스처럼 확산된다고 하여 이름이 붙여졌습니다. WOM(Word Of Mouth/입소문) 마케팅도 비슷한 정의를 내릴 수 있습니다.
- **블로그 마케팅**: 블로그를 활용해 상품이나 서비스를 홍보하고 커뮤니케이션하는 마케팅 방법입니다. 대부분의 블로그가 상업화되면서 소비자 피로가 누적되어 최근에는 그 활용 빈도가 낮아지고 있으나 여전히 많은 기업이 이용하고 있습니다.
- **푸시 마케팅**: 기업이 마케팅 전략의 방향을 미는 것으로 정했을 때를 말합니다. 전통적 방법의 마케팅으로 상품을 생산하고, 유통 경로를 통해 소비자에게 이르게 하고, 광고나 영업 등을 통해 소비하게 하는 것이죠. 풀 마케팅은 반대로 기업이 최종 소비자를 상대로 프로모션하고 소비자가 상품을 찾게 만들어 중간상들이 상품을 취급하게 하는 것입니다.
- **키워드 마케팅**: 포털 사이트나 검색 사이트에 입력한 검색어와 연관된 광고나 콘텐츠를 노출시키는 마케팅 방법입니다.
- **스포츠 마케팅**: 스포츠를 마케팅의 중요한 수단으로 활용하는 마케팅 방법입니다. 유명한 스포츠 선수나 대형 스포츠 이벤트 등을 활용하여 마케팅 계획을 수립하고 실행하죠.
- **타임(Time) 마케팅**: 시간을 마케팅의 도구로 활용하여 특정 시간대나 특정 요일에 상품을 할인해주거나 서비스를 추가로 제공해주는 마케팅 방법입니다.
- **장소 마케팅**: 유명 장소를 마케팅에 활용하는 방법입니다. 역사적인 공간이나 스토리가 있을 법한 장소에 상품이나 서비스를 연결하는 것이죠. 안흥찐빵, 전주비빔밥, 여주쌀 등이 이에 해당하며, 지역 마케팅이라고도 부릅니다.
- **감성(Emotional) 마케팅**: 오감 마케팅, 공감각 마케팅이라고도 하고,

다 풀어서 향기 마케팅, 음악 마케팅, 컬러 마케팅 등으로 세분화해서 사용하기도 합니다.

- **에코(Eco) 마케팅**: 에코는 에콜로지(생태학)의 약칭으로, 현대의 환경 문제를 고려하여 상품의 생산이나 회수, 폐기까지 생각하는 마케팅 방법입니다. 신발 브랜드 탐스슈즈는 소비자가 한 켤레를 구매하면 한 켤레를 저개발 국가에 기부하거나 그 지역에 공장을 짓는 활동으로 성장하였습니다.
- **희소 마케팅**: 상품의 희소성을 높여 소비자의 구매 욕구를 높이는 마케팅 방법으로, 한정판 마케팅이라고도 합니다. 많은 회사가 이를 활용하여 성공을 거두기도 했지만 너무 자주 사용하거나 희소성이 떨어지는 한정판 등의 생산으로 역효과를 가져오기도 합니다.
- **MOT 마케팅**: 'Moment Of Truth'의 약자로, 기업이 고객과 접촉하는 순간들이 중요하다고 여기며 이런 순간에 고객에게 좋은 인상을 심어주는 마케팅 방법입니다. 스칸디나비아 항공의 얀 칼슨(Jan Carlson) 회장이 《결정적 순간 15초》라는 책을 내면서 널리 알려졌습니다.
- **레트로 마케팅**: 일명 복고 마케팅으로, 과거의 상품이나 서비스에 대한 향수에 기반해 현재 소비자들의 기호에 맞게 재해석하여 마케팅에 활용하는 방법입니다. 오래된 TV의 모습을 한 최신 상품, 과거 인기 있던 과자의 재생산이 소비자의 관심을 끌기도 합니다.
- **MGM 마케팅**: 'Members Get Members'의 약자로, 기존 고객을 통해 새로운 고객을 유치하는 판촉 방법입니다.
- **VIP 마케팅**: VVIP, VIP, 귀족, 프레스티지, 럭셔리, 하이엔드 마케팅 등 다양한 용어가 있는데, 극소수 상류층을 위한 마케팅이라는 공통점이 있습니다.
- **프리(Free) 마케팅**: 상품이나 서비스를 공짜로 제공하는 마케팅 방법입니다. 광고를 보거나 상품을 사면 덤을 주거나 하는 이벤트를 하며,

1+1 마케팅, 보너스 마케팅도 이에 해당합니다.
- **체험 마케팅:** 체험을 마케팅의 주요 요소로 삼고 소비자가 직접적인 경험을 통해 상품이나 서비스에 대한 선호도나 충성도를 높일 수 있는 마케팅 방법입니다. 스타벅스는 매장 내에서 음악을 듣게 하거나 신상품을 마시게 하는 다양한 체험 활동을 제공합니다.
- **스타 마케팅:** 인지도 높은 스타를 앞세워 이미지를 높이거나 구매로 이어지게 하는 마케팅 방법입니다.
- **PPL 마케팅:** 'Product placement'의 약자로, 특정 기업의 협찬을 대가로 영화나 드라마에서 그 회사의 상품이나 서비스가 노출되도록 하는 마케팅 방법입니다. PPL이 과다하여 몰입을 방해하거나 시대상을 반영하지 못해 이슈가 되기도 하는데, 그것은 우리나라의 제작 현실에서 비롯한 일입니다.
- **경품 마케팅:** 소비자들에게 경품을 내걸고 직접적인 혜택을 제공하는 마케팅 방법입니다. 단기적 매출 증대에는 효과적이지만 과도한 경품을 제공하면 문제가 발생할 수도 있죠. 경품을 제공할 때는 관련 규정에 따라 진행해야 합니다.
- **코즈(Cause) 마케팅:** 사회적 이슈나 공익적 가치를 활용하는 마케팅 방법입니다. 주로 환경, 기아, 빈곤, 보건 같은 이슈를 기업이 비영리 단체와 협업하여 해결책을 제공하거나 제시하는 형태로 이루어집니다.
- **공통 마케팅:** 제휴 마케팅 또는 코(Co) 마케팅이라고도 하며, 2개 이상의 기업이 마케팅 활동을 함께하는 것을 말합니다.
- **문화 마케팅:** 기업이 문화를 매개로 하여 자사의 이미지를 높이거나 판촉 활동을 하는 방법으로, 문화 판촉, 문화 지원, 문화 연출, 문화 기업, 문화 후광의 유형으로 나눕니다.
- **기상 마케팅:** 날씨를 사업이나 마케팅에 활용하는 방법으로, 비가 오거나 눈이 오면 생각나는 상품들을 제시하거나 이익을 제공하는 형태

가 한 예입니다.
- **데이 마케팅**: 기념일을 활용한 것으로, 로즈데이, 빼빼로데이 등이 있습니다.

이외에도 매우 많은 마케팅 방법이 있습니다. 이러한 마케팅 방법들은 기본적으로 STP 전략에 기반을 두고 있습니다. 마케팅은 시장을 세분화하는 과정에서 나오는 많은 세분 시장의 콘셉트에 따라, 타기팅하는 방법이나 목적에 따라, 소비자에게 인식시키기 위한 가치 제안의 형태나 모습, 방법에 따라 다양한 모습으로 등장합니다. 이런 ○○마케팅은 장기적인 것들도 있으나 일시적인 키워드의 유행에 따라 만들어지기도 하고, 사라지기도 합니다. 기본적인 마케팅 전략의 모습을 이해하면 이런 마케팅 용어들이 왜 나타났다 사라지고 새로 나타나는지 이해할 수 있을 것입니다. 가장 기본적인 핵심은 결국 어떤 방법을 사용해서라도 소비자의 마음에 기업의 상품이나 서비스의 일편의 이미지라도 심어놓고 싶은 기업의 전략에 있다고 할 수 있습니다. 쉽게 변하지 않는 마케팅 전략도 중요하지만 상황과 트렌드가 잘 반영된 마케팅 방법들도 관심을 갖고 활용할 필요가 있습니다.

MARKETING

6장

브랜드 이해하기

브랜드와 브랜드 전략

끊임없는 변화를 통한 브랜드의 재탄생

브랜드(Brand)라는 단어를 대체할 우리말이 있을까요? 가장 먼저 생각나는 단어는 '상표'인데, 사전을 보면 '상표(商標)'란 사업자가 자기 상품에 대하여, 경쟁 업체의 것과 구별하기 위하여 사용하는 기호·문자·도형 따위의 표지'라고 되어 있고, 비슷한 말로 '브랜드'라고 되어 있습니다. 상표는 한자의 의미처럼 주로 거래에서 다른 이해관계자와 구별 짓는 데 사용하는 시각적 표시라는 의미가 있습니다. 그래서 현재의 브랜드란 말의 의미를 다 담아내는 데 한계가 있습니다.

어쩌면 '이름'이라는 단어가 브랜드를 설명하는 데 더 적합할 수도 있습니다. '이름'이란 '다른 것과 구별하기 위하여 사물·단체·현상 따위에 붙여서 부르는 말'입니다. 사람들이 '이름값 좀 해라'라고 말할 때 이름값은 단순히 무엇이 다른가만을 의미하지 않고, 그 이름 안에 내포된 성정이나 성격 또는 개성까지 포함합니다. 《명심보감》에 '天不生無祿之人(천불생무록지인), 地不長無名之草(지부장무명지초)'란 말이 있습니다. '하늘은 쓸모없는 사람을 태어나게 하지 않고, 땅은 이름 없는 풀을 나게 하지 않는다'라는 뜻입니다. 현재의 브랜드는 단순하게 구별 짓는 역할만 하는 것이 아니라 존재 가치나 의의를 품고 있는 기호입니다.

남녀가 만나 결혼을 하고 아이를 갖게 되면 가장 먼저 태명을 짓습니다. 그리고 태어나면 가장 먼저 이름을 짓죠. 태명을 지을 때는 보통 이 아이가 어떤 의미를 가진 아이인지, 어떻게 자랐으면 좋겠는지, 세상에 나가 어떤 역할을 했으면 좋겠는지를 생각합니다. 그리고 이름을 지을 때는 더 형식과 격식을 갖춰 다른 사람과 구별되게 하는 형식적 표시인 문자와 세상을 살아갈 때 어떤 사람으로 기억되기를 바라는 마음을 담은 의미를 생각합니다. 현대의 브랜드는 거래에서 사용되고 구별되는 표지로써의 상표보다는 사람의 이름처럼 형식과 의미를 모두 담고 있기에 사람과 같은 생명체라고 하는 것이 더 적합한 해석이라 할 수 있습니다.

이를 조금 어렵게 말하면 브랜드는 언어학자 소쉬르(Saussure)가 말한 기호입니다. 기호란 어떤 의사를 전달하기 위해 사용되는 여러 가지 형상을 말하는데, 기표(記標: 지각 가능하고 전달 가능한 물질적 부분으로 외적 형식을 이르는 말, signifiant)와 기의(記意: 독자나 청자의 내부에서 형성되는 개념적 부분, signifié)로 이루어집니다. 지금의 브랜드는 보이는 형식도 중요하고, 그 형식이 고객에게 어떤 의미이고 어떤 효용을 줄 수 있는지 신념을 만들어줄 이미지와 경험까지를 포함하고 있습니다. 사실 과거보다 지금의 브랜드를 정의내리는 것이 더욱 어려워졌습니다. 브랜드라는 단어가 세상에 나오고 자라면서 너무나 큰 거인이 되어버렸기 때문입니다. 많은 사람이 어느 기업의 한 상품이나 서비스에 대해 이렇게 말합니다.

"저 회사는 좋은 브랜드야. 참 브랜딩을 잘해."

이는 쉽게 해석하기 어렵다는 말과 같습니다. 그럼에도 불구하고 브랜드가 어떻게 태어나고 어떻게 성장하고 어떤 역할을 하고 있는지 살펴보면 좀 더 이해하기 쉬울 것입니다. 시장이 살아 움직이고 진화하듯 브랜드도 탄생부터 현재의 모습까지 끊임없이 변하고 다양한 의미를 내포한 단어로 성장했습니다. 브랜드는 기업이 비즈니스 모델을 만들고 성장·발전시키는 데 그 어느 때보다 중요한 단어가 되었습니다.

브랜드의 유래와 역사

브랜드에 대해 공부하고자 브랜드 관련 책을 꺼내 보면 가장 먼저 브랜드의 정의가 나옵니다. 그리고 브랜드라는 단어의 어원에 대해 이야기합니다. 브랜드의 어원이 뭐 그리 중요할까 싶지만 브랜드가 어떤 역할을 해왔는지 이해하는 차원에서 알아두면 좋을 듯합니다. 노르웨이어의 'brandr'라는 단어가 어원이고, '태우다'라는 뜻이라고 합니다. 물론 다른 유래가 세상에 많이 존재하지만 영어가 만국 공용어인 관계로 가장 일반적인 설입니다. 과거에는 가축에 자신의 소유임을 표시하거나 와인이나 위스키를 숙성시키는 오크통에 자기 농장 소유임을 표시할 때 인두를 사용했습니다. 이러한 상황을 비추어 볼 때 가장 유력한 설이 아닐까 싶습니다. 다만 현대적 의미의 브랜드는 P&G의 할리 프록터(Harley T. Proctor)가 비누를 소형으로 포장하고 아이보리라는 상표를 붙여 출시하면서 시작되었다고 보는 견해가 있습니다.

고대 이집트에서 벽돌마다 이름을 표시한 것, 우리나라 삼국시대에 도자기 안쪽에 이름을 새긴 것 등이 모두 브랜드의 유래와 역사라 할 수 있습니다. 우황청심환은 중국이 원조라고 알려져 있지만 약효는 조선의 것을 최고로 여겼고, 중국에 선물로 주는 친교약으로 사용되었습니다. 중국이 짝퉁에 대해 관대한 이유가 역사적으로 볼 때 우리나라와 달리 나라가 넓어 한 지방에서 사용되던 것을 다른 지방에서 똑같이 만들어 팔아도 소위 영업권이 멀어 크게 신경 쓰지 않았기 때문이라고 합니다. 그러다 보니 원조라는 것이 무의미해졌고 그 가치를 보장받기도 어려워진 것입니다. 그런데 그 와중에 독보적인 물품이 조선의 우황청심환이었다고 하는데, 조선에서 오는 사람들이 가져오는 우황청심환은 돈을 대신할 정도로 인기가 좋았다고 합니다.

이런 유래와 역사를 들여다보면 초기 브랜드의 모습은 소유 관계나 품질 보증을 위해 생겨났다는 것을 알 수 있고, 브랜드가 가져야 할 여러 가지 성격이나 속성이 담겨 있는 것을 알 수 있습니다. 이것이 재미는 없지만 브랜드의 유래와 역사를 계속 살펴보는 이유라 할 수 있습니다.

브랜드가 중요해진 배경

브랜드의 유래에서 살펴보았듯 브랜드는 어느 날 갑자기 생겨난 것이 아닙니다. 그런데 1990년 이후 브랜드의 역할이 유독 중요해지고 강조되고 있습니다. 그 이유는 무엇일까요?

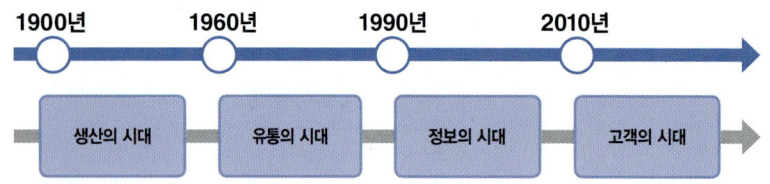

시대의 변화 속에 브랜드의 역할과 중요성이 강화되고 있다.

그 이유를 한마디로 말하면 브랜드가 사람이 되었기 때문입니다. 무슨 엉뚱한 소리냐 생각할 수도 있습니다. 지금의 브랜드는 고객 자신이 누구인지 이야기해주는 사람이고, 심심할 때 놀아주는 친구입니다. 좀 더 쉽게 이야기해보겠습니다.

생산만 하면 팔리던 시절이 생산의 시대입니다. 산업혁명을 거치며 상품이란 것이 기계에 의해 생산되기 시작했고, 전기가 도입되면서 대량생산 시대가 도래했습니다. 하지만 여전히 수요에 비해 공급이 부족했고, 경제력도 일부에 편중되어 있어 대중들이 공장의 물건에 접근하기가 쉽지 않았습니다. 그러나 생산량과 일자리가 늘면서 선순환이 되기 시작했고, 사람들은 구매력을 가지게 되었습니다. 구매력을 가지고 있다고 해서 모두가 구매를 할 수 있었던 것은 아닙니다. 생산자들은 자신들이 만들어내고 싶은 물건들을 만들어냈고, 고객들은 구매할 수 있는 것만도 감지덕지했습니다. 우리나라의 1970~1980년대를 그린 드라마를 보면 '메이커'라는 단어가 나옵니다. 메이커는 공장 생산을 대신하는 용어였고, 대량생산의 균일한 품질과 산업사회의 혜택을 향유하는 단어로 자리매김하였습니다. 생산 시대의 권력은 생산자에게 있었습니다.

생산이 궤도에 오르고 상품이 많아지자 수요보다 많은 공급이 이루어졌고, 고객들의 구매력이 높아지자 유통하는 단계에 힘이 실리기 시작했습니다. 고객에게 많은 종류의 상품을 제공하고 이를 편하게 접할 수 있는 방법을 제공하는 유통의 시대가 도래한 것이죠. 이때부터 브랜드가 중요해지기 시작했습니다.

매대에 진열된 많은 공산품 중에 어느 것을 선택해야 하는지 고객들은 알지 못했습니다. 진열 위치도 중요해지고, 고객들의 머릿속에 상품의 이름을 기억시키기 위해 차별화가 필요해지기 시작했습니다. 생산자들이 자신의 상품이 고객의 구매 리스트에 있기를 바라기 시작한 것이죠. 광고가 시작되고 기업은 자사의 브랜드를 알리기 위한 방법들을 동원하기 시작했습니다. 또한 유통을 하는 사람들은 정보를 독점하고 진열 위치를 정하는 힘을 휘둘렀습니다. 초과 공급으로 인해 시장에서 권력의 이동이 일어나기 시작한 것입니다. 브랜드는 점점 현대의 비즈니스 모델과 마케팅에 있어 없어서는 안 될 존재감을 나타냈습니다.

이런 시장에서 힘의 이동이 본격화되기 시작한 것은 인터넷이 등장하면서부터입니다. 인터넷은 고객들이 정보에 접근하는 방법을 알게 해주었고, 정보의 힘이 중요하다는 사실을 깨우쳐주었습니다. 고객들은 브랜드들의 시작과 끝을 알게 되었고, 자신이 알고 있는 정보를 다른 고객들과 나누기 시작했습니다. 본격적인 고객의 시대가 도래한 것입니다. 고객들은 이런 힘을 이용하기 시작했고, 이는 기업의 존폐를 좌지우지하게 되었습니다. 고객에게 시장의 권력이 완전히 넘어간 것으로 보이기 시작했습니다.

이때부터 세상은 고객을 고객이라 칭하기 시작했습니다. 관계를 맺고 유지해야 생산자와 유통업자들이 생존할 수 있는 시대가 되었습니다. 시장의 권력은 완전히 고객에게 넘어간 것으로 보였습니다. 그럼에도 불구하고 사람들은 공허함을 느꼈습니다. 생산자들과 유통업자들은 소비라는 속성을 브랜드에 심었습니다. 브랜드는 사람의 탈을 쓰기 시작했고, 입고 먹고 사용하는 브랜드가 본인을 나타낸다는 인식을 심어주었습니다. 또한 기술의 발전은 컴퓨터에 갇혀 있던 인터넷을 휴대폰이라는 곳으로 불러내고 끊임없는 기술 발전으로 복제된 세상을 하나 더 만들어냈습니다. 그곳에서 사람들은 브랜드를 가지고 자신을 보여주고 자랑합니다. 또한 점점 개인화되어 가는 고객들에게 자기들이 친구가 되어주겠다며 여러 가지 일을 도모합니다.

이제 고객들에게 브랜드는 단순한 상품의 이름이 아닙니다. 고객의 취향을 나타내주는 리트머스 시험지이기도 하고, 경험을 공유해주는 친구이기도 하고, 브랜드가 고객이라고 확신을 심어줍니다. 어떤 브랜드는 고객 주변에 브랜드들이 너무 많다 보니 자기는 브랜드가 아니라고 차별화하기도 하지만 브랜드의 굴레에서 벗어나는 일은 결코 쉽지 않습니다. 생산자, 유통업자, 고객 모두에게 브랜드는 없어서는 안 되는 신적인 존재가 되어버렸습니다.

브랜드의 정의

글로벌 브랜드 컨설팅 업체 인터브랜드는 해마다 전 세계 브랜드의 순위를 매겨 베스트 글로벌 브랜드를 발표합니다. 2000년 밀레니엄의 시작과 함께 발표했으니 어느덧 청년의 나이에 접어들었습니다. 과거 소유, 구별, 차별적 의미를 가진 브랜드가 경영적 의미를 가진 단어로 바뀌었다는 단적인 사례입니다. 미래에 브랜드 가치를 창출할 것으로 예상되는 수익의 현재 가치를 화폐 단위로 나타내는 평가 방식으로 순위를 매깁니다. 브랜드가 자산으로 평가받고 있고, 이 가치를 지키고 높이기 위해 기업들은 많은 일을 합니다. 도대체 브랜드가 무엇이기에 이렇게 성장한 것일까요?

인터브랜드는 매해 세계 100대 브랜드를 선정한다.

❶ 사전적 정의

사전에서는 브랜드를 '특정한 매주(賣主)의 상품 및 서비스를 식별하는 데 사용되는 명칭·기호·디자인 등의 총칭'이라고 정의합니다. 위키피디아는 이렇게 정의합니다.

브랜드란 고객의 관점에서 조직이나 상품을 경쟁 업체와 구별하는 이름이나 용어, 디자인, 상징 또는 여러 기능을 말한다.
A brand is a name, term, design, symbol, or other feature that distinguishes an organization or product from its rivals in the eyes of the customer.

매우 건조하고 기능적인 정의입니다.

❷ 기관의 정의

마케팅과 관련된 정의를 이야기할 때 빠지지 않고 등장하는 기관이 있습니다. 바로 AMA입니다. 미국의 역사가 마케팅의 역사와 같다고 할 수 있으니 이곳의 정의를 보지 않고 갈 수 없습니다. AMA는 브랜드를 이렇게 정의했습니다.

브랜드란 다른 판매자의 재화나 서비스와 차별로서 자신의 상품이나 서비스를 규정 짓는 이름, 용어, 디자인, 상징 또는 여러 기능을 말한다.
A brand is a Name, term, design, symbol, or any other feature that identifies one seller's good or service as distinct from those of other sellers.

위키피디아의 정의와 다른 점이라면 'Identify'라는 단어가 들어간 것인데, 정체성이라는 것이 브랜드에서 중요하다는 점을 유추할 수 있습니다.

국내 마케팅 회사인 메타브랜딩은 브랜드를 '기업의 상품이나 서비스를 식별하고, 경쟁자의 상품이나 서비스를 차별화하여, 고객의 마음속에 가치를 느끼게 하는 경험적 상징 체계를 말한다'라고 정의했습니다. 정의만 잘 살펴보아도 브랜드의 구성 요소와 기능 구조 등을 파악할 수 있습니다. 그래서 정의가 중요한 것입니다.

❸ 마케터의 정의

사전이나 브랜드 관련 기업, 기관만 브랜드를 정의하는 것이 아닙니다. 많은 학자와 마케터도 나름의 정의를 내립니다. 이전 정의와 다르게 대부분 사전적 정의에 바탕을 두고 자신의 경험과 연구를 통해 그 위에 추가적·개념적·경험적 정의를 내리고 있습니다. 결론적으로 브랜드는 각 기업이나 마케터마다 다르게 정의·구현되는 것이고, 정답이 정해진 것은 아니라는 이야기로 해석할 수 있습니다.

- 브랜드는 복잡한 상징이다. 그것은 한 상품의 속성, 이름, 포장, 가격, 역사 그리고 광고 방식을 포괄하는 무형의 집합체다.
  데이비드 오길비(David Ogilvy)

- 상품은 공장에서 만들어지는 물건인 데 반해 브랜드는 소비자에 의해 구매되는 어떤 것이다. 상품은 경쟁 회사가 복제할 수 있지만 브랜드는 유일무이하다. 상품은 쉽사리 시대에 뒤떨어질 수 있지만 성공적인 브랜드는 영원하다.
  스티븐 킹(Stephen King)

- 브랜드는 특정 판매자 그룹의 상품이나 서비스를 드러내면서 경쟁 그룹의 상품이나 서비스와 차별화하기 위해 만든 명칭, 용어, 표지, 심볼 또는 디자인이나 그 전체를 배합한 것이다.
  필립 코틀러(Philip Kotler)

- 브랜드는 사람들이 상품이나 서비스 또는 기업에 대해 느끼는 본능적인 감정이다.
  마티 뉴마이어(Marty Neumeier)

- 상품은 공장에서 만들어지지만 브랜드는 소비자의 마음에서 만들어진다.
  래리 라이트(Larry Light)

- 브랜드란 기억과 연관된 모든 것이다.
  데이비드 아커(David Aaker)

브랜드의 기능과 역할

브랜드의 유래와 역사에서 브랜드가 어떤 역할을 하면서 시작되었는지 살펴보았습니다. 꼭 브랜드에 대해 공부하지 않더라도 세상을 살아가다 보면 저절로 알게 되는 것들이 있듯 브랜드의 기능과 역할도 우리가 시장 속에서 살아가고 있기 때문에 자연스럽게 알게 되는 것입니다.

고객 측면	기업 측면
상품의 출처와 책임(약속, 보증, 계약) 확인	경쟁사와 구별 및 차별화
상품 선택 리스크 감소	상품 관리 용이
탐색 비용 절감	상품 고유 성질의 법적 보호
상징적 도구(자아 대변)	상품에 연상을 만들어주는 수단
품질 표시(경험재의 평가 단서 역할)	경쟁 우위와 재무적 이익 추가

브랜드가 고객과 기업 입장에서 어떤 기능을 하는지 살펴보았습니다. 간략하게 정리하면 고객에게는 '신뢰의 상징', 기업에게는 '장기적 이익의 원천'이라 할 수 있을 듯합니다.

잘 키운 브랜드 하나가 기업의 지속가능성을 배가시켜주는 경우가 많습니다. 파워 브랜드가 고객을 고정적으로 확보하고, 나아가 충성고객이자 지지자들을 존재하게 만들기 때문입니다. 이런 강력한 브랜드는 높은 가격을 보장하고, 꾸준한 생산을 가능케 하여 기업의 이익을 극대화하고, 경쟁에서 생존할 수 있는 강력한 무기가 되어 영속성에 대한 기대를 높여줍니다.

썬키스트의 CEO인 러셀 한린(Russel Hanlin)은 "오렌지는 오렌지이고, 오렌지입니다. 물론 예외적으로 80%의 고객이 알고 신뢰하는 오렌지인 썬키스트가 되는 오렌지도 있습니다"라며 브랜드의 기능을 매우 함축적으로 이야기했습니다.

상품이나 서비스마다 브랜드가 하는 역할이 크기도 하고, 작기도 합니다. 작은 이쑤시개 하나에 많은 자원을 들여 브랜드를 만들고 커뮤니케이션한다고 해서 장기적 이익이 발생하고 충성고객을 모을 수 있는 것은 아닙니다. 더 많은 곳에서 더 싸게 유통하는 것이 경쟁력의 원천이기도 합니다. 브랜드가 만능 재주꾼이 아니라는 뜻입니다. 브랜드의 난립이 브랜드의 주요 기능인 신뢰를 잃게 만들고 있는 시대입니다. 하지만 여전히 브랜드가 모든 것이 되는 시대이기도 하죠.

상품이나 서비스가 적합한 기능과 역할을 할 수 있도록 브랜드 전략을 세우는 것이 브랜드를 브랜드답게 하는 최선의 방법입니다. 브랜드 자산에 대해 나중에 이야기하겠지만 브랜드의 중요한 기능 중 하나는 자산으로 평가받는 것입니다. 요즈음은 실제 브랜드의 재무적 자산 가치가 높게 평가되어 M&A 시에 많은 금액으로 거래되기도 합니다.

브랜드의 체계와 속성

브랜드라는 단어를 수입해서 사용하다 보니 책마다 브랜드와 관련된 용어의 정의가 다릅니다. 어떤 책은 브랜드가 가진 체계적 모양새를 '계층'이라고 하고, 영어 단어인 '아키텍처'를 사용하기도 하고, 분류라는 말로 성격을 규정하기도 합니다. 어떤 책은 '구조'라고 하기도 하는데, 구조라고 하면 협의의 브랜드의 태생적 구조를 칭하기도 하기 때문에 여기서는 '브랜드 체계'라고 정의하겠습니다.

브랜드 체계는 사실 고객들에게 그다지 중요해 보이지 않습니다. 하지만 기업 입장에서 브랜드 체계는 해당 브랜드의 의미와 속성, 상징을 고객은 모르게 포지셔닝해야 하기 때문에 잘 구성하여 체계를 수립해야 합니다. 물론 이런 체계는 이미 시장에서 오랫동안 고객과 공존해온 기업들에게 더 필요합니다. 이제 하나의 상품이나 서비스를 가지고 시장에 등판하려는 기업들에게는 남의 나라 이야기입니다. 다만 이런 체계나 속성 등을 이해하고 있다면 기업이 성장할 때 불필요한 자원 낭비나 커뮤니케이션 오류를 줄이는 데 도움이 됩니다.

브랜드는 소유 주체에 따라 또는 지역에 따라 구분하기도 합니다. 제조사의 브랜드를 NB, 유통사의 브랜드를 PB라 하는데, 이는 시장에서 편의를 위해 구분하는 것이고, 고객 입장에서는 모두 브랜드입니다. 지역적인 구분도 마찬가지입니다. 시장 범위에 따라 글로벌 브랜드 또는 로컬 브랜드로 나누기도 하는데, 이런 구분은 전략적 판단에 따라 나눈 것이라기보다는 태생적 환경에 따라 붙여진 이름이라고 할 수 있습니다.

브랜드 체계를 구분할 때는 주로 두 가지 체계로 설명합니다. 그것은 바로 포트폴리오적 체계와 계층적 체계입니다. 포트폴리오(Portfolio)는 우리말로 대체하기 어려워 그냥 사용하고, 계층적 체계는 하이어라키(Hierarchy)라고도 합니다. 물론 이런 구분의 경계가 명확하지 않을 수 있습니다. 기업이나 브랜드의 특성에 따라 또는 시장의 변화에 따라 바뀌기도 합니다.

포트폴리오 체계는 브랜드의 성격을 나타내주거나 마케팅적 역할이나 가격 체계에 따라 구분되는 이름들을 모아놓은 것입니다. 계층적 체계는 기업이 가진 상품을 망라하여 브랜드 위계를 정리한 것으로, 기업이 운영하는 브랜드 간의 관계를 정리함으로써 비즈니스 전략을 도식적으로 보여주는 것이라 할 수 있습니다.

포트폴리오 체계	계층적 체계
캐시카우 브랜드	기업 브랜드
방패 브랜드	패밀리 브랜드
프리미엄 브랜드	개별 브랜드
매스 브랜드	브랜드 수식어

❶ 포트폴리오 체계

포트폴리오 체계는 사실 포트폴리오 전략이라고 부르는 것이 더 타당합니다. 물론 결과적으로 사업이 잘되어서 또는 해당 브랜드가 성공해서 캐시카우 브랜드로 명명되기도 하고, 전략적 차원에서 브랜드를 육성할 때 '이 브랜드는 프리미엄 브랜드로 키우겠다'라는 계획에 따라 만들어지기도 합니다. 어떤 브랜드는 가격적 계층에 따라 매스 또는 저가 브랜드로 불리기도 합니다.

그래서 포트폴리오 전략은 어떤 체계라기보다는 비즈니스 전략에 따른 마케팅과 브랜딩의 여러 가지 조합적 결과물이거나 전략적 실행의 계획이라 할 수 있습니다. 이런 포트폴리오 전략은 기업의 목적, 사업의 방향성과 맞게 정의된 차별화된 역할과 기능을 부여받아야 하고, 고객에게 뚜렷한 혜택과 차별화로 포지셔닝되어야 합니다.

❷ 계층적 체계

기업이 브랜드 전략을 수립하려고 할 때 자사의 크기나 시장에서의 위치, 지역, 상품이나 가격, 유통 정책과 맞물려 움직이기 때문에 체계에 대한 구조화가 필요합니다. 각 체계 구성 요인이 따로 노는 것이 아니라 유기적으로 움직이고 시장의 반응과 고객들의 선호에 따라 변신하고 진화하면서 체계도 수정되고 변화합니다.

브랜드 계층	예	
기업 브랜드	현대자동차그룹(HYUNDAI MOTOR GROUP)	
패밀리 브랜드	현대자동차	기아자동차
개별 브랜드	그랜저, 쏘나타, 아반떼	스팅어, 스토닉, 쏘렌토
브랜드 수식어	커스텀핏, 터보, 스포츠	하이브리드, 올뉴, 더뉴

현대자동차그룹의 브랜드 계층도

체계	내용
기업 브랜드	회사나 회사의 상호를 대표하는 브랜드로, CI(Corporate Idetity) 전략 필요
패밀리 브랜드	동일하거나 상이한 범주 내에 복수의 자(子) 브랜드
개별 브랜드	특정 개별 상품이나 상품군
브랜드 수식어	개별 브랜드를 보조하는 전술적 용어

브랜드 계층도의 내용

브랜드의 구조와 아이덴티티

앞서 브랜드는 생명체와 같다고 이야기했습니다. 이는 머리와 신체의 각 기관이 구조화된 인간처럼 브랜드도 구조화되어 움직인다는 의미입니다. 그렇다고 구조화가 잘되어 있다고 브랜드를 잘 만들고 관리한다는 뜻은 아닙니다. 브랜드의 구조는 어쩌면 브랜드를 잘 관리하기 위해 만든 교과서 같은 것이라 할 수 있습니다. 하지만 책으로 사랑을 배울 수 없는 것처럼 고객의 마음을 얻는 과정이 매뉴얼화되어 있다고 해서 모든 것이 잘 굴러가는 것은 아닙니다.

브랜드 구조는 최소한의 브랜드 속성을 이해하고 시행착오를 줄이기 위한 노력이자 학문적 연구의 결과라 할 수 있습니다. 많은 학자가 자신만의 이론으로 브랜드를 설명하고 있지만 (물론 이 책도 마찬가지이지만) 이론보다는 시장에서 브랜드가 어떻게 움직이는지 직접 경험하면서 기업이든 사람이든 각자의 방식대로 브랜드를 만들어가는 것이 더욱 중요합니다.

브랜드 구조는 일률적일 필요가 없습니다. 브랜드를 구성하는 모든 것을 잘 모아 정리해보면, 그것이 어떻게 적용되는지 살펴보면 자사의 브랜드 구조를 알 수 있습니다.

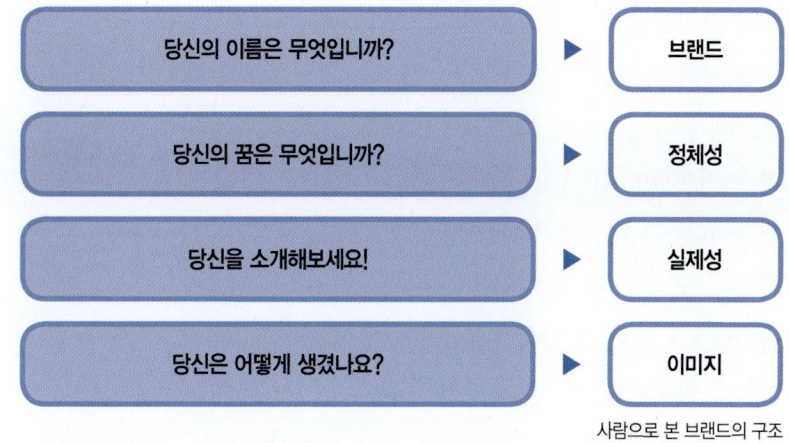

사람으로 본 브랜드의 구조

❶ 브랜드(Brand, 협의)

대부분의 사람은 누군가를 만나면 이름부터 소개합니다. "저는 ○○○입니다" 하고 말이죠. 이것이 기표로써 구별되는 작은 의미의 브랜드입니다. 기업도 이름이 있고, 기업이 제공하는 상품이나 서비스에도 이름이 있습니다. 이런 브랜드에 의미를 담는 것이 광의의 브랜드이고, 브랜드 구조나 체계 또는 브랜딩, 브랜드 전략이라 합니다. 《플랫폼 제국의 미래》의 저자 스콧 갤러웨이(Scott Galloway)는 '브랜드는 비즈니스 전략의 얼굴'이라고 했습니다. 이 얼굴을 어떻게 만들어내느냐가 브랜드 전략의 시작입니다.

❷ 아이덴티티(Identity, 정체성)

이름만 있는 브랜드는 허상입니다. 실체가 필요하죠. 이런 실체를 만들어가는 과정을 '아이덴티티를 만든다'라 할 수 있습니다. 사람마다 그 사람다움이라는 것이 있듯 브랜드도 그 브랜드다움이 필요합니다. 그것을 영어로 아이덴티티라 하고, 우리말로 정체성이라 합니다. 브랜드 정체성을 정해야 그것을 바탕으로 고객에게 '우리는 이런 상품이야'라고 말할 수 있습니다.

애플의 브랜드 아이덴티티는 혁신(Innovation)입니다. 애플은 자신들만의 방식으로 다르게 생각했고(Think Different), 고객들은 애플은 다른 회사와 다르다고 인정해주었습니다. 확실한 브랜드 아이덴티티를 고객에게 심어준 결과입니다.

래리 라이트(Larry Wright)는 '브랜드는 고객의 마음에서 나온다'라고 했습니다. 그 마음에서 나오는 것이 아이덴티티입니다. 사람들은 누군가를 평가할 때 '저 사람은 아이덴티티가 확실하네'라는 식으로 말합니다. 그 말은 그 사람다움이라는 것이 있다는 의미입니다. 브랜드다움을 만들어내는 것은 상당히 어려운 일이지만 다른 브랜드와 경쟁할 때 없어서는 안 될 무기입니다. 이런 아이덴티티는 대체로 추상적입니다. 그래서 브랜드를 보고, 듣고, 느끼고, 경험하게 해줄 실체가 필요합니다.

- **브랜드 철학 또는 미션**: 브랜드 철학은 기업의 철학일 수도 있고, 마케팅 철학일 수도 있다. 단어일 수도, 문장일 수도 있다. 단어로 만들면 브랜드 에센스라고 하고, 문장으로 만들면 브랜드 미션이라고 한다. 브랜드를 공부하다 보면 브랜드 용어를 외우다 끝나겠다는 생각이 들기도 한다. 그래서 용어의 단어적 정의보다는 개념을 이해할 수 있다면 어떤 단어나 문장으로 이해해도 상관없다.
- **브랜드 태그라인**: 브랜드의 포지셔닝과 커뮤니케이션을 목표로 미션이나 에센스를 표현하는 것으로, 상황에 따라 한시적 또는 제한적으로 사용된다.

❸ 리얼리티(Reality, 실제성)

누군가를 처음 만나자마자 그 사람의 정체성을 파악할 수는 없습니다. 나이, 사는 곳, 결혼 유무 등의 정보를 파악하는 과정이 있어야 그 사람이 누구인지 알 수 있습니다. 브랜드도 마찬가지입니다. 앞서 상품이나 서비스를 팔기 위해서는 고객에게 브랜드에 대한 확신을 줘야 하고, 브랜드다움이 있어야 한다고 이야기했습니다. 그 브랜드다움을 위해 '나는 이런 사람이 될 거야!'라고 외치는 것도 중요하지만 그 정체성에 걸맞은 행동을 해야 합니다. 그런 행동을 하는 것을 '브랜딩'이라고 하는데, 결국은 브랜드 아이덴티티를 만들기 위한 실제적 행동이라 할 수 있습니다. 브랜드가 보여주는 실제적 모습을 '브랜드 요소(Brand Element)'라고 합니다. 이는 고객에게 보이는 외적 형상이나 시각적·청각적 요소, 효용까지를 이릅니다.

브랜드 아이덴티티 기획 모델

데이비드 아커가 고안한 브랜드 아이덴티티 기획 모델은 브랜드 아이덴티티를 만들어가기 위한 실체를 만드는 프로세스를 구조화한 것으로, 브랜드를 네 가지 속성으로 나누고 그 속성마다 필요한 실체의 모습을 정의하고 있다. 다만 이런 모델은 표준화한 것으로, 기업이나 기관 브랜드의 규모, 속성 등에 맞게 변형하거나 필요한 부분만 활용할 수도 있다.

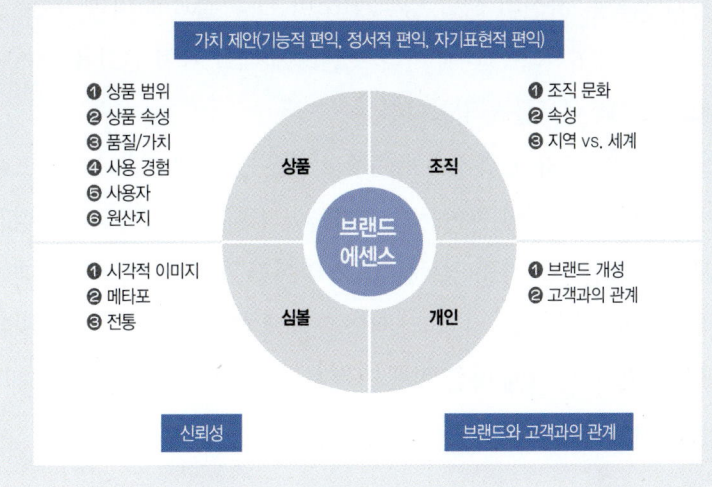

브랜드를 구성하는 것은 여러 가지가 있지만 브랜드를 상징하고 차별화하는 데 시각적인 요소만큼 강력한 것은 없다. 그래서 상표로 등록할 수 있는 브랜드 관련 항목을 브랜드 요소(Brand Element)라고 정의한다.

- 브랜드 네임(Brand Name): 브랜드 요소의 중심으로, 가장 중요한 요소다.
- 로고와 심볼(Logo&Symbol): 시각적 요소로, 쉽게 인지되고 구별하게 하는 중요한 수단이다.
- 캐릭터(Character): 의인화된 혹은 상징성을 가진 캐릭터들은 인지도 형성에 효과적이다.

- **슬로건(Slogan)**: 브랜드에 대한 설명이자 설득력 있는 정보를 전해주는 문구다.
- **징글(Jingle)**: 음악적 메시지로, 인지 재고와 연상에 효과를 보여준다.
- **패키징(Packaging)**: 상품을 담는 용기, 디자인, 활동 등을 포함한다.

❹ 이미지(Image)

누군가의 겉모습을 한 번 보고 '저 사람 이미지 참 좋다'라고 말하는 경우도 있지만, 이미지는 쌓여온 관계 속에서 생기는 모습을 의미합니다. 브랜드가 고객에게 전달하고 싶은 모든 정보를 보낼 수는 없습니다. 고객들은 자신의 생활 영역과 소비 활동 결과에 따라 또는 브랜드 커뮤니케이션의 결과에 따라 브랜드에 대한 가치 판단을 하거나 브랜드의 선택 여부를 결정합니다.

기업 또는 브랜드가 고객에게 보여주고 싶은 것을 아이덴티티라고 한다면, 이미지는 고객이 받아들인 결과물이라 할 수 있습니다. 긍정적인 브랜드 이미지는 각종 경로를 통해 얻어진 기억 속 브랜드에 대한 연상이 모여 만들어집니다. 그래서 브랜드에 대한 체계적이고 일관된 전략이 필요하고, 그에 따른 실행으로 브랜드 커뮤니케이션이 도출되어야 합니다.

브랜드 아이덴티티	브랜드 이미지
기업이 만드는 것	고객이 느끼는 것
기업이 고객에게 약속	브랜드에 대한 고객의 연상
브랜드의 실체를 상징화	고객의 지각을 상징화
누구인가	누구라고 생각하는가
브랜드 메시지	재해석된 메시지
스스로의 욕망 표현	다른 사람의 관점 대변
주도적	수동적

브랜드 전략

브랜드 전략은 책 이름이 될 수도 있고, 리포트 이름이 될 수도 있습니다. 다만 브랜드 전략을 한마디로 정리하자면 많은 사람이 이야기하듯 브랜드다움을 어떻게 규정하고 실천해나갈 것인지를 정의하는 것이라 할 수 있습니다. 전략은 정답이 있는 것이 아닙니다. 각 기업이나 브랜드에 맞는 처지와 위상, 자원에 맞게 작은 것부터 하나씩 시작하면서 빅 픽처(Big Picture)를 그려나가는 과정입니다.

브랜드를 개발하는 것, 브랜드를 관리하고 유지하는 것, 브랜드 체계를 구축하는 것, 브랜드 커뮤니케이션 계획을 세우는 것… 이 모든 것이 브랜드 전략입니다. 누군가는 이를 브랜드 마케팅이라 하고, 누군가는 브랜딩이라고 합니다. 이름을 규정하는 것도 중요한 일이지만 더욱 중요한 것은 내 비즈니스에 맞는 계획을 세우고 꾸준히 실천해 나가는 것입니다.

브랜딩 전략과 마케팅 전략, 비즈니스 모델은 하나의 모습입니다. 브랜딩 전략은 고객과의 약속을 만드는 과정이고, 마케팅 전략은 이 약속을 실천하는 과정입니다. 비즈니스 모델은 고객과의 약속을 거래로 연결하여 서로 가치를 획득하는 과정이라 할 수 있습니다. 그래서 따로 노는 전략이 아니라 한 몸으로 봐야 합니다.

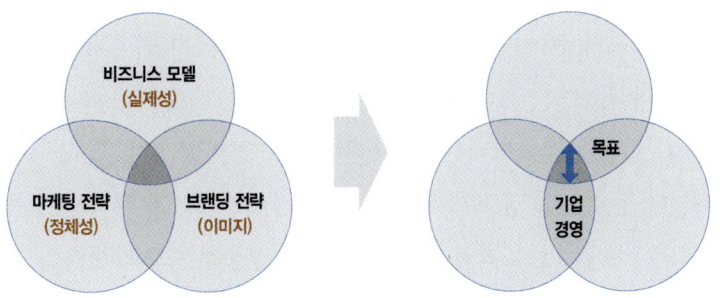

각 과정이 이상적으로 하나같이 보이도록 하는 것이 큰 틀에서 보는 기업 경영이다.

비즈니스 모델은 실제적 체계를 만드는 작업, 마케팅은 이를 구체화하고 정체성이 보이도록 하는 활동, 브랜딩은 체계와 정체성을 확고한 이미지로 구축하는, 머리와 손발이 함께 움직일 수밖에 없는 과정이라 정의했습니다.

사실 브랜드 전략을 따로 공부하는 시대도 지나가고 있습니다. 업무적으로, 체계적으로, 기술적으로 필요한 부분을 공부하고, 정리하고, 공유하는 것은 매우 중요한 일이지만 그 모든 비전과 미션, 계획의 실천은 기업의 브랜드 몫입니다. 이제는 상품의 속성을 파는 시대가 아닙니다. 브랜드는 기호가 되었고, 기호는 결국 무언가를 상징하는 단어입니다. 브랜드 전략은 업무적으로 해야 할 일과 하지 말아야 할 일을 나누고, 해야 할 일을 어떻게 성공적으로 실천하는가만 고민하는 일이 아닙니다. 브랜드가 고객에게 어떤 의미를 지니게 하고 어떤 역할과 상징이 되는지 고민하고 있다면 당신은 이미 전략가입니다.

사전에서는 브랜드 전략을 '경쟁사와 자사의 상품을 차별화하여 유리한 입장에 서려는 마케팅 전략'이라고 정의하기도 하지만 이 정의는 기능이나 속성 중심으로 브랜드를 운영하는 경우에 적절합니다. 그런데 상품의 질의 상향평준화와 기술적 진보로 상품이나 서비스의 질, 프로세스, 효용이 비슷해지는 시대에는 좀 더 다르게 정의해야 합니다. 기업의 운영 방향성이나 미션도 브랜드가 되고, CEO도 브랜드가 되고, 독특한 로고의 형상이나 콘셉트의 전환도 브랜드가 됩니다. 이제는 마케팅의 전략들도 브랜드라는 큰 우산 속에서 수립되고 실행되고 있습니다.

그래서 브랜드 전략이라는 것을 한마디로 정의하기가 매우 어렵습니다. 다만 기업의 규모가 일정 수준 이상이 되고, 운영하는 상품이나 서비스가 많고, 조직적 지원이 가능한 경우에는 교과서적인 브랜드 전략을 수립하고 실행하는 것이 정석입니다. 이런 경우 보통은 앞서 설명한 브랜드 체계 중심으로 브랜드 전략을 수립하고, 각 기업의 특성이나 상품, 서비스의 성격에 맞는 차별적 브랜드 커뮤니케이션을 수행해야 합니다. 브랜드 전략은 크게 브랜드 구축 전략, 브랜드 운영 전략(사내 브랜딩 전략, 브랜드 확장 전략, 커뮤니케이션 전략 등 브랜드와 관련한 모든 활동을 포함하여 지칭할 수 있는데, 큰 틀에서 보면 브랜드 경영이라는 말로 치환 가능합니다), 브랜드 커뮤니케이션 전략, 브랜드 재활성화 전략 등으로 구분할 수 있습니다.

❶ 브랜드 구축 전략

브랜드 구축 전략은 브랜드를 새로 만드는 과정입니다. 비즈니스를 새로 시작할 때 기존 비즈니스에서는 새로운 사업 영역이나 신규 브랜드 론칭 때 어떻게 전체 구조 속에 자리매김하게 할 것인지 등을 고민하는 과정입니다. 이 과정에 마케팅에 필요한 많은 요소가 포함되어 있습니다. 자사나 경쟁사 분석, 환경 분석, 마케팅믹스, 커뮤니케이션 등. 그래서 브랜딩과 마케팅이란 개념을 광의적으로 구분하는 것은 의미가 없을 수도 있습니다.

1단계: 브랜드 가설 수립	2단계: 브랜드 가설 입증	3단계: 상징 체계 개발
장기적으로 브랜드가 가져야 할 본질 가치와 상징적 구조에 대한 가설을 수립하는 단계	만들어나갈 브랜드에 대한 가설을 검증하고 최적의 브랜드 에센스를 설정한 뒤 상징 체계에 대한 프레임 결정	결정된 브랜드 에센스와 상징 체계를 구현하고 론칭을 위한 커뮤니케이션 전략 수립
1. 자사 분석, 경쟁 분석, 고객 분석 2. 환경 분석, 비즈니스 모델 지속가능성 분석 3. 브랜드 에센스(가치 집약) 가설 구축 4. 브랜드 상징 체계 드래프트 구성	1. 브랜드 에센스 수용성 평가(사내, 고객) 2. 브랜드 에센스 결정 3. 브랜드 상징 체계 수용성 평가 4. 브랜드 상징 체계 수립	1. 브랜드 네임, 브랜드 이념, 슬로건 등 2. 연관 조사(상표권, 디자인 등) 3. BI(Brand Identity) 프레임 개발 4. 론칭 커뮤니케이션 전략 수립

브랜드 구축 과정. 기업 상황에 따라 취사선택하여 과정을 개발할 필요가 있다.

② 브랜드 운영 전략

브랜드 운영 전략은 기업이 가진 브랜드 관련 자산을 어떻게 운영할 것인가를 결정하고 실행하는 과정입니다. 브랜드 가치를 어떻게 사내 기업 문화로 정착시킬 것인지 사내 브랜딩 전략을 세우고, 브랜딩 포트폴리오나 계층 체계를 어떻게 구조화하고 전환시킬 것인지 계획을 수립합니다. 또한 해당 조직을 구성하여 운영하는 전체 흐름을 총괄합니다.

앞서 언급한 브랜드 포트폴리오 전략은 크게 봐서는 비즈니스 모델 운영 전략이라 해도 무방합니다. 브랜드 계층 전략은 기업 구조나 상품 전략 등 마케팅믹스 전략과 겹쳐 설명되는 부분입니다. 회사가 있고, 회사를 대표하는 패밀리 브랜드와 개별 브랜드를 만드는 것, 이는 상품과 가격, 유통 등을 감안한 전략들입니다. 또한 브랜드 확장 전략은 기존 브랜드에 더해 신규 브랜드를 어떤 방식으로 추가할 것인지, 크게 보면 회사의 전체 브랜드 체계를 어떻게 가져가고 신규 브랜드를 통해 새로운 비즈니스를 발전시키는 과정 등이 연결됩니다. 브랜드 커뮤니케이션 전략을 포함할 수도 있으나 영역이 과도하게 커지기 때문에 조직 운영이나 개념적 정의로 구분하기도 합니다. 상황에 따라 브랜드 리뉴얼 등 재활성화 전략을 포함시킬 수도 있습니다.

구분	단일(기업) 브랜드 전략	조합 브랜드 전략	개별 브랜드 전략
특징	모든 상품을 하나의 브랜드로 통일	기업과 개별(패밀리) 브랜드를 조합하여 보증 효과 확대	상품이나 서비스 하나하나에 독자적인 브랜드 운영 전략 수립
예	필립스, BMW 등	현대 쏘나타, 삼성 갤럭시 등	타이드, 말보로 등
장점	일관된 정체성으로 광범위한 사용이 가능하고, 이미지 통일이나 커뮤니케이션 용이	개별 브랜드가 갖지 못하는 효과를 기업이나 패밀리 브랜드를 통해 보조하고, 유연한 변형이 가능	특정 시장을 만들거나 대표할 수 있고, 브랜드 소멸 시 기업이나 다른 개별 브랜드에 영향 미미
단점	다른 카테고리 진입 시 전략적 선택지가 빈약하고, 한 상품의 실패가 기업 전체 이미지에 타격	브랜드 체계가 복잡하고 관리 비용 과다	새로운 브랜드 투입 시마다 비용이 과다 발생하고, 개별 브랜드와 기업의 연관성이 부족

브랜드 포트폴리오는 비즈니스 운영의 결과물로 해석할 수도 있기 때문에 브랜드 계층 체계에 따른 전략 유형만 살펴보도록 하겠습니다. 다만 이런 계층 체계도 기업 상황이나 환경 변화에 따라 꾸준히 변경되고 있고, 각 전략을 혼용하는 경우도 많으므로 기본적인 구조를 이해하는 차원에서 살펴보기 바랍니다.

❸ 브랜드 커뮤니케이션 전략

커뮤니케이션이란 말은 라틴어 'communicare(나누다)'에서 시작되었습니다. 다양한 물질적 기호를 매개로 한 정신적·심리적 교류, 즉 의사소통을 말합니다. 기업이 시장에서 마케팅 활동을 통해 상품이나 서비스를 구매하게 한다는 의미로 시장에서 이루어지는 커뮤니케이션을 마케팅 커뮤니케이션이라 정의하는데, 이 과정을 브랜드를 구축하고, 알리고, 구매에 영향을 미치게 한다는 의미로 본다면 브랜드 커뮤니케이션을 포함하기도 합니다. 하지만 반대로 브랜드에 대한 인지나 선호 등을 일으키고 브랜드가 비즈니스의 속성이나 성격을 정의하는 경우 또는 브랜드 경영이라는 관점에서 기업 비즈니스 모델이 영위되는 상황에서는 브랜드 커뮤니케이션이 협의의 마케팅 커뮤니케이션을 포함한다고 할 수 있습니다.

이런 용어적 정의는 결국 관점을 어디에 두느냐의 문제이므로 개념만 가지고 있다면 큰 이슈는 발생하지 않습니다. 다만 조직 구성에 따라 조직이 하는 일의 성격이나 매체 그리고 메시지의 속성에 따라 협의의 정의로 구분하기도 합니다.

여기서는 어떻게 브랜드를 구축하고 인지시키고 선호를 높일 것인지, 고객에게 어떻게 차별적 가치를 제안하고 공감하게 만들 것인지 등에 대한 실행 과정을 알아보고자 합니다. 마케팅 4P믹스 중 가격적 요인(가격 자체가 브랜드 이미지를 구성하는 기업이나 브랜드도 있습니다)을 제외한 프로모션 개념을 활용해 브랜드 아이덴티티를 어떻게 구축하고 고객과 어떤 관계를 만들어나갈지 들여다보는 좁은 의미의 커뮤니케이션 전략 측면에서 살펴보겠습니다.

브랜드 커뮤니케이션 전략은 시장에서 자사 브랜드의 가치를 최대화하는 활동이라고 할 수 있는데, 브랜드 구축 전략이 완료되면 그 가치를 시장에 알리고 인정받게 하는 과정입니다. 이를 위한 몇 가지 규칙이 있습니다.

첫째, 브랜드 설계를 하면서 규정한 브랜드 아이덴티티와 가치 체계가 모든 마케팅 활동의 최상위에 있어야 합니다. 이는 일관된 브랜드 전략을 수행하기 위해서입니다.

둘째, 선택과 집중을 해야 합니다. 무한한 자원을 가지고 있다면 최대의 채널을 통해 다양한 이벤트와 메시지를 뿌릴 수 있겠지만 어느 기업에게도 무한한 자원이란 존재하지 않습니다. 그래서 자사의 기업 환경이나 매체 환경 또는 고객 특성에 기인하여 통합적 커뮤니케이션 전략을 수립하고 경중이나 속성에 따라 선택과 집중을 해야 합니다.

셋째, 고객 입장에서 메시지를 개발해야 합니다. 물론 브랜드 개발 단계에서 고객 분석과 환경 분석을 통해 여러 인사이트를 얻고 적절한 전략을 세우겠지만, 문제는 항상 메시지 전달 과정에서 발생하기 때문에 고객 언어로 메시지를 기획하고 전달해야 합니다.

넷째, 구축하는 것은 어렵지만 망가지는 것은 쉽다는 사실을 항상 인식해야 합니다. 브랜드가 중요해진 시대에는 브랜드를 구성하는 것이 단순한 상품명과 로고 등의 시각적인 요소가 아닙니다. CEO의 기업관, 기업의 인재상, 임직원의 태도, 환경적 기여, 상생을 위한 노력 등 기존에 브랜드 영역이라고 생각하지 않았던 부분들이 브랜드 이미지에 영향을 주고 있습니다. 잘 쌓아온 브랜드 이미지가 한순간의 방심으로 무너지는 경우를 많이 봐왔습니다. 이를 방지하기 위해서는 브랜드가 단순한 업무의 차원을 넘어 철학으로 존재해야 합니다. 결국 이러한 커뮤니케이션은 파편화된 브랜드 지식이 바람직한 브랜드 이미지로 치환되는 과정입니다.

| 파편으로 존재하는 브랜드 정보와 지식 | → 커뮤니케이션 → | 바람직한 브랜드 이미지 |

커뮤니케이션 과정을 위의 그림처럼 단순 도식화할 수 있는데, 이 과정은 결국 설득 과정이라 할 수 있습니다. 사회심리학자인 윌리엄 맥과이어(William McGuire)는 커뮤니케이션에 의해 설득되기 위해서는 일정한 단계가 있다고 주장했습니다. 각 과정에 부합하는 메시지 개발과 채널 전략, 고객이 의도하는 대로 움직이도록 하는 예상 행동에 대한 면밀한 준비가 필요합니다.

인터넷이 개발되기 전에는 모든 커뮤니케이션이 오프라인에서 이루어졌지만 정보의 시대로 접어들면서 많은 정보가 오프라인보다는 온라인에 존재하고 있습니다. 그리고 스마트폰이 보급되면서 매체 환경이 모바일로 전환되고 있습니다. 급변하는 커뮤니케이션 환경 때문에 브랜드 커뮤니케이션 전략이 더욱 신중하게 설계되어야 합니다.

브랜드 커뮤니케이션을 운용하기 위해서는 필요한 요소가 많이 있습니다. 일관성과 지속가능성을 높이기 위해 일정한 체계도 갖추어야 합니다.

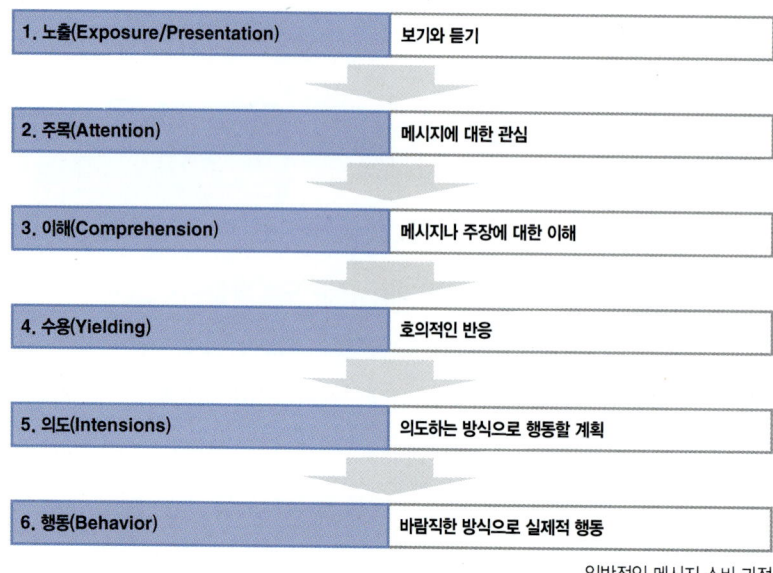

일반적인 메시지 소비 과정

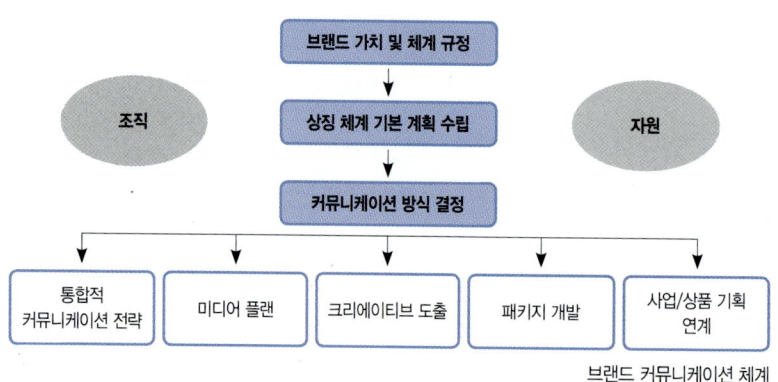

브랜드 커뮤니케이션 체계

위 과정 중에 브랜드 가치와 체계를 어떻게 정립할 것인지가 가장 중요한데, 하쿠호도 컨설팅이 고안한 브랜드 서킷 모델을 통해 좀 더 쉽게 브랜드 가치를 규정해보는 것도 좋은 방법입니다. 데이비드 아커의 브랜드 아이덴티티 모델보다 좀 더 쉽게 커뮤니케이션 메시지 개발을 도와주는 모델입니다.

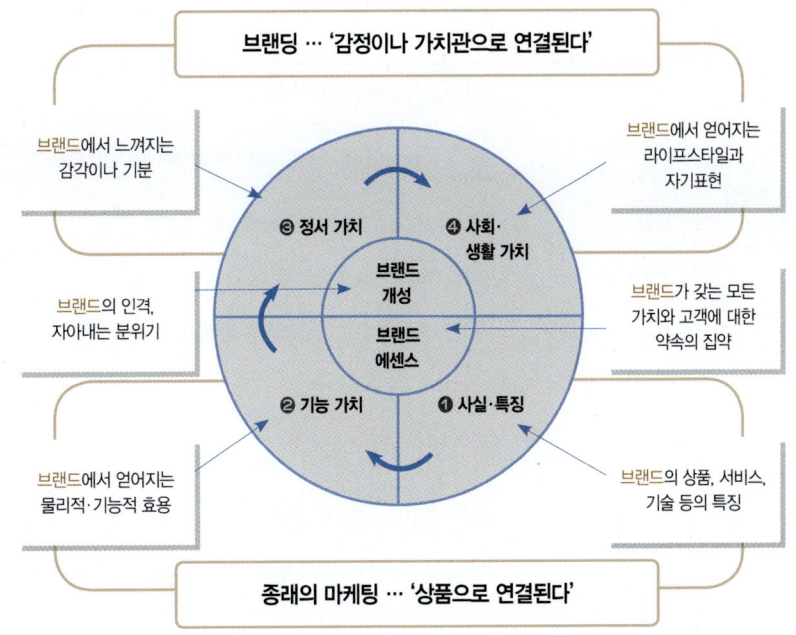

브랜드 서킷 모델, 하쿠호도 컨설팅

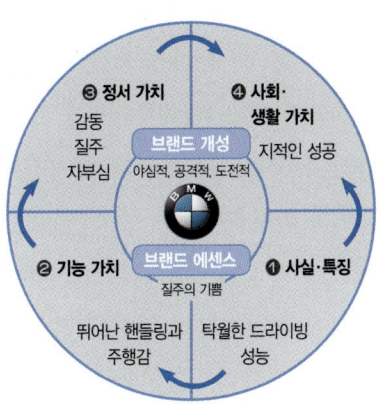

BMW의 브랜드 가치 구조

구분	내용	설명
상품 관련 접촉점	유형	상품의 유형에 따라 이미지 형성 상이
	속성/디자인/패키지/가격	상품의 물리적·심리적 속성이 이미지를 형성시키는 중요한 속성
	품질	상품이 가진 본질로써 고객 가치 판단의 기준
	검색/리뷰	온라인 정보와 사용자 리뷰 등
상품 비관련 접촉점	기업 문화/경영 철학	사내 브랜딩에도 중요. 강력한 기업 브랜드는 신뢰 구축과 브랜드 관리에 효과적
	사내 임직원	CEO나 임직원들의 이미지가 브랜드로 전이
	네임/상징/로고/컬러	네임과 상징 체계는 기업의 무형 자산
	광고 모델/사용자	브랜드 태도와 구매에 직접적 영향
	후원/홍보	후원/홍보 대상의 가시화가 브랜드 연상에 기여
	프로모션	각종 프로모션 이벤트의 경험이 이미지 강화
	공간	매장/기타 공간 등이 직간접 체험 채널 역할

통합적 커뮤니케이션 전략에서 소비자를 만나는 접점(MOT)

브랜드 커뮤니케이션 체계에서 통합적 커뮤니케이션 전략이 전체 프로세스를 대표한다고 할 수 있는데, 이는 마케팅 4P믹스 중 프로모션에서 다루어질 내용들과 중복되는 부분도 있어 이에 대한 정의와 브랜드 접점만 살펴보도록 하겠습니다.

통합적 브랜드 커뮤니케이션 전략은 고객이 브랜드를 보고, 느끼고, 체험하여 일관된 경험이 바람직한 이미지를 형성하도록 도와주는 모든 접점과 관련된 브랜드 커뮤니케이션 프로그램의 운영 계획이라 할 수 있습니다.

❹ 브랜드 재활성화 전략

브랜드 재활성화 전략은 브랜드 구축과 운영 전략적 측면을 모두 포함하는 의미이기 때문에 자세히 다루지 않고, 몇 가지 브랜드 재활성화에 대한 의미만 짚어보겠습니다. 브랜드도 사람처럼 수명이 있습니다. 사람의 수명과 다른 점은 사람은 수명이 다하면 생을 마감하지만 브랜드는 다시 태어날 수 있다는 것입니다. 상품 수명주기에 대입해 보면 브랜드 재활성화 전략은 성숙기나 쇠퇴기를 걷고 있는 브랜드에 새 생명을 불어넣어주는 과정이라 할 수 있습니다.

브랜드를 재활성화할 때 주의할 점은 과거 브랜드 영광의 추억에 젖어 브랜드에 대한 객관적 평가가 어려워질 수 있다는 점과 자산으로써 가치를 과도하게 평가하여 자원을 무리하게 투입할 수 있다는 점입니다. 어쩌면 브랜드도 생명이 다했다면 떠나야 할 때를 잘 선택하는 것도 좋은 결정일 수 있습니다. 한 가지 더 유의할 점은 기업의 생명과 기업 브랜드의 생명, 상품의 수명과 상품 브랜드의 수명이 꼭 동일하지 않다는 점입니다. 이런 점들을 고려하여 브랜드에 새 가치를 부여하는 과정이 브랜드 재활성화 전략입니다.

브랜드 경영

고객과의 관계 구축하기

과거보다 브랜드를 정의하기 힘들어진 가장 큰 이유가 있습니다. 브랜드가 사람이 되었기 때문입니다. 물론 브랜드 페르소나를 정의하는 것은 고객과 동일시되는 개성을 바탕으로 커뮤니케이션을 원활하게 하고 시장에서 위치를 쉽게 잡게 하는 방법론에 이미 있지만, 브랜드 페르소나와 별개로 사람들은 브랜드를 개인과 동일화하고 자신의 일부분으로 받아들이고 있습니다. 이것은 시대의 큰 조류이기도 하고, 전체주의적 시대에서 개인주의의 시대로 패러다임이 이동되었음을 의미하기도 합니다.

그래서 브랜드는 상품 중심의 시대를 대변하던 여러 가지 존재적 가치에 종지부를 찍기도 합니다. 아무리 품질이 좋아도 개성이 없거나 고객의 취향을 반영하지 못한 상품은 도태됩니다. 반면 존재적 동질감만으로 시장에서 크게 성공하는 상품도 있습니다. 이러한 연유로 브랜드 전략을 수립하기가 더더욱 어려워졌습니다. 그럼에도 불구하고 브랜드를 중심으로 한 비즈니스 모델 수립과 마케팅, 브랜딩 전략이 중요한 이유는 현재의 시대 흐름에 가장 가까운 경영 전략이기 때문입니다. 물론 브랜드가 비즈니스 전체를 대표한다고 하기에는 무리가 있을 수 있지만 그래도 현재의 시장 환경과 기업과 고객의 관계를 고려했을 때 적절한 방향성이라 할 수 있습니다.

브랜드 경영이란 말은 매우 현실적인 패러다임을 이야기하면서도 어쩌면 허구적 단어일 수도 있습니다. 세상에 브랜드가 없는 상품은 없습니다. 사람들의 소비는 브랜드에서 시작해서 브랜드로 끝납니다. 개인들도 생존하기 위해서는 자신의 이름을 브랜드화하고, 기업의 브랜드 전략과 유사한 패턴의 마케팅과 브랜딩으로 차별화해야 합니다. 세상 모든 사람이 브랜드 경영을 하고 있다고 말할 수 있습니다. 반면 브랜드라는 것이 눈에 보이지 않는 형이상학적 개념인 신뢰나 약속 등을 포함하고 있기에 관리한다는 말이 와닿지 않을 수도 있습니다.

데이비드 아커의 저서 중에 《브랜드 경영》이라는 책이 있습니다. 원제는 'Builing strong Brands'입니다. 그의 다른 책들도 《브랜드 리더십》, 《브랜드 자산 관리》라는 제목으로 출판된 것으로 보아 우리나라에서 management가 경영과 관리로 해석되다 보니 경영이란 단어가 쉽게 사용된 것이 아닌가 싶습니다. 경영은 매우 포괄적인 의미를 담고 있어서 브랜드 경영, 디자인 경영, 품질 경영 등과 같이 다양하게 사용되고 있지만 우리나라에서 사용하는 경영은 대부분 관리적 차원으로 붙은 이름으로 봐야 합니다.

그럼에도 불구하고 "브랜드 경영이 정확하게 뭐야?"라고 묻는다면 '누구나 정의할 수 있는 경영 기법', '브랜드의 약속을 이행하고 이를 관리하는 과정'이라 정의하겠습니다. 모든 기업과 개인이 자신의 브랜드를 가지고 있기 때문에 '자신의 브랜드를 탄생시키고, 브랜드 가치를 키우고, 궁극적으로 비즈니스의 최종 목표를 이루게 하는 모든 활동'이라고 하면 좀 더 가깝게 풀이되지 않을까 싶습니다.

많은 책이 브랜드 경영을 말하면서 강력한 브랜드에 대해 이야기합니다. 결국 브랜드 경영이란 강력한 브랜드를 만드는 모든 과정이라 할 수 있습니다. 이름이 브랜드 경영이든, 브랜드 관리든, 브랜드 전략이든 한 가지 지향점은 고객과의 관계를 끊임없이 구축하는 것임에는 이견이 없어 보입니다.

브랜드의 대가 케빈 레인 켈러(Kevin Lane Keller)는 자신의 저서인 《전략적 브랜드 관리(Strategic Brand Management)》에서 전략적 브랜드 관리 프로세스를 4단계로 정의했습니다. 이는 브랜드 경영에 필요한 실체적 과정이라 할 수 있습니다.

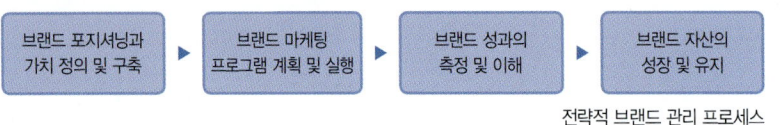

전략적 브랜드 관리 프로세스

브랜드 자산

많은 학자가 브랜드와 관련된 이론과 전략을 제시하면서 이는 강력한 브랜드를 창출하는 것이고, 이런 강력한 브랜드는 자산으로써 충분한 가치를 갖는다고 말합니다. 그래서 자산 관리 측면에서 브랜드 경영을 이야기합니다. 여기서는 브랜드 자산이란 무엇이고, 브랜드가 자산으로써 어떤 가치를 가지고 있는지 살펴보도록 하겠습니다.

케빈 레인 켈러의 저서 《전략적 브랜드 관리》는 브랜드 자산을 정의하고, 그것을 어떻게 평가하고 관리해야 하는지에 대해 다루고 있습니다. 브랜드 관리에서 자산적 관점은 매우 중요합니다. 각 브랜드 컨설팅 업체에서 각각 브랜드 자산을 평가하여 해마다 발표하는 것이 이를 반증합니다.

존슨앤존슨이 에프킬라로 유명한 삼성제약을 367억 원에 인수하면서 상표권으로 227억 원을 지불한 것이나 필립모리스가 크래프트를 인수하면서 전체 인수 금액의 81%를 브랜드 자산 평가 금액으로 산정했던 선례들을 살펴보면 기업에게 브랜드 자산이라는 것이 단지 무형적 판단 기준이 아님을 알 수 있습니다. 브랜드 가치가 높은 파워 브랜드는 장기적·지속적 이익의 원천이 되기 때문에 기업이 브랜드를 관리하는 것은 매우 중요한 일이 되었습니다.

브랜드 자산의 정의와 역할

데이비드 아커에 따르면 브랜드 에쿼티(Brand Equity)는 브랜드 네임이나 심볼에 연결되어 기업 혹은 그 기업의 고객을 위한 상품이나 서비스에 부가되거나 감소된 브랜드 자산과 부채의 합이라고 합니다. (equity는 지분으로, 대차대조표 대변의 자본에 해당하고, asset은 자산으로, 대차대조표 차변에 해당합니다. 그래서 브랜드 에쿼티는 자산보다는 자본이나 지분으로 해석하는 것이 더 정확하지만 일반적인 관점으로 브랜드 자산이라 지칭하겠습니다. 데이비드 아커와 케빈 레인 켈러의 저서에서는 번역 없이 브랜드 에쿼티로 표기하고 있습니다.) 그리고 브랜드 에쿼티를 구성하는 네 가지를 브랜드 인지도, 고객이 인식하는 품질, 브랜드 연상 이미지, 브랜드 로열티로 정의했습니다.

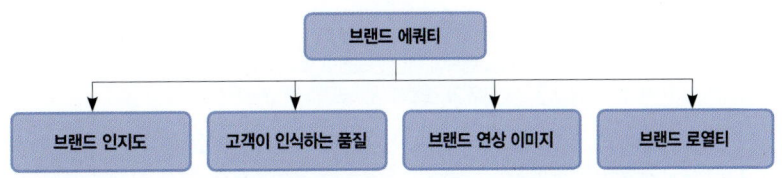

브랜드 에쿼티 구성 요소

다른 정의도 잠깐 살펴보고 가겠습니다.

> - 브랜드 네임이 없을 때보다 많은 매출 혹은 보다 많은 이익을 얻게 하고, 경쟁자보다 강력하고 지속 가능하며, 차별적 우위를 브랜드에 제공하는 브랜드의 고객, 채널 구성원, 모기업에 대한 연상과 행동들의 집합
> Marketing Science Institute
>
> - 소비자 관점의 브랜드 가치로, 긍정적인 브랜드 속성과 브랜드 이용에 대한 우호적 결과에 따라 생성된 소비자의 태도가 바탕이 된다.
> AMA
>
> - 어떤 사람이 계속 당신의 브랜드를 구매하고자 하는 긍정적인 태도
> 마켓팩트

조금씩 다르지만 공통적으로 이야기하는 것이 있습니다. 기업에게는 이익을 주고, 고객에게는 다른 브랜드를 볼 필요가 없는 선택의 용이를 준다는 것입니다. 이것이 브랜드 에쿼티의 효과라 할 수 있습니다.

받는 사람	제공 가치
소비자	• 상품과 서비스에 대한 막대한 양의 정보를 쉽게 해석하고 처리하게 해준다. • 과거의 사용 경험이나 브랜드에 대한 친숙함이 의사결정을 도와준다. • 지각된 품질과 연상 이미지가 경험에 대한 만족도를 상승시킨다.
기업	• 소비자의 우호적 태도에 기반하여 다른 마케팅 활동의 효과를 높여준다. • 가격에 덜 민감하게 하여 높은 마진 정책을 유지할 수 있게 해준다. • 브랜드 확장을 쉽게 해주고, 성공 가능성을 높여준다. • 중간상에 대한 영향력을 높여준다. 경쟁자들에게는 진입 장벽으로 작용한다.

브랜드 에쿼티가 제공하는 가치

브랜드 평가

앞서 한 브랜드가 제공하는 모든 가치를 모은 것이 브랜드 에쿼티라고 했습니다. 브랜드 자산은 다양한 역할을 통해 기업 경영에 일조하고 있습니다. 이제 고객들은 브랜드를 단순한 상품의 구별과 차별로

써만 이용하는 것이 아니라 해당 브랜드를 통해 사회적 지위를 드러내고 자신을 표현하는 수단으로 이용하고 있습니다. 고객은 브랜드에 대한 평가를 호불호 수준이나 상품의 품질 수준, 자신과 어울리는지 어울리지 않는지 수준에서 평가하고 취사선택의 판단 기준 정도로 생각할 수 있지만 기업은 브랜드에 대한 평가를 객관적으로 할 수 있어야 합니다. 따라서 브랜드의 성과를 측정하고 해석하는 과정이 매우 중요합니다.

브랜드를 구축하고 관리하면서 이익을 창출하는 데 직간접적인 영향을 주는 과정과 결과를 평가해야 브랜드가 제대로 역할을 하고, 강력한 브랜드로 자리매김할 수 있습니다. 브랜드 에쿼티 측정에 대한 의심의 눈초리가 있는 것도 사실이지만 다양한 회사에서 브랜드 자산을 평가하고 발표합니다. 그리고 이를 통해 기업 간 M&A가 이루어지고 있습니다. 브랜드에 대한 가치를 창출하는 시스템은 단기적으로는 최적의 전술적 프로그램을 실행하는 데 도움을 주고, 장기적으로는 기업 경영에 대한 전략적 결정을 하는 데 도움을 줍니다.

브랜드 에쿼티를 측정하는 방법은 비교 방법과 전체적 방법으로 나뉩니다. 여기서는 대략적인 개념적 정의만 설명하겠습니다.

구분	비교 방법	전체적 방법
개념	상품에 브랜드가 제시된 경우와 그렇지 않은 경우를 비교해 고객이 얼마나 호의적 태도를 보이는지를 측정하는 방법	브랜드가 가지는 가치를 시장 성과로 평가하는 방법(시장점유율, 주가 등)
방법	• 지불 의도 가격 차이 분석 • 브랜드 전환을 위한 가격 차이 분석 • 브랜드의 속성에 대한 고객 선호도 분석	기업 가치 평가(예. 인터브랜드의 베스트 글로벌 브랜드)

브랜드의 종말

국내 최대 대형마트인 이마트에서 2015년에 No Brand(노브랜드)라는 PB를 출시했습니다. 노브랜드가 시장에서 좋은 반응을 얻으며 브랜드에 대한 피로감에 대해 관심이 모아졌습니다. 노브랜드의 상품 개발과 기획, 디자인 등은 이마트가 담당하고 생산은 제조업체에 맡겼습니다. 그리고 광고나 마케팅을 배제하여 가격 거품을 제거하고 뛰어난 가성비로 많은 고객의 선택을 받았습니다. 노브랜드는 브랜드가 아닌지, 브랜드 시대의 피로도에 반응한 또 다른 브랜드인지 논란에 일기도 했습니다. 노브랜드는 단순한 브랜드 차원의 문제가 아닙니다.

온라인과 오프라인의 경계가 사라지고 있는 시대를 맞아 과거 대형마트의 경쟁자는 같은 업체나 이업종의 일부였다면 지금은 온라인과 오프라인을 가리지 않고, 해외 직구까지 경쟁자로 봐야 하는 상황입니다. 그리고 과거에는 품질이 NB에 미치지 못해 여러 가지 시도가 큰 파장을 일으키지 못했고, 또한 아직까지 주로 생활용품에 그치고 있지만, 유통사와 제조사의 구분이 점점 의미가 없어지고 있어 PB의 확장과 성공은 앞으로도 계속될 것으로 보입니다.

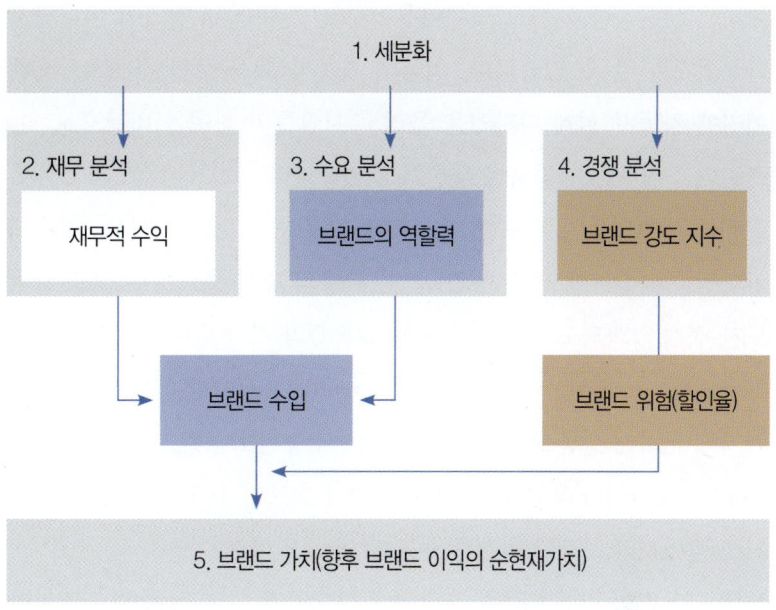

인터브랜드의 브랜드 가치 평가 방법

이런 현상은 우리나라에서만 일어나고 있는 것이 아닙니다. 이마트 노브랜드의 벤치마킹 회사인 캐나다의 노블로스가 1978년에 No Name(노네임)이라는 PB를 론칭했고, 일본의 무인양품도 1980년부터 운영되고 있습니다.

무인양품, 노네임, 노브랜드

이런 현상은 전통적 유통 경로의 형태에서 벗어나 제조사와 유통사의 경계가 점점 사라지는 모습이기도 하고, 브랜드의 과도한 성장의 이

면으로, 상품이 가진 본질을 돌아보자는 취지일 수도 있습니다. 아직까지는 생활용품을 중심으로 이루어지고 있지만 그 영역이 어디까지 확장될지는 알 수 없습니다. 미국의 자동차 회사 로컬모터스는 홈페이지에 자동차 설계 디자인을 올리고 사람들의 참여를 바탕으로 3D 프린터를 활용해 자동차를 생산하고 있습니다.

고객들은 기업들의 과도한 마케팅에 피로가 누적되어 있고, 기술의 상향평준화와 트렌드, 유행의 급변, 취향의 변화 등으로 브랜드 충성도가 점점 약화되고 있습니다. 《절대가치》의 저자인 이타마르 시몬슨(Itamar Simonson)과 엠마뉴엘 로젠(Emanuel Rosen)은 '고객들이 절대가치에 근거해 상품을 평가하는 환경에서 충성도 높은 고객을 기대하는 것은 오산이다'라고 했습니다. 시간이 흐르면 시대도, 사람도 변하기 마련이지만 브랜드 환경은 쉽지 않아 보입니다.

브랜드가 없어진다는 것은 고객에게 선택받지 못한 상품의 소멸이라고 평가 절하할 수도 있지만, 기업의 수명이 기하급수적으로 짧아지고 있는 현실에서 브랜드에 대한 정의를 다시 고민해봐야 하는 시점인 것 같습니다.

브랜드 경험

브랜드의 목표는 이미지를 심어주는 것

브랜드는 고객의 머릿속에 새기는 문신과 같습니다. 쉽게 지울 수 없다는 의미이죠. 쉽게 지워지지 않게 하기 위해서는 브랜드를 접촉할 수 있는 접점을 늘리고, 창의적인 아이디어를 담은 커뮤니케이션 브랜드를 자주 내보내고, 상품이나 서비스를 만족하게 해주고, 이용 후에도 지속적인 관심을 보여주어야 합니다. 이런 모든 과정이 브랜드에 대한 우호적 이미지를 만들어주고, 이는 브랜드에 대한 충성도와 수익으로 연결됩니다.

브랜드와 관련된 고객의 모든 경험은 브랜드 경험으로 정의합니다. 이는 브랜드 이미지를 만들고 공고하게 해주는 경험을 말합니다. 공급자가 소비자에게 주는 경험은 참으로 다양합니다. 거래 과정, 커뮤니케이션, 서비스 등을 통해 경험에 의한 감정이나 이미지가 남게 됩니다. 이런 경험 전부를 브랜드 경험이라 할 수 있습니다. 브랜드 경험이란, 소비자와 브랜드 사이에서 일어나는 관계 형성에서 시작된 감정이 이미지로 형상화되고, 이 이미지가 소비자의 자아정체성과 연결되어 브랜드와 일체감을 느끼게 해주는 것을 의미합니다.

기업이 고객에게 브랜드 경험을 전해주는 방법으로 가장 흔하게 사용한 것은 광고였습니다. 상품이나 서비스의 속성을 보여주고 구매로 이어지게 만드는 광고가 있고, 브랜드가 추구하고 구축하고 싶은 이미지를 형성하기 위해 만드는 광고가 있습니다. 고객에게 이러한 광고를 보여주고 브랜드에 대한 이미지를 형성하게 하는 것입니다. 하지만 그것만으로 브랜드 이미지를 만드는 것은 한계에 다다랐습니다. 사회가 개인화되고, 개인의 취향이 존중받고, 브랜드에 대한 이미지도 개인에 따라 달라졌기 때문입니다. 브랜드 경험의 목표는 하나입니다. 기업이나 상품, 서비스가 갖고자 하는 이미지를 심어주는 것 그리고 이미지가 바뀌었을 때는 변경해주는 것입니다.

브랜드 경험을 만들어주는 것들

브랜드 경험을 만들어주는 것은 브랜드와 관련된 모든 것이라 해도 과언이 아닙니다. 기업이 어떤 목적으로 비즈니스를 시작했는지와 같은 사업 이념부터 상품이나 시장을 나누는 기준, 세분 시장 자체, 가치 제안, 마케팅 4P믹스의 모든 요소, 이를 실행하는 조직, 과정, 사람 등 모든 것이 브랜드 이미지를 만드는 데 일조합니다.

다만 이 모든 것을 한 몸처럼 조정하는 것은 쉽지 않기 때문에 과정과 절차, 표준, 브랜드 체계, 가이드 등을 통해 기업의 목소리가 하나로 나오게 하는 과정을 거쳐야 합니다. 앞서 이야기했듯 브랜드 경험이 중요해지면서 기업의 비즈니스 전략과 마케팅 전략, 브랜드 전략이 한 몸처럼 움직이게 되었습니다. 기업은 어떤 상품과 서비스를 준비할 것인지를 고민하는 시점부터 소비자에게 우리 상품이나 서비스가 어떤 브랜드 이미지를 각인시켜줄지 고민해야 합니다. 그리고 이를 유통하는 과정에서 가격적인 정책, 판매를 돕는 여러 프로세스와 물질적 증거들이 어떤 일을 할지 미리 고민해야 합니다.

① 상품

유형의 상품이든 무형의 상품이든 브랜드 경험에서 당연히 앞자리를 차지해야 하는 것은 상품입니다. 상품은 브랜드 이미지를 만들어주는 가장 중요한 역할을 합니다. 루이비통이나 샤넬 같은 명품이 소비자에게 원하는 이미지는 고급스러움과 장인정신, 품격 등일 것입니다. 그런 이미지를 원한다면 상품은 당연히 그러한 이미지를 발산할 수 있는 원부자재를 사용해야 하고, 디자인 역시 그에 맞게 해야 합니다. 또한 상품을 만드는 사람들과 그들의 역사가 이를 지원해줘야 합니다.

하지만 명품 브랜드들도 양극화의 그늘에서 벗어나지 못하고 수익이 우선이 되면서부터 원산지를 세탁하는 경우가 많아졌습니다. 원부자재는 유럽 변방이나 아시아에서 만들고, 이를 이탈리아나 프랑스에서 완제품으로 만든 뒤 'Made in ○○'을 만들어내고 있습니다. 이는 소비자를 기만하는 행위입니다. 소비자가 명품에 바라는 것은 명품에 걸맞은 제작 과정과 지역도 포함되기 때문입니다.

무인양품은 심플한 디자인, 고품질을 지향합니다. 그리고 소비자들이 안심하고 상품을 받아들이고 편안함을 느낄 수 있게 하려고 합니다. 이런 브랜드 이미지를 구현하는 것은 결국 상품입니다. 무인양품은 SPA 브랜드(Specialty store retailer of Private label Apparel Brand)들의 속도와 가격 때문에 어려움을 겪은 시기도 있었지만, 적극적으로 상품을 개발하고 콘셉트를 재정비하여 가치를 중시하는 상품 전략으로 다시 소비자들의 사랑을 받고 있습니다. 무인양품은 식품과 인테리어 호텔까지 사업 영역을 확대했습니다. 이는 무인양품이 바라는 브랜드 이미지를 소비자들이 경험하게 했고, 이를 체화하여 다른 방향으로 확장해도 소비자들이 같은 경험을 할 것이라는 믿음을 준 결과입니다. 브랜드다움을 소비자의 내면에 심어준 전략이 성공한 것입니다.

무인양품이 중국에 처음 문을 연 호텔

❷ 가격

가격도 브랜드 이미지를 형성하는 데 큰 영향을 줍니다. '가성비', '가심비'라는 용어가 생겼듯 시장에서 가격은 매우 중요합니다. 세상의 그 많은 브랜드마다 가격 정책이 있고, 가격은 결국 브랜드의 가치를 대변해주는 역할을 합니다. 세상에 하나뿐인 상품은 가격을 정하는 데 어려움이 없습니다. 부르는 게 값이 되죠. 하지만 하늘 아래 새것은 없는 상태입니다. 가격은 브랜드가 존재할 이유를 설명하고, 이에 수긍한 소비자는 브랜드를 받아들입니다.

현대카드 블랙과 농심의 신라면 블랙

현대카드는 2005년 국내 최초로 연회비 100만 원의 VVIP 카드인 현대카드 블랙을 출시했습니다. 연회비가 100만 원이라는 사실만으로도 참으로 놀라웠는데, 카드사가 심사를 한 뒤 회원을 받겠다고 하여 시장을 더욱 놀라게 했습니다. 하지만 소비자들은 이 카드를 발급받기 위해 줄을 섰습니다. 연회비가 이 카드를 사용하는 자신을 빛내줄 것이라 생각한 것이죠. 이후 다른 카드사들도 줄줄이 초고가 연회비 카드를 출시했고, 지금은 연회비가 200만 원인 카드도 쉽게 찾아볼 수 있습니다.

반대로 가격이 브랜드 경험을 상하게 한 경우도 있습니다. 2011년 대표 식품 기업인 농심이 신라면 블랙을 내놓았습니다. 가격은 당시 신라면 가격의 2배인 1,600원이었습니다. 농심은 장기간 연구 끝에 만든 프리미엄 라면이라고 어필했지만 시장 반응은 차가웠습니다. 왜 같은 '블랙'이란 단어를 사용했는데 신라면 블랙은 실패한 것일까요? 라면과 프리미엄은 어울리지 않았습니다. 라면은 대표적인 서민 음식인데, 이를 고려하지 않은 가격 정책을 펼친 것이죠. 하지만 세월이 지나면서 소비자의 입맛과 취향도 변했습니다. 농심은 2012년 5월과 10월에 신라면 블랙 컵라면과 봉지라면을 각각 다시 내놓았습니다. 시장 반응은 나쁘지 않았습니다. 소비자가 여유가 생겨서일까요? 1년여 만에 사회 트렌드와 마케팅 커뮤니케이션 방법, 이를 받아들이는 소비자의 취향이 변했기 때문입니다. 가격이 브랜드 경험을 좌우하는 중요한 역할을 하고 있음을 설명해주는 사례입니다.

❸ 유통

유통도 브랜드 경험을 만들어주는 과정 중 하나입니다. 같은 상품이라도 백화점에 진열되어 있느냐, 할인마트에 진열되어 있느냐에 따라 이미지가 달라집니다. 지금은 병행 수입을 통해 명품을 좀 더 저렴하게 구매할 수도 있지만, 과연 명품이 백화점이 아닌 할인마트에 진열되어 있다면 그 명품이 전하고자 하는 메시지가 잘 전달될 수 있을지 의문입니다. 미국의 컴퓨터 회사인 델은 유통 경로를 대폭 단축하여 다이렉트로 컴퓨터를 판매하는 방식으로 성장했습니다. 델은 컴퓨터가 갖길 바라는 유통 경로를 찾았고, 이를 실행하여 소비자에게 단순히 저렴한 컴퓨터를 제공하는 것이 아니라 소비자의 다양한 니즈를 옵션 형태로 제공하여 최적의 컴퓨터를 만들었습니다.

④ 프로모션

프로모션이 브랜드 경험에 엄청난 영향을 미친 시절이 있었습니다. 앞서 이야기했듯 TV 광고 하나로 엄청난 인기를 얻고 브랜드 명성이 쌓인 경우도 있고, 잘 쌓아온 브랜드 이미지를 광고 하나로 날려버린 경우도 있습니다. 프로모션은 매우 다양한 형태로, 다양한 장소에서 소비자를 만날 수 있기 때문에 브랜드 경험을 만들어주는 좋은 툴 중 하나입니다. 그래서 여전히 많은 마케터가 번뜩이는 아이디어와 스토리를 찾기 위해 불철주야하고 있는 것입니다.

지금은 사람들의 기억 속에서 사라져가고 있지만 여전히 강력한 브랜드 연상을 시켜주는 프로모션이 있습니다. 바로 유한킴벌리의 '우리 강산 푸르게 푸르게'입니다. 유한킴벌리는 목재를 사용하는 회사이다 보니 자연환경 훼손에 대한 소비자들의 우려가 있었습니다. 하지만 훌륭한 프로모션으로 좋은 기업 이미지를 만들었고, 이는 수익에 지대한 영향을 주었습니다.

앞서 현대카드 블랙의 예를 들었지만 또 다른 강력한 프로모션은 현대카드를 고속 성장의 길로 인도했습니다. 현대카드는 2005년 다이너스 카드를 인수할 당시 2%에도 못 미치는 시장점유율을 기록했습니다. 하지만 현대카드는 문화 마케팅을 통해 현대카드스러움을 보여주었고, 그로 인해 15%의 시장점유율을 기록하는 성과를 거두었습니다. 프로모션이 소비자의 인식에 미치는 영향이 크기 때문에 많은 기업이 이에 집중합니다. 하지만 모든 요소가 잘 어울려야 좋은 결과를 낼 수 있다는 것을 명심해야 합니다.

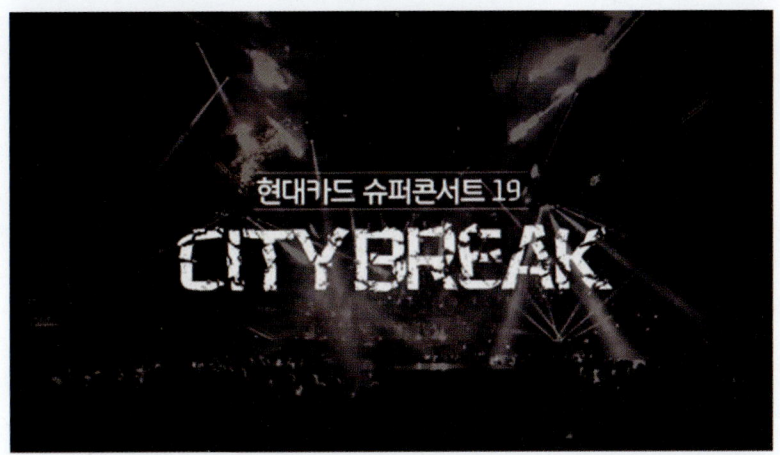

현대카드의 다양한 문화 마케팅 프로모션은 현대카드를 업계 2위 자리에 오르게 한 일등공신이다.

❺ 4P믹스와 3P

4P믹스가 브랜드 경험에 미치는 영향은 매우 큽니다. 소비자 니즈를 해결해주는 가장 큰 요인이기 때문입니다. 4P믹스로 부족한 부분을 채워주는 의미로 People, Process, Physical Evidence를 더해 7P를 논하기도 합니다. 시대가 변하면서 사람과 조직 그리고 브랜드 경험이 전파되는 과정과 이를 보여주는 오감의 모습이 매우 중요해졌습니다. 상품이나 서비스를 제공하는 사람이 얼마나 브랜드스럽냐에 따라 소비자들은 좋은 혹은 나쁜 브랜드 경험을 하게 됩니다. 그리고 어떠한 물리적 모습들이 그 상품이나 서비스에 어울리는지 판단합니다. 마케팅의 모든 요소가 브랜드 경험을 전달하는 역할을 하고 있습니다. 이런 브랜드 경험을 위해 필요한 것은 오케스트라의 지휘자입니다. 많은 브랜드 경험 요소를 빠짐없이 챙기며 제 역할을 하는, 조화로움을 가진 마케터가 절실히 필요한 시대입니다.

토막상식

브랜드 경험을 제공하는 다양한 커뮤니케이션 유형의 탄생

- **브랜디드 콘텐츠**

모든 콘텐츠의 디지털화로 인해 기존 방식으로 브랜드 경험을 전달하는 것에 한계를 느낀 기업들이 고객이 흥미를 느끼는 것에 그치지 않고, 브랜드 가치를 공감하고 반응할 수 있도록 만든 콘텐츠를 부르는 말이다. 이 역시 기존에 존재했던 방식이다. 브랜드 엔터테인먼트라고 해서 브랜드를 주제로 한 영화나 영상물 등이 제작되기도 했지만 대중화되지는 않았다. 최근 직접적인 광고 메시지보다는 흥미와 재미 요소를 가미한 콘텐츠에 반응하는 세태를 반영한 스토리텔링 기법이라 할 수 있다.

72초 TV처럼 브랜디드 콘텐츠를 전문으로 하는 기업이 많이 생겨 유통되고 있는 것은 기업과 고객의 커뮤니케이션 방식이 다양화되고 고객 중심으로 스토리가 전개되고 있음을 방증한다.

이런 브랜디드 콘텐츠는 소비자가 광고가 아닌 콘텐츠로 인식하거나 광고 자체를 콘텐츠로 소비하는 경향이 있다. 자연스럽게 콘텐츠 자체의 경쟁력을 바탕으로 기존 타깃보다 넓은 오디언스에게 도달하여 잠재 고객을 확보할 수 있다는 장점이 있다. 브랜디드 콘텐츠에 대한 소비자의 관심이 증가함에 따라 기업들은 TV CF나 영화 못지않은 콘텐츠 퀄리티와 엔터테인먼트적인 요소를 더해 다양한 형태로 발전시키고 있다.

예를 들어, 위스키 브랜드 임페리얼은 브랜드 웹툰 4버디스를 만들어 포털 사이트에 공개하기도 했다.

- **브랜드 저널리즘**
  브랜드가 직접 저널리즘과 유사한 신뢰 효과를 기대하고 자신만의 플랫폼에서 하나의 미디어로 콘텐츠를 생산하고 전달하는 일련의 구조적 형식을 말한다. 기존에는 애드버토리얼이나 네이티브 광고 같은 기법으로 올드미디어를 통해 광고와 같은 형식으로 접근했지만 브랜드 저널리즘은 자사의 미디어를 통해 유용한 정보나 새로운 이야기를 제공하여 신뢰도를 높이는 방법이다.
  예를 들어, 삼성전자는 기존 블로그를 뉴스룸 형태로 변경하여 운영하고 있다.

  이런 브랜드 커뮤니케이션의 전반적 특징은 소비자의 공감과 흥미를 유발해 자발적 공유와 인플루언서로 진화하기를 바라는 기업의 고도화된 전략적 접근이라는 점이다.

셋째
마당

7장 | 트렌드를 모르고 마케팅을 논하지 말라
8장 | 고객 경험이 상품이다

MARKETING

트렌드와 고객 경험

MARKETING

7장

트렌드를 모르고 마케팅을 논하지 말라

마케팅과 트렌드의 관계

트렌드의 의미와 마케팅이 트렌드를 활용하는 법

사전에서는 트렌드를 '동향이나 추세'로 정의하지만 마케팅에서 트렌드란 좀 더 설명이 필요한 단어입니다. 마케팅적으로 트렌드를 해석하면 '시장의 큰 흐름이나 변화의 경향'이라 할 수 있습니다. 트렌드라는 단어는 최근에 더욱 많이 사용되고 있습니다. 시대의 흐름이 과거보다 더욱 빨라져 트렌드에 민감해질 수밖에 없는 환경이기 때문이죠. 거기에 더해 최근에 트렌드를 분석하고 공유하는 책과 리포트가 쏟아져나오면서 트렌드라는 단어가 더욱 친숙해졌습니다.

그렇다면 왜 이렇게 트렌드를 분석하고 해설해주는 콘텐츠가 많이 나오고 있는 것일까요? 앞서 언급한 것처럼 세상의 흐름이 빨라져 이를 분석해서 공유하고자 하는 순수한 마음도 있지만, 트렌드를 통해 새로운 변화를 만들고 그로부터 새로운 기회를 엿보고자 하는 마음도 있어 보입니다.

서울대 김난도 교수가 매년 출간하고 있는 《트렌드 코리아》가 가장 많은 주목을 받은 때는 2017년입니다. '욜로'라는 단어가 책에 등장하면서부터죠. 2007년을 전후로 트렌드를 해석해주는 책이 쏟아져나오고 있습니다. 갑자기 트렌드 리포트를 내는 것이 트렌드가 되었습니다. 사실 트렌드는 6~7년 정도의 주기로 나타나는 큰 변화의 흐름입니다. 그런데 매년 책이 나오다 보니 트렌드가 1년 주기가 되었습니다. 과거에는 보통 유행이란 단어가 그 자리를 대신했는데, 요즈음 사람들 사이에서는 '트렌드를 모르는구나!' 식의 표현이 더욱 자연스럽습니다.

마케팅에 있어 트렌드는 매우 중요합니다. 트렌드는 사회의 변화와 그에 따른 현상입니다. 마케팅은 이를 가장 빠르게 잡아 상품이나 서비스 또는 커뮤니케이션에 활용해야 합니다. 그래서 마케팅과 트렌드는 뗄 수 없는 사이입니다. 세상의 모든 트렌드를 마케팅에 활용할 수 있는 것은 아니지만 트렌트는 결국 사람이 사는 시장의 변화를 보여주는 것이기 때문에 그 흐름 속에서 나오는 속성이나 단어, 상황 등 많은 부분을 마케팅에 활용합니다.

마케팅과 관련된 일을 하고 전략을 세우는 마케터들은 이런 트렌트 변화에 민감해야 하고, 변화에 적응할 준비가 되어 있어야 합니다. 특히 패션이나 유통, 소비재를 상품화하는 회사에 근무하는 마케터들은 이런 트렌드를 보고 해석하거나 자신의 삶에 녹여내는 것을 요구받기도 합니다. 외적으로 보이는 것이 중요해지다 보니 패션 스타일이 능력의 일부분으로 평가받기도 합니다. 마케팅에서 트렌드를 대하는 몇 가지 특징이 있습니다. 이는 마케팅이 결국 소비를 위한 일이기 때문입니다.

❶ 선별적 활용

당연하게도 마케팅은 필요한 트렌드 속성만 활용합니다. 경기가 저성장기에 접어들면 사람들의 소비도 자연스럽게 줄어듭니다. 마케터들은 이런 소비 심리에 불을 붙이기 위해 노력합니다. 반물질주의가 소비자들 사이에 만연한다면 기업들은 이를 희석시키고 소비에 나설 것을 요구합니다. 그러면 여러 트렌드 중에서도 소비에 도움이 될 만한 트렌드만 마케팅에 부각시키는 것입니다. 예를 들어 김난도 교수의《트렌드 코리아 2017》에서 가장 주목받은 키워드인 '욜로 라이프'는 '한 번뿐인 인생, 잘 살자'라는 의미입니다. 일반적으로는 '행복을 위해 해보고 싶은 것을 후회 없이 하며 열심히 사는 것'이라고 해석할 수 있지만 마케팅적으로 돌아서면 결국 소비를 부추기는 형태로 사용됩니다. '가지고 싶은 것을 사라' 혹은 '이번에 사지 못하면 다시는 살 수 없다'라는 메시지를 '욜로'라는 키워드에 심어 계속해서 고객에게 전달하는 것입니다.

그리고 황폐해가는 환경을 보호하기 위해 소비자들도 이제 친환경적인 사고와 소비를 많이 고민하고 있습니다. 그런 경우에는 기업이 보내는 메시지가 '좋은 일을 하자'처럼 보일 수 있지만 결국은 '우리 기업의 상품은 친환경적이니 우리 것을 소비하라'라는 메시지를 보내는 것입니다. 물론 반환경적인 것보다는 좋겠지만 결국 소비에 방점이 찍힐 수밖에 없는 것입니다.

❷ 긍정적 해석

마케팅에 있어 가장 조심해야 할 것은 소비자의 부정적 반응입니다. 아무리 좋은 상품이나 서비스도 부정적 요소가 퍼져나가기 시작하면 그 흐름을 돌리기 힘들고, 돌린다 하더라도 많은 자원을 다시 투입해야 할 수도 있습니다. 예를 들어 B급이라고 하면 부정적인 뉘앙스가 강합니다. B급 영화는 저예산에 작품 수준이 낮은 영화를, B급 광고는 내용이 부자연스럽고 자극적이며 허술한 광고를 말합니다.

하지만 최근 B급 감성이 대세로 떠올랐습니다. 조금 허술하지만 친숙하고 더 편한 감성을 가진 상품이나 서비스가 많은 사람의 사랑을 받고 있습니다. 저가 볼펜의 대명사였던 모나미는 '모나미 153'을 소비자들에게 선보였습니다. 한정판이라는 이름을 달거나 금도금, 은도금 같은 소재의 변신, 디자인의 다양화로 개성과 가성비를 고루 갖추어 소비자들의 관심을 끌었습니다.

이는 가격으로만 승부하다가 향후 선택지에서 사라지기보다는 가격을 조금 높이더라도 양질의 성능과 품질, 거기에 개성과 기호까지 반영하여 소비자의 선택을 받겠다는 의도입니다. 마케팅에서 부정적인 이미지가 생기면 회복하는 데 많은 시간과 자원을 들여야 합니다. 기업의 부정이나 갑질 같은 사건은 이전에 많은 노력을 들여 만든 긍정적 이미지를 한 번에 날려버리는 결과를 가져오게 됩니다.

❸ 중요한 건 속도

트렌드가 빨리 변하는 것도 속도의 문제에서 발생한 것인데, 마케팅에서는 속도를 더욱 중요하게 생각해야 합니다. 과거에는 사회의 변화가 그리 빠르지 않았기 때문에 마케팅 속도는 보조를 맞추는 것만으로도 충분했습니다. 하지만 지금은 뭔가 새로운 것이 나오면 기업의 마케팅을 담당하는 조직이나 사람들은 곧바로 이를 어떻게 우리 상품이나 서비스에 적용할 수 있을지 고민하고 동시에 결정과 실행을 진행합니다. 이는 이제 고객의 마음속에 빈자리가 별로 없다는 것을 의미하기도 합니다. 고객에게 관심을 받고 자리를 하나 얻으려면 확실하게 눈도장을 찍을 만한, 트렌드의 긍정적 요소를 가미한 상품이나 서비스를 빠르게 개발해야 합니다. 또한 기존 상품이나 서비스에 현재 소비자가 열광하는 트렌트를 반영한 커뮤니케이션을 준비해야 합니다.

마케터는 소비자들의 SNS에 어떤 것이 주로, 자주 등장하는지 확인할 필요가 있습니다. SNS는 생방송과 다름없습니다. 계속해서 새로운 소비자의 관심과 유행이 실시간으로 중계되고 있습니다. 속도를 쫓아가는 것은 매우 중요합니다. 하지만 속도보다 중요한 것은 본질임을 잊어서는 안 됩니다. TV에서 연예인이 맛집이나 맛있는 음식을 소개하면 바로 다음 날 이를 활용한 많은 앱푸시가 날아옵니다. 이제는 마케팅 의사결정 구조도 이런 속도에 맞추지 않으면 제대로 된 마케팅을 할 수 없습니다.

트렌드 속 트렌드

MARKETING
02

트렌드의 속성을 먼저 이해하라

트렌드를 이해한다고 해서 기업의 마케팅 전략이나 마케팅 실행 계획을 바로 활용할 수 있는 것은 아닙니다. 기업마다 마케팅 방향이 있고, 그에 맞는 전략을 세우기 때문에 트렌드가 활용 가능한 범주에 있어야 하고, 그 결을 같이해야 합니다. 소비자들이 좋아할 만하다고 해서 그리고 많은 사람의 입에 오르내린다고 해서 당장 우리의 마케팅에 활용할 수 있는 것은 아니라는 말입니다. 그리고 트렌드는 마케팅이라는 전체 그릇 안에서 보면 전체 마케팅 흐름을 따라가는 큰 역할을 할 수도 있지만, 작게는 마케팅 실행 계획의 일부이거나 전반적인 마케팅 전략 수립과 실행 계획을 세우는 데 필요한 자료 중 일부가 되기도 합니다.

해마다 트렌드에 관한 많은 책과 리포트가 나오고 있습니다. 하지만 이것들이 우리 기업이나 마케터에게 필요한 인사이트를 바로 제공해줄 수는 없습니다. 물론 저자들의 인사이트가 담겨 있지만 이 역시 상품의 일종이기 때문에 각 기업이나 마케터가 자신만의 기준으로 해석하여 활용할 수 있어야 합니다. 트렌드를 이해하기 위해서는 우선 트렌드가 가진 성격을 살펴봐야 합니다. 앞서 트렌드의 의미와 마케팅에서의 활용법을 살펴보았는데, 트렌드를 더욱 잘 활용하기 위해서는 그 아래에 숨겨진 속성을 살펴볼 필요가 있습니다.

트렌드는 변화의 시간, 주체들의 양과 질에 따라 마이크로 트렌드, 메가 트렌드로 나뉘고, 이 흐름 중에 주기가 짧은 추세를 '유행'이라고 부릅니다. 물론 유행을 영어로 트렌드라고 해석하기도 합니다. 유행보다 더 짧게 반짝 인기를 얻고 사라지는 것을 FAD(For a Day)라고 합니다. 하지만 이는 어떤 일정한 흐름에 편승했느냐, 하지 않았느냐에 따라 트렌드로 보기 어려울 수도 있습니다.

사회 변화의 흐름이 묻어나는 트렌드

트렌드에는 역사, 경제, 정치, 사회의 변화와 흐름이 고스란히 묻어나옵니다. '당연한 말 아니야?'라고 생각할 수도 있지만 내포된 사실은 이 트렌드라는 것이 공급자적 성격이 강한 단어라는 점입니다. '트렌드는 개인이나 사회의 현상을 분석하는 것이니 소비자 측면이 강한 것 아니야?'라고 생각하는 사람도 있겠지만 트렌드를 만들어내는 것은 결국 이 세계를 이끌어가는 힘인 시장과 자본주의의 보이지 않는 손입니다. 따라서 트렌드를 이해하기 위해서는 많은 인문학적 지식과 이해가 필요합니다. 마케팅을 경영학의 일부로 보고 실용 학문이라고 생각할 수도 있지만 결국 시장과 사람을 이해해야 하기 때문에 인문학적 성격을 가지고 있다고 말할 수 있습니다.

트렌드를 좀 더 어려운 말로 정의해보면 '사람들의 욕망이 흐르는 길'이라 할 수 있습니다. 이 욕망은 인간의 문명화 과정 중에 나오는 것입니다. 사회나 국가라는 제도하에서 개인의 욕망이 통제받는 사이에 계급 간 이동 사다리에 올라타고 싶은 인간의 욕망이 유행이란 것을 만들어냈고, 이런 흐름이 트렌드라는 큰 흐름으로 정리된 것입니다. 다시 정리해보면 봉건 사회, 즉 계급 시대에는 상위 계급이 다른 계급과의 차별을 보여주기 위해 액세서리 등 본인들만 사용할 수 있는 물건들을 구매했고, 그 하위 계급이 이를 따라하면서 유행이라는 것이 생겨났습니다. 이런 유행은 자본주의 시대로 접어든 후에도 여전히 부르주아와 프롤레타리아를 구분하는 잣대로 사용되었고, 현대에 접어들면서는 자본주의의 공급 과잉 문제를 해결하기 위한 방책으로써 역할을 하기 시작했습니다.

자본주의 역사의 흐름 속에서 변화하는 트렌드

이를 이해하기 위해서는 먼저 자본주의의 역사를 살펴볼 필요가 있습니다. 산업혁명이 태동하고, 공장에 분업이라는 새로운 프로세스가 등장하고, 자본가들이 역사의 주류 세력으로 등장하면서 자본주의가 시작되었습니다. 자본주의는 팽창의 속성을 가지고 생산과 확장을 통해 성장을 추구했습니다. 이런 자본주의가 확산되고 발전하면서 시장은 공급 과잉이라는 초유의 사태를 맞게 되었습니다. 부르주아는 자신들이 지금까지 누려온 유한계급으로서의 삶을 계속 유지하기 위해, 즉 공급 과잉을 해결하기 위해 시장 개척에 나섰는데, 이것이 바로 식민지 정책입니다. 하지만 식민지 정책은 식민지 쟁탈을 위한 국가 간 충돌로 이어졌고, 이는 제1차 세계대전으로 연결되었습니다. 제1차 세계대전 이후 식민지 정책이 한풀 꺾이면서 대공황이 오게 되었습니다. 이를 해결하기 위해 뉴딜 정책, 군국화, 공산화가 등장했는데, 이 또한 전쟁으로 귀결되었습니다.

미국과 시장의 승리로 제2차 세계대전이 끝나고 기존의 시장 개척으로는 공급 과잉을 해결할 수 없게 되면서 서서히 새로운 정의의 유행이 나타나게 되었습니다. 미디어가 등장하고 광고가 생겨나면서 소비가 미덕이 되었고, 생산성 향상이나 노동력에 대한 비용 절감이 한계에 다다르면서 공급자들은 소비 진작을 위해 유행을 활용하기 시작했습니다. 이때부터 마케팅이란 것이 더욱 영향력을 갖게 되었습니다. 마케팅에서 트렌드를 떼려야 뗄 수 없는 이유가 여기에 있습니다. 트렌드는 결국 마케팅이 만들어낸 것이기도 하기 때문입니다.

전쟁의 상처를 치료하면서 소비가 늘고 공급 과잉이 해결되는 듯했으나 오일쇼크 등으로 인해 다시 상품 가격이 오르면서 소비 추세가 꺾였고, 전쟁으로 시장 개척을 하던 시대에서 벗어나면서 이를 대신하는 것들이 문화라는 이름으로 나타나게 되었습니다. 식민지 정책이 문화 정책으로 얼굴을 바꾸고 나타났죠. 서구 문화가 동양을 뒤덮기 시작했고, 이후에는 세계화라는 이름으로 전 세계가 지역적·민족적 문화에서 글로벌한 문화로 흐름이 바뀌기 시작했습니다. 하지만 이런 상황만으로 해결되지 않은 공급 과잉은 후기 자본주의와 공산주의의 실패와 함께 신자유주의라는 모습으로 나타났습니다. 시장에 자율권을 주어야 한다는 주장이 득세하면서 공급자들은 전 세계를 돌며 소비 진작에 나섰습니다.

그러나 유행만으로 소비를 진작하는 것이 힘들어지면서 가격 인하를 위해 비용을 더욱 줄이는 방법을 쓰기 시작했는데, 기술의 발달이 그 해법으로 사용되었습니다. 신자유주의는 노동력의 비용을 줄이며 더욱 득세하게 되었지만 신자유주의도 초공급 과잉 시대를 헤쳐나가기 힘들었습니다. 이런 상황을 해결하기 위해 유행의 속도를 높이는 전략이 나왔습니다. 가장 적절한 예가 바로 SPA죠. SPA는 의류 분야뿐 아니라 라이프스타일 전반에 뿌리를 내리고 있습니다. 이런 흐름에 반해 여러 키워드(에코, 슬로우, 워라밸 등)가 등장했는데, 아이러니하게도 사회 전반의 빠른 변화를 반영한다는 트렌드라는 이름에 얼굴을 함께 내밀고 있는 상황이 되었습니다.

트렌드를 한마디로 정리하면 '시장이 공급 과잉을 해결하는 과정에서 나온 전략'이라 할 수 있습니다. 여기에 더해 '사유하고 비판하는 인간들이 그 대응 전략으로 파생되는 트렌드를 더해가는 과정'이라 할 수도 있습니다. 2017~2019년의 트렌드 리포트를 살펴보면 사회가 획기적으로 변화하는 모습을 반영하는 키워드가 많이 보입니다.

트렌드 코리아 2017	2017 트렌드 노트	모바일 트렌드 2017	2017 세계 트렌드	2017 대한민국 트렌드	2017 20대 브랜드 리포트
욜로 라이프	평타	컨시어지	Future Food	가성비	겟꿀러
B+ 프리미엄	간섭	로드어드바이저	New Shelter	희소성 vs. 대중성	노멀크러시
픽미 세대	코스프레	디지털 광고	Daily Detox	리얼리티	팩트광
캄테크	선물	미디어 콘텐츠	Omnipresence	조직 문화 vs. 감정	나로서기
영업의 시대	자기만족	가상현실	Eco Creator	공동체 붕괴	팬덤 세대
1코노미	인생사진	포스트 스마트폰	Homo Ludens		
바이바이 센세이션		포스트 스마트폰, 자동차	Emotional AI		
컨슈머토피아		스타트업 투자	Trailor made Vacation		
경험 is 뭔들			Eatertainment		
각자도생			Petmily		
			Only Me		
			Guru Marekting		

2017년 트렌드 리포트 키워드

트렌드 코리아 2018	라이프 트렌드 2018	2018 세계 트렌드	2018 대한민국 트렌드	2018 트렌드 노트	2018 20대 트렌드 리포트
소확행	Classy Fake	Smart Wear	자기주도적 경험	집밥과 밥집	무민 세대
가성비	Grooming	Personal Fitting	뉴프로페셔널리즘	소비의 장소	잡학피디아
워라밸	Citizen Oblige	Time Poor	1인 체제	스세권	싫존주의
언택트	Walden (숲속 오두막)	Small Challenge	더 강화된 공정성	화려한 일상의 인증 호텔	화이트 불편러
케렌시아 (안식처)	Resignation	Space Biz	미래 리스크	미세먼지, 피로사회, 그래도 놀러	휘소가치
만물 서비스	Fair Speed	Plant-tech		2박 3일 주말	
매력 자본	Counterattack	Dron's Evolution		인스타 감성	
미닝아웃	Y Generation	Digital Nudge		도쿄 감성, 다낭 감성	
긱 릴레이션십	Tatto & Surfing	Data-driven Prediction		광장에서 나를 외치다	
자존감	Dumpster Diving	Silver-bot (강철로 된 손길)		책방, 공방, 내 방	
	Elegant Privacy	E-temity (디지털 영생)			
	Agile Squad				

2018년 트렌드 리포트 키워드

트렌드 코리아 2019	2019 한국이 열광할 세계 트렌드	2019 트렌드 노트	라이프 트렌드 2019	2019 대한민국 트렌드	디지털 트렌드 2019
컨셉러	시너지 비즈	밀레니얼 세대의 등장	젠더뉴트럴 전성시대	1인 체제의 나비 효과	챗봇, 실제로 쓸 만한 것일까?
세포마켓	매치메이커스	퇴근 시간의 변화	살롱의 부활	유튜브 홀릭	아마존이 제시한 미래
뉴트로	쉬코노미	매체의 변화	Z세대	인간관계 리셋	고객 경험의 변화
필환경시대	체험 투어	먹고사는 것의 변화	생전 장례식과 웰다잉	회사가 개인을 통제하기 힘든 시대	인공지능 기반 큐레이션
감정 대리인	패스트 힐링	주거 공간의 변화	싱글 오리진의 역습	꼰대 거부 현상	인스타그램은 왜 동영상 앱을 출시했을까?
Data Intelligence	노블푸드	가족 구성원의 변화	아보카도 패러독스와 플라스틱 어택	우리나라에서 나의 나라로	판을 바꾼 유튜브
카멜레존, 공간 재탄생	무매장 (Shopless)	노는 방식의 변화	트렌드 코드가 된 스탠딩		검색에서 동영상으로
밀레니얼 가족	무경계	브랜드의 변화	로케이션 인디펜던트		보이지 않는 구매의 손을 잡아라
나나랜드	무포장	로망 실현하는 방법 변화	라이프스타일 비즈니스 전성시대		
에너지 소비자	무사람		서비스의 시대		

2019년 트렌드 리포트 키워드

최근 몇 년 동안 나온 각종 트렌드 리포트를 살펴보면 대량생산 시대에서 소량 맞춤 생산 시대로 바뀌면서 나온 키워드(개인화, 워라밸, 희소성, 가성비, 가심비 등), 욕구의 변화(매슬로우 욕구 5단계가 역피라미드로 진화하는 모습)에서 나온 키워드(자기만족, 욜로 라이프, 코스프레, 소확행 등), 소비만능주의에 반한 키워드(노멀크러시, 에코, 숲속 오두막 등)가 보입니다. 그리고 급격한 기술 발전이 사회 현상에 반영되고 있는데, AI, 디지털, 스마트, 로봇 등의 키워드가 트렌드에 반영되고 있습니다.

소량 맞춤 생산은 공급 과잉을 해결하기 위한 전략입니다. 이는 구별 짓고자 하는 인간의 본능을 자극하는 가장 좋은 마케팅 전략입니다. 초기 산업 기술의 발달이 대량생산을 가능하게 했다면, 최근의 기술들은 소량 맞춤 생산을 해도 생산성과 효과를 발휘할 수 있는 단계에 이르렀습니다. 빠르게 변하는 트렌드를 대표할 만한 키워드 중 하나가 바로 '스낵 컬처'입니다. 스낵 컬처란 짧은 시간 동안 스낵처럼 간편하게 문화생활을 즐긴다는 말로, 문화·예술뿐 아니라 사회 전반의 문화가 스낵 컬처화되고 있습니다. 신자유주의가 가져온 양극화와 빠른 기술 발전, 넘쳐나는 정보들로 인해 세상은 더욱 빠르게 변하면서 어디로 튈지 모르는 상황입니다. 이에 적응하고자 하는 사람들은 더욱 빠르게 움직이고 있습니다.

각종 트렌트 리포트에 언급된 키워드들 사이에는 공통점이 있습니다. 해마다 유행하는 것들을 분석하고 사람들의 삶의 방식이나 소비 행태를 관찰하여 발표하는데, 이러한 키워드들이 계속 나오게 되는 기저에 깔린 속성들이 있습니다. 이런 속성들을 팝콘(POPCORN)이라 칭하고, 하나씩 설명해보도록 하겠습니다. 팝콘은 매우 빠르게 만들어지고, 어디로 튈지 모릅니다. 최근 사회 트렌드를 보았을 때 매우 적절한 단어가 아닐까 싶습니다.

P: Personalization
O: O2O(Online to Offline)
P: Platform
C: Contents Mix
O: Openness
R: Reality
N: Network

개인화(P: Personalization)

현대 사회 트렌드 전반을 감싸고 있는 단어를 하나만 꼽는다면 단연 개인화입니다. 공급 과잉을 해결해주던 집단화가 퇴색되고 기술의 발전, 프라이버시의 존중, 대가족의 해체 등 다양한 요인으로 인해 개인화는 사회 전반에 큰 영향을 주고 있습니다. 많은 기업이 이런 개인화 흐름에 맞춰 상품과 서비스를 만들어내고 있고, 마케팅도 자연스럽게 대량생산 시대의 마케팅에서 대량 맞춤형 또는 소형 맞춤형 마케팅으로 변하고 있습니다. 이제는 개인화 마케팅이라는 말도 어색하지 않습니다. 이를 가능하게 해준 것은 바로 기술의 발달과 모바일입니다.

아디다스 스피드팩토리에서 생산된 퓨처크래프트(출처: news.adidas.com)

개인화 상품의 대표적인 사례가 있습니다. 바로 아이다스의 퓨처크래프트입니다. 2016년 9월 21일, 독일 안스바흐에 위치한 아디다스의 스피드팩토리가 시범 가동에 들어가 처음 생산한 신발이 퓨처크래프트입니다. 이 신발이 특별한 이유는 신발을 만드는 주인공이 바로 로봇이고, 소비자가 원하는 디자인을 직접 고를 수 있다는 점 때문입니다. 스타일과 디자인을 선택하고 자신이 원하는 깔창, 외피, 부위별

색, 신발 끈 등을 골라 주문하면 생산까지 5시간밖에 걸리지 않습니다. 독일의 스피드팩토리는 제조 생산 라인에서 사라진 지 23년 만에 다시 생겼습니다. 이곳에는 생산 인력이 없고, 공장 운영 스태프 10명만이 일하고 있습니다. 미국에서도 스피드팩토리가 준공되었는데, 연간 생산량은 1,800만 켤레에 달합니다. 독일과 미국에 세워진 스피드팩토리는 2020년 문을 닫고 아시아 공장으로 이전하기로 했으며 이는 아디다스 전체 신발 생산의 1% 정도입니다. 전체 생산 클러스터와 연계가 쉽지 않았는데, 아시아의 클러스터 속으로 들어가면 독일과 미국에서보다 다양한 시너지 효과가 기대됩니다.

스피드팩토리의 사례를 두고 AI, 로봇, 클라우드, IoT 등의 기술 발전에 대해 이야기하려는 것이 아닙니다. 마케팅의 궁극적 목적인 소비자의 니즈를 충족시키는 상품이나 서비스 제공을 위한 가장 완벽한 과정이 만들어졌다는 것을 이야기하고 싶습니다. 이는 미래 마케팅의 모습을 가장 잘 구현한 것이라 할 수 있습니다. 이런 사례는 국내외를 막론하고 계속해서 등장하고 있습니다.

물론 과거에 이런 개인화 과정이 없었던 것은 아닙니다. 1970~1980년대에 동네마다 양복점과 양장점이 있었습니다. 기성복이 대세로 자리 잡기 전에는 이런 곳에서 옷을 맞춤으로 만드는 사람이 많았습니다. 하지만 곧 공장에서 생산된 기성복에 밀려 사라졌다가 공장식 맞춤화가 가능한 형태로 부활하여 곳곳에서 운영되고 있습니다.

한발 더 나아가 스트라입스라는 브랜드는 소비자가 있는 곳까지 찾아가 사이즈를 재고, 스타일을 상담하고, 정보를 저장해 소비자가 필요할 때마다 원단만 선택하여 옷을 주문할 수 있는 맞춤화 서비스를 제공하고 있습니다. 이는 전 세계적인 현상으로, 미국의 보노보노는 오프라인에 스타일을 상담해주는 매장만 두고 온라인에 모든 정보를 집중시켜 맞춤형 의류를 제공하고 있습니다. 미국의 월마트는 2017년에 보노보노를 3억 1천만 달러에 인수했습니다.

이런 재화뿐 아니라 사회 속 많은 현상에서 개인화의 모습을 찾아볼 수 있습니다. 가구 형태 중 1인 가구의 비중은 엄청난 속도로 커져가고 있습니다. 1인 가구로 인해 '편의점 전성시대'라는 말이 나오고 있고, '혼밥', '혼술'은 이제 매우 흔하게 사용하는 단어가 되었죠.

1코노미라는 단어가 등장한 것도 이런 현상을 설명하기 위한 것입니다. 온라인에서 상품이나 서비스를 제공하는 회사들은 이러한 트렌드를 더욱 활용하여, 소비자 개개인의 취향을 고려하여 서비스에 나서고 있습니다. 미국의 OTT(Over The Top) 회사 중 하나인 넷플릭스는 초기 가입 시에 몇 가지 질문을 하고 소비자의 취향을 파악해 개인별 맞춤 영상을 제공하기도 합니다. 이제는 개인화에 어떻게 적응하고, 그에 적절한 마케팅 전략을 수립하느냐가 생존의 가장 중요한 요인 중 하나가 될 것입니다.

O2O(O: Online to Offline)

우버, 에어비앤비, 배달의민족, 야놀자, 직방 등의 브랜드가 이제는 꽤 익숙할 것입니다. 지금의 마케팅에 있어 O2O 형식을 가진 비즈니스는 흔한 사례이기 때문입니다. 모바일 기기에 익숙한 젊은 세대일수록 더욱 그러할 것입니다. 하지만 O2O 서비스란 말이 대중화된 것은 그리 오래되지 않았습니다. 2010년 미국의 '테크크런치'에 언급되면서 퍼지기 시작했고, 우리나라에는 2012년에 등장했습니다.

O2O 서비스는 온라인과 오프라인이 결합되어 새로운 비즈니스를 제공하거나 상품이나 서비스를 제공하는 형태를 의미합니다. 초기 O2O 서비스가 음식 배달, 예약 할인, 택시 호출, 차량 대여 등 대체로 오프라인에서 이루어지던 서비스를 모바일 기기의 도움으로 편리하게 이용할 수 있었던 것이라면, 지금은 온·오프라인의 통합 형태

로, O2O 서비스를 따로 정의하는 것이 무의미해지고 있습니다. 기존의 오프라인 업체들도 온라인 또는 모바일 플랫폼을 구축하고 기존 서비스에 편의성을 더하고 있기 때문입니다.

대표적인 O2O 서비스 시장인 배달 앱 시장을 살펴보겠습니다. 배달 앱은 모바일을 사용하여 가까운 배달 업체를 비교한 뒤 주문하는 서비스입니다. 2016년 기준, 우리나라 배달 음식 시장은 15조 원 정도로 추정되며, 이 중 배달 앱 서비스 시장은 2조 원 정도 규모로 성장하였습니다. 현재 배달의민족, 요기요, 배달통이 시장의 대부분을 차지하고 있지만 쿠팡이 쿠팡이츠를 론칭하였고 다양한 형태의 배달 서비스가 생길 것으로 예상됩니다.

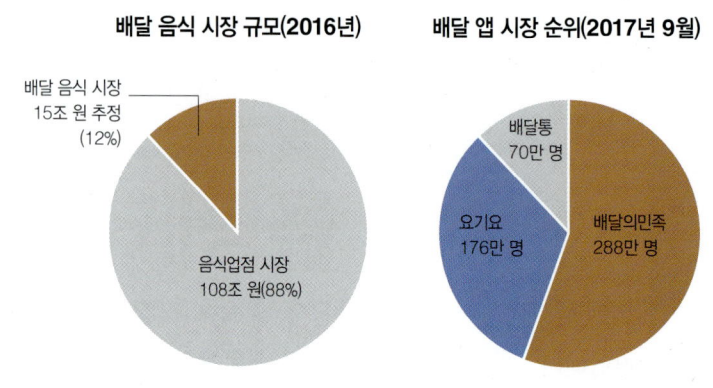

(왼쪽)출처: 농림축산식품부
(오른쪽)출처: 와이즈앱

O2O 서비스는 사실 새로운 발명이라기보다는 시대의 변화에 따라 자연스럽게 등장한 것이라 보는 것이 맞습니다. 인터넷 기술, 모바일 기기의 등장과 발전이 자연스럽게 온·오프라인을 결합하게 만들 수밖에 없었습니다. 'Cyber Physical Systems'란 용어가 있습니다. 제4차 산업혁명을 이야기할 때나 미래 리포트 등에 자주 등장하는 용어로, 현실 세계가 사이버 세상에 그대로 복제되어 하나의 새로운 세상이 생긴다는 의미입니다. 온라인과 오프라인의 경계도 허물어지고 모

바일 시대로 전환되면서 더욱 많은 관련 상품과 서비스가 쏟아질 것으로 보입니다.

O2O도 넓은 범위에서 같은 현상이라 볼 수 있습니다. 온라인과 오프라인 그리고 가상과 현실이 더 이상 대립 개념이 아니라 서로의 부족한 부분을 채워주고 보완해주는 역할을 하게 될 것입니다. O2O 서비스는 새로운 개념으로 새로운 비즈니스를 만든 경우도 있고, 기존의 오프라인 서비스 중심의 기업들이 온라인과 모바일을 적극적으로 도입하여 O2O 형태로 진화하는 경우도 있지만 이제는 온라인 기업과 오프라인 기업을 나누는 것 자체가 의미가 없습니다.

어느 기업이든 마케팅을 할 때 온라인과 오프라인을 어떻게 적절하게 활용할 것인지 고민하는 것이 당연한 일이 되었고, 이를 잘하는 기업이 소비자들의 선택을 받고 있습니다.

택시를 소유하지 않은 세계 최대 택시 회사 우버, 호텔을 소유하지 않은 세계 최대 숙박 체인 에어비앤비, 배달의민족, 카카오택시 등 대표 주자들이 있지만 이제는 모든 기업이 O2O를 자연스럽게 활용해야 할 때입니다. 그래서 이제는 O2O라는 개념에서 확대된 OnO(Online and Offline)라는 용어가 등장했습니다. 기업 비즈니스는 이제 고객에게 온오프라인을 가리지 않고 Seamless(무재봉선)한 고객경험을 제공해야 한다는 의미입니다.

플랫폼(P: Platform)

앞서 언급했던 우버, 에어비앤비, 유튜브뿐 아니라 미국의 온라인 상거래 업체인 아마존, 국내의 많은 상거래 업체, 포털 사이트들도 플랫폼 비즈니스를 영위하고 있습니다. 온라인 기업뿐 아니라 오프라인도 플랫폼 비즈니스를 지향하고 있죠. 신세계그룹이 운영하는 복합 쇼핑몰 스타필드도 플랫폼 비즈니스라 할 수 있습니다.

플랫폼 비즈니스는 많은 기업이 플랫폼 전략으로 미래를 준비하면서 생겨난 말입니다. 플랫폼 전략은 공급자와 소비자가 상호작용을 하면서 가치를 창출하는 비즈니스 전략을 의미합니다. 쉽게 설명하면 과거에는 TV를 통해 방송국에서 만든 방송 프로그램을 송출하고 이를 시청자가 보는 일방향적 프로세스였지만, 지금은 유튜브, 넷플릭스 같은 OTT 기업들이 수많은 공급자의 영상을 플랫폼에 올려놓고 시청자가 보고 싶을 때 골라서 볼 수 있게 했습니다. 전자의 경우를 긴 호스와 같다고 하여 '파이프라인 비즈니스'라 하고, 후자의 경우를 기차역과 같다고 하여 '플랫폼 비즈니스'라고 합니다.

사회 곳곳에서 이러한 전략을 사용하는 것이 자연스러운 현상이 되었습니다. 과거에는 기획사가 연예인이 될 만한 사람을 뽑고 TV에 출연시켰다면, 지금은 수많은 연예인 지망생이 TV에 나와 경쟁하고 시청자가 연예인이 될 사람을 투표로 뽑습니다. 〈프로듀스 101〉과 같은 프로그램이 플랫폼 전략을 활용한 예입니다.

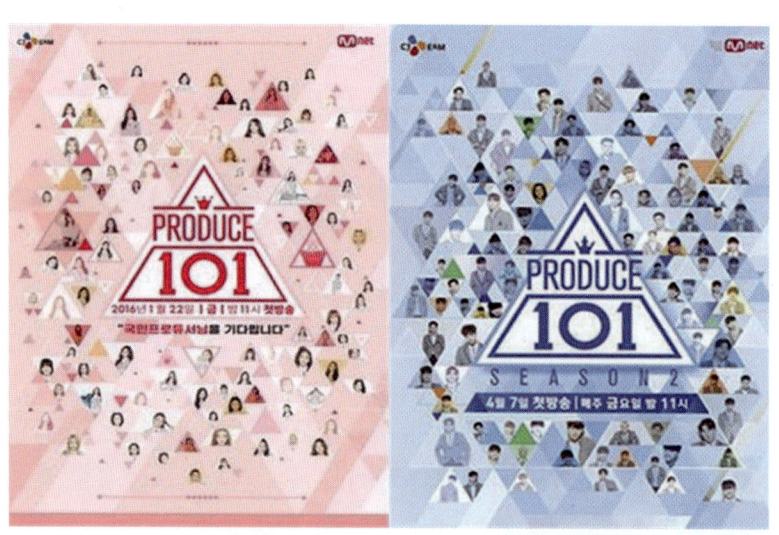

플랫폼 전략을 활용한 〈프로듀스 101〉

플랫폼의 가장 기본적인 원리이자 목적은 참여자들끼리 상품이나 서비스를 교환하고, 이를 통해 가치를 창출하는 것입니다. 플랫폼 비즈니스가 폭발적으로 성장할 수 있는 이유가 바로 여기에 있습니다. 과거 파이프라인 비즈니스 시절에는 비즈니스 경로에 참여할 수 있는 수가 한정적이었고, 참여자를 늘릴 수 있는 기술적·사회적 여건이 마련되지 않았습니다. 하지만 지금의 플랫폼은 시공간을 벗어나 디지털 기술을 등에 업고 빠르게 성장하고 있습니다. 많은 스타트업이 플랫폼 비즈니스를 추구하는 이유는 적은 비용으로 빠르게 성장할 수 있는 기본적인 속성을 가지고 있고, 많은 수를 참여시켜 비즈니스 구조를 지속적으로 리뷰하며 개선해나갈 수 있기 때문입니다.

교환되는 핵심 가치에 따라 플랫폼 비즈니스를 다음과 같이 정의해볼 수 있지만 새로운 비즈니스 모델은 계속해서 만들어지고 있습니다.

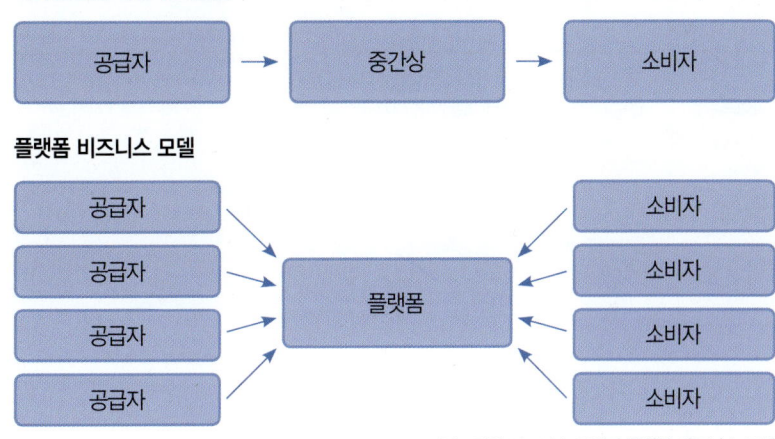

파이프라인 비즈니스 모델과 플랫폼 비즈니스 모델

플랫폼 전략과 비즈니스에 대한 이해 없이 마케팅을 실행하기 어려워진 시대입니다. 전통적 마케팅 전략이 파이프라인 비즈니스에 적합했다면, 이제는 플랫폼 시대에 맞게 마케팅에 대한 개념과 정의도 바뀌어야 하고, 전략과 실행도 상응해야 합니다. 공유경제, 긱이코노미

(Gig Economy, 비정규 프리랜서 형태의 근로가 확산되는 경제 현상) 등은 플랫폼 시대에 만들어진 용어입니다.

'개인화, O2O, 플랫폼이 같은 맥락으로 연결되어 있구나'라는 생각이 들었을 것입니다. 사회 트렌드는 윈도우의 폭탄 게임처럼 하나가 터지면 다 터지게 되어 있습니다. 사회 변화가 이루어지면 연결된 모든 현상과 과정이 동시 다발적으로 변화하게 됩니다. 플랫폼은 사회 트렌드를 이해하기 위해 꼭 알아야 하는 키워드 중 하나입니다.

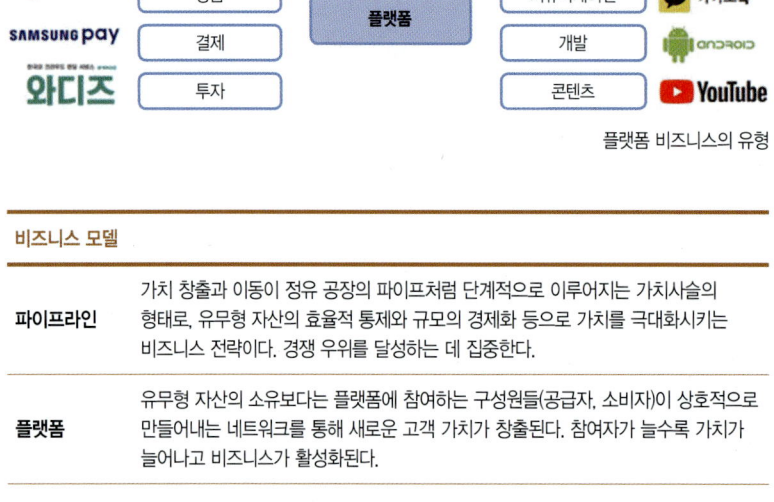

플랫폼 비즈니스의 유형

비즈니스 모델	
파이프라인	가치 창출과 이동이 정유 공장의 파이프처럼 단계적으로 이루어지는 가치사슬의 형태로, 유무형 자산의 효율적 통제와 규모의 경제화 등으로 가치를 극대화시키는 비즈니스 전략이다. 경쟁 우위를 달성하는 데 집중한다.
플랫폼	유무형 자산의 소유보다는 플랫폼에 참여하는 구성원들(공급자, 소비자)이 상호적으로 만들어내는 네트워크를 통해 새로운 고객 가치가 창출된다. 참여자가 늘수록 가치가 늘어나고 비즈니스가 활성화된다.

콘텐츠 간의 융합(C: Contents Mix)

콘텐츠는 '내용물의 목차'라는 의미입니다. 일반적으로 인터넷 콘텐츠, 디지털 콘텐츠 등의 예로 사용되지만 여기서 콘텐츠는 협의적 의미의 정보 형태의 내용물이라는 의미뿐 아니라 어떤 상품이나 서비스까지도 총칭하는 광의적 의미입니다. 콘텐츠 마케팅은 주로 디지털 시대가 되면서 온라인에서 소비되는 콘텐츠를 통해 소비자의 행동을 유도하는 것을 말합니다.

하지만 앞서 이야기했듯 온·오프라인의 구분은 더 이상 중요하지 않습니다. 콘텐츠의 영역을 정의하는 것 자체가 무의미하죠. 콘텐츠에 한정하는 것도 의미가 없습니다. 개인화된 세상과 속도의 시대에 콘텐츠 간 융합·축약 현상은 요소들 간의 이질성에도 불구하고 더 다양한 형태로 나타날 것입니다. 공급자와 소비자의 구분이 사라지고, 제조사와 유통의 경계도 사라지면서 어떤 콘텐츠를 만드느냐, 유통하느냐가 아닌 어떤 콘텐츠로 고객을 경험하게 할 것이냐가 중요하게 되었습니다.

산업 간에도 이질감이 사라지고 모든 분야가 경쟁자가 되는 현상이 속출하는데, 이를 블러경제라 칭합니다. 스탠리 데이비스(Stanley Davis)가 주장한 블러경제는 노동과 자본이 지배하던 과거와 달리 이제는 속도와 연결 그리고 무형적 가치가 중요하다고 말합니다. 한 기업이 가지고 있던 대표 상품이나 서비스 간에 또는 ○○산업이라 대표되던 경계 간에 구분이 사라지면서 기존에 경쟁자라 생각하지 않았던 것들이 경쟁자로 등장하고 있습니다. IT 회사가 자동차 회사가 되기도 하고, 유통 회사가 제조 회사가 되기도 합니다. 구글과 애플, 아마존이 자율주행차를 개발하고 있습니다. 그렇다면 이 회사들을 어떤 회사라 정의해야 할까요?

구글의 자율주행차와 신세계그룹의 스타필드

72초 TV는 브랜디드 콘텐츠를 만들기도 하고, 경찰청과 공익 캠페인을 진행하기도 하고, 영상물을 통해 상품을 판매하기도 합니다. 그렇다면 이 회사는 어떤 회사라 정의해야 할까요? 블랭크코퍼레이션(전 블랭크TV)은 2016년에 블랙몬스터라는 남성 전용 화장품을 출시했습니다. 상품은 출시된 지 3개월 만에 15억 원의 매출을 올렸고, 이를 소개한 영상은 SNS에서 6개월 만에 1억 뷰를 넘기며 큰 화제를 모았습니다.

이제 더 이상 미디어 혹은 비디오 커머스란 말이 어색하지 않습니다. 점점 전문 분야라는 것도 사라지고 있습니다. 온라인에서만 이런 일이 벌어지는 것은 아닙니다. 패션 업체들은 패션에서 라이프스타일까지 아우르는 콘텐츠 믹스 비즈니스로 확장하고 있고, 산업계 전반에 이런 경향이 강화될 것으로 보입니다. 이미 유통사들은 힘을 키우면서 PB를 통해 유통사의 옷을 벗어던지기 시작했습니다. 또한 상품을 유통할 수 있는 장소를 제공하던 것에서 벗어나 각종 엔터테인먼트 콘텐츠를 상업 시설 내에 들여 고객을 모으고, 단순한 쇼핑이 아닌 체험과 유희를 통해 시간과 공간을 즐길 수 있는 공간으로 변신하고 있습니다. 신세계그룹이 운영하는 스타필드가 그 예입니다. 2018년에 신세계그룹이 론칭한 삐에로쇼핑은 한국에 없던 쇼핑 공간을 연출하여 많은 소비자를 불러들이고 있습니다.

기업의 형태가 아닌, 기업이 제공하는 상품과 서비스에 더해 소비자가 어떤 것을 즐기고 체험할 수 있느냐가 더욱 중요해진 시대입니다. 소비자들의 다양한 니즈와 욕구를 충족시키기 위해서는 어제의 적이 오늘의 동지가, 어제의 동지가 오늘의 적이 될 수도 있습니다.

열린 세상(O: Openness)

아날로그 시대에 정보를 가진다는 것은 권력을 가진다는 의미와 같습니다. 하지만 디지털 시대가 되면서 정보를 가두던 벽이 사라지고 있습니다. 공급자와 소비자 사이의 관계에서도 이런 현상이 나타나고 있습니다. 과거에는 기업의 상품이나 서비스의 정보를 독점하거나 비공개를 통해 기업의 이익을 최대화하는 데 이용했지만 인터넷이 세상을 바꾸기 시작하면서 정보도 디지털화가 되었고, 기존에 정보를 가두던 벽이 점점 사라지고 있습니다.

과거에는 소비자가 정보에 접근하기가 매우 어려웠습니다. 하지만 이제는 정보에 접근하는 것이 용이할 뿐 아니라 정보를 공유하는 것도 그리 어렵지 않습니다. 상품이나 서비스에 대한 정보는 숨길 수 없게 되었고, 소비자의 정보 공유는 확대·재생산되어 소비자의 정보가 더 막강한 힘을 가지게 되었습니다. 열린 사전이라 할 수 있는 위키피디아가 열린 서비스의 대표적인 예이고, 앞서 소개한 플랫폼 기업들도 소비자에게 정보를 오픈한 것이 성장의 주요 요소가 되었습니다. 안드로이드(구글의 지주 회사인 알파벳의 휴대폰 운영 체제)의 성장과 우버, 에어비앤비의 확장이 그러하죠.

최근 이런 열린 비즈니스를 지향하는 회사가 늘어나는 것은 디지털 세상의 방향성과도 맥을 같이합니다. 디지털 세상은 누군가의 선도가 아닌 집단 지성의 힘이 발휘되는 공간이기 때문에 가능한 이야기입니다. 미국의 자동차 회사 로컬모터스는 자동차 제작에 대한 모든 정보를 공유하고, 소비자의 의견을 설계에 반영하여 자동차를 만들고 있습니다. 다른 자동차 회사들이 신차에 대한 정보를 기업 비밀로 꽁꽁 싸두고 있는 반면, 로컬모터스는 소비자에게 모든 정보를 공유하여 디지털 기술을 활용해 더욱 발전된 형태로 개개인을 위한 맞춤형 자동차를 생산하고 있습니다. 현재의 사회 트렌드를 모두 반영한 회사라 해도 과언이 아닙니다.

아마존은 자사의 AI 알렉사를 이용할 수 있는 소스를 공개하고, 알렉사 스킬이라는 새로운 생태계를 구축했습니다. 전 세계에서 내로라하는 가전, 자동차, 전기 등의 기업들이 이를 활용한 새로운 상품과 서비스를 앞다퉈 내놓고 있습니다. 이는 아마존이 열린 생태계를 통해 자신들의 네트워크를 구축하고자 하는 전략이 맞아 들어가고 있음을 증명하는 것입니다.

(왼쪽)미국의 로컬모터스, (오른쪽)알렉사가 탑재된 LG의 냉장고

어떤 회사들은 자신들의 상품 생산 과정은 물론, 원가까지 공개하기도 합니다. 미국의 의류 회사 에버레인은 윤리적 제조라는 이념을 기반으로 제조 공장과 원단, 상품 생산 과정, 근로자 처우, 상품 원가 등을 공개하고 있습니다. 식당도 오픈 주방이 대세이듯 기업들의 열린 자세, 열린 정보는 소비자의 참여와 호응을 이끌어내고 있습니다.

나아가 소비자의 참여가 새로운 상품이나 서비스로 재창조되기도 합니다. '오픈'의 의미는 공유라는 개념으로 확장되고, 공유경제로 확장되고, 경험의 공유 자체가 비즈니스가 되고 있습니다. 하지만 다른 면에서 기업들이나 정부가 소비자나 국민에게 제대로 된 정보를 제공하지 않아 역풍을 맞기도 합니다. 과거에는 잘못된 정책이나 프로세스의 실수를 덮기에 급급했다면 이제는 허심탄회하게 드러내고 소비자나 국민의 이해를 구하는 것이 훨씬 현명한 일임을 매우 많은 사례가 보여주고 있습니다.

진정성(R: Reality)

1999년 네덜란드에서 〈빅 브라더〉라는 프로그램이 방송되었습니다. 9명의 사람이 100일 동안 한 집에 사는 모습을 24대 카메라가 촬영해 보여주었습니다. 이 프로그램은 TV 예능의 축이 리얼리티 쇼로 옮겨간 계기가 되었습니다. 훔쳐보기라는 비판도 있었지만 소비자에게 정보의 주도권이 넘어간 것의 연장선상으로 볼 수도 있습니다. 소비자들은 허상의 것에 열광하는 것이 아니라 진짜 같은 날것에 대한 니즈를 만들어내고 있고, 상품이나 서비스에 가짜 정보를 넣는 기업은 소비자에게 선택받지 못하고 있습니다.

디지털 세상은 손에 잡히지 않지만 많은 소비자가 오프라인만큼 더욱 리얼한 모습을 원하고 있습니다. 리얼리티는 디지털 세상을 변화시킨 많은 것의 결과물일 수도 있습니다. 정보는 열려 있고, 이제 소비자에게 무언가를 숨길 수 없는 세상이 되었습니다. 모든 것이 생중계되는 세상이라는 의미입니다. 생중계된다는 것은 현실을 보여준다는 이야기이고, 소비자들은 더 이상 가짜를 보고 싶어 하지 않습니다. 진정성만이 생존법이 될 수 있습니다.

과거 공급자들은 짜인 각본이나 자기들만 가지고 있는 정보로 상품이나 서비스를 만들어왔지만 열린 세상이 되면서 무엇을 숨기려 해도 다 세상으로 나오게 되었습니다. 요즈음의 소비자들은 리얼한 콘텐츠, 진정성이 담긴 상품이나 서비스만 찾습니다. 앞서 예를 든 것처럼 TV 예능에서 리얼리티 프로그램들이 이미 오래전부터 콘텐츠 시장을 선도하고 있고, '팩트광', '팩트 공격'이라는 신조어가 생길 만큼 진정성이 담긴 것, 사실에 기반한 것들만 시장에서 소비되고 있습니다. 기업들이 내놓은 상품이나 서비스에 진정성이 결여된다면 소비자들에게 외면당할 수밖에 없습니다.

1982년 존슨앤존슨은 창립 이래 가장 큰 위기를 겪었습니다. 시카고

타이레놀의 청산가리 투입 사건은 존슨앤존슨의 진정성 있는 빠른 대처로 전화위복이 되었다.

근교에서 타이레놀을 복용한 7명의 사람이 급사한 것입니다. 이 사건은 널리 알려졌고, 소비자들의 공포는 급속도로 퍼졌습니다. 조사 결과, 누군가가 타이레놀에 청산가리를 투입한 것이 밝혀졌습니다. 이는 유통 단계에서 벌어진 일로, 존슨앤존슨은 아무 잘못이 없었습니다. 하지만 존슨앤존슨은 이에 대한 정보를 언론에 공개하고, 시장에 유통된 모든 타이레놀을 수거하기로 결정했습니다. 그로 인해 존슨앤존슨은 10억 달러의 손실을 입었고, 주가도 폭락했습니다. 이후 존슨앤존슨은 포장을 바꾸었고, 소비자들은 그들의 진정성 있는 후속 조치에 다시 타이레놀을 이용했습니다. 이는 기업이 진짜 모습을 보여주었을 때 소비자들이 어떤 반응을 보이는지에 대한 대표 사례가 되었습니다. 삼성도 2016년에 갤럭시 노트7 배터리 결함으로 큰 위기를 겪었지만 두 차례에 걸친 리콜을 통해 사건을 빠르게 마무리하면서 위기를 수습했습니다.

도미노피자도 큰 위기를 겪은 적이 있습니다. 2009년 도미노피자는 한 직원이 콧속에 넣었다 뺀 치즈로 피자를 만드는 모습을 유튜브에 올려 심각한 타격을 받았습니다. CEO인 패트릭 도일(Patrick Doyle)은 이 사건에 대해 사과했고, 새로운 도약을 위해 '피자 턴어라운드

(Turnaround)' 캠페인을 벌였습니다. SNS를 통해 고객들의 불만 사항을 접수받고, 이를 가감 없이 TV 광고에 내보냈습니다. 고객의 불만 사항과 함께 CEO와 직원들의 진정성 있는 사과가 전파를 탄 뒤 도미노피자는 매출 회복을 이룰 수 있었습니다. 그리고 〈피자 트래커〉라는 프로그램을 통해 고객의 후기를 뉴욕 타임스퀘어 전광판에 공개하기도 했습니다. 그들이 보여준 진정성이 고객의 마음을 되돌려놓았습니다.

도미노피자의 피자 턴어라운드 캠페인과 피자 트래커

소비자들은 리얼리티와 진정성이 반영된 상품과 서비스, 콘텐츠에 열광하고 있습니다. 그리고 자신들이 경험한 진정성을 전파하는 데 힘쓰고 있죠. 네트워크가 더욱 촘촘히 구축될 미래 시대에는 리얼리티와 진정성이 더욱 중요할 것이고, 온·오프라인을 가리지 않고 상품과 서비스가 더욱 리얼하게 보일 때 소비자들이 관심을 보낼 것입니다.

네트워크(N: Network)

네트워크란 말을 흔하게 사용하게 된 것은 SNS의 영향이 큽니다. 원래는 지역에 흩어져 있는 방송국이 그물처럼 연결되어 전국적으로 같은 방송을 내보내게 만든 형태의 '방송망'을 뜻했고, 인터넷이 발전하면서 멀리 떨어진 장치 간에 정보를 교환할 수 있도록 하는 '통신망'이란 의미로 사용되었습니다. 사람들 사이의 관계도 이런 의미를 담아 인적 네트워크라는 말을 사용합니다. 네트워크는 사용하는 곳마다 정의가 다르지만 거미줄처럼 연결된다는 의미는 동일합니다. 이 네트워크가 앞서 언급한 키워드들을 나타나게 해준 근간입니다.

오프라인이 온라인으로 연결되고, 사람들이 온라인에서 관계를 맺고, 상품이나 서비스가 네트워크를 통해 유통되고 있습니다. 과거에도 네트워크가 존재했습니다. 우리 역사에는 봇짐이나 등짐을 나르는 보부상 네트워크와 개성상인, 강경상인 같은 상인 집단이 있었고, 서양에는 동인도 회사와 길드가 이런 네트워크를 이루었습니다.

네트워크는 공급자에게 큰 변화를 가져왔습니다. 과거에는 GE, 포드, GM 같은 굴뚝 산업들이 시장을 이끌어갔다면, 현재는 구글, 마이크로소프트, 애플, 아마존 등 네트워크를 지배하는 기업이 시장의 주인이 되었습니다. 소비자에게도 큰 변화를 가져왔습니다. SNS를 바탕으로 한 소비자들의 힘은 이제 공급자의 힘을 넘어서고 있습니다.

네트워크를 우리말로 옮기면 '연결'이라 할 수 있는데, 연결은 비즈니스나 마케팅에서 특히나 중요한 역할을 하고 있습니다. 네트워크 자체가 되거나 네트워크를 활용할 줄 알아야 비즈니스를 영위할 수 있고, 많은 마케팅 자원이 네트워크상에서 사용되고 있습니다. 온라인 네트워크는 오프라인을 확장시켜주고, 어떤 때는 온라인에도, 오프라인에도 적용되면서 네크워크를 더욱 풍성하게 만들어줍니다.

온라인이든 오프라인이든 네트워크 안에 있어야 활동이 가능해지는 세상입니다. 개인화된 세상이 되었지만 네트워크를 통해 관계는 더욱 확장되고 있고, 모든 비즈니스의 근간도 이런 네트워크의 확장과 융합을 통해 발전하고 있습니다. SNS는 이미 인류의 삶과 떼려야 뗄 수 없는 상황이 되었습니다. 네크워크가 기본인 커넥티드 카

(Connected Car)를 미래 먹거리로 상정한 기업도 많습니다. 네트워크는 공급 과잉의 해결책이 될 것입니다. 기술의 발전과 정보의 확장은 공급과 수요를 컨트롤하게 되면서 자본주의 최적화를 유도할 수 있습니다. 네트워크는 이미 와 있고, 이는 앞으로 더 강화될 초연결 사회(Hyper-connected Society)의 기반이 될 것입니다. 모든 트렌드의 기저에 연결이라는 단어가 깔릴 수밖에 없는 현실에서 네트워크에 대한 조작적 정의를 잘 내린 기업이나 개인이 두각을 나타낼 것은 자명해 보입니다.

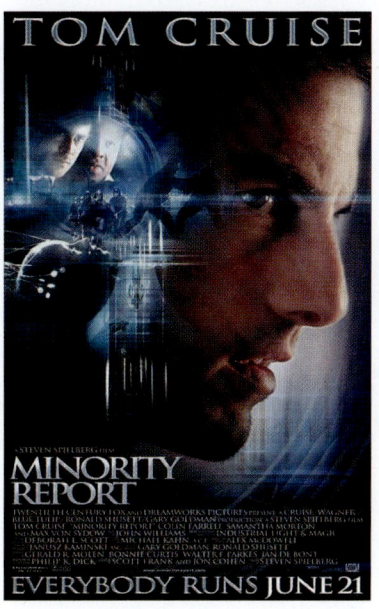

2002년에 개봉된 영화 〈마이너리티 리포트〉. 네트워크 기술의 발달로 영화 속 내용이 현실이 되고 있다.

MARKETING

8장

고객 경험이
상품이다

고객 경험의 정의와 특성

고객 경험의 정의

앞서 팝콘(POPCORN)이란 단어로 세상의 트렌드에 대해 살펴보았습니다. 이 일곱 가지 키워드를 마케팅적으로 정리해주는 두 가지 단어가 있습니다. 바로 '경험'과 '연결'입니다. 시장에서 소비자의 니즈는 생리적 욕구나 안전의 욕구 충족을 지나 자기 존중이나 자아실현으로 이동하였습니다. 공급 과잉은 이런 현상을 더욱 부채질하였고, 소비자는 단순히 상품의 형태적·시공간적 소유의 효용뿐 아니라 경험의 효용을 추구하고 있습니다.

이러한 트렌드와 소비자의 니즈는 앞서 브랜드의 경험에서도 이야기했지만 경험에서 나오는 감정적 만족과 자아정체성의 연결까지 확대·발전시키고 있습니다. 브랜드 경험은 브랜드에 대한 이미지를 만들어주는 것에 초점이 맞춰져 있다면, 고객 경험은 이용 과정에서 발생하는 접점에서 느끼는 감정적 상태까지 고려하는 구매 결정 과정 전체에서의 고객 경험을 의미합니다.

시장과 마케팅 전략에서 고객 경험은 어떻게 정의되고 어떤 속성을 가지고 있는지, 고객 경험을 어떻게 활용해야 하는지 살펴보겠습니다. (일반적으로 고객 경험이라고 하기 때문에 고객 경험을 논할 때는 소비자 대신 고객이란 용어로 통일하겠습니다.)

고객 경험에 대한 이야기는 앨빈 토플러(Alvin Toffler)로부터 본격적으로 시작되었습니다. 앨빈 토플러는 1970년에 《미래쇼크》를 출간하면서 경험산업(Experiential industry)이라는 개념을 언급했습니다. 새로운 사회의 산업 형태를 경험산업으로 정의하고, 생산의 심리화가 상품이나 서비스의 기능과 품질을 개선하지는 않지만 고객의 만족감은 차별화 요소로 작용하고 브랜드를 선택하도록 한다는 내용입니다. 이후 조셉 파인(Josheph Pine)과 제임스 길모어(James Gilmour)가 《하버드 비즈니스 리뷰》에 '경험경제로의 초대'라는 제목의 논문을 발표하였고, 번트 슈미트(Bernd Schmitt) 교수는 고객경험관리(CEM, Customer Experience Management)라는 개념을 확립하였습니다. IT 기술이 발전하면서 UX(User Experience)에 대한 논의가 활발하게 이루어졌고, 이런 일련의 활동들은 본격적인 고객의 시대가 열렸음을 알렸습니다.

액션캠으로 유명한 회사인 고프로는 휴대폰의 가속적인 발전에 따라 축소되어 가는 핸디캠 시장에서 고객에게 경험이라는 상품을 판매하면서 새로운 시장을 개척하고 독보적인 자리를 차지하게 되었습니다. 단순하게 기능만 강조하여 상품을 판매했다면 그다지 눈에 띄지 않았을 것입니다. 하지만 고프로를 이용하는 고객의 다양한 경험을 공유할 수 있는 장을 만들어주고 놀게 해줌으로써 새로운 역사를 쓰고 시장에 고프로라는 이름을 남기게 되었습니다. 물론 고프로도 휴대폰 카메라 시장 때문에 어려움을 겪고 있습니다. 분명 그들은 새로운 고객 경험을 어떻게 만들어줄 것인지 고민하고 있을 것입니다.

경험이란 자신이 실제로 해보거나 겪은 것에서 얻은 지식이나 기능을 의미합니다. 그리고 객관적 대상에 대한 감각이나 지각에 의하여 깨닫게 되는 것입니다. 다시 말하면 인간이 살아가면서 부지불식간에 외부 자극의 결과로 생기는 취향이나 무의식의 발로를 만들어내는 모든 기억을 의미합니다. 그러면 마케팅에서 말하는 경험, 즉 고객 경험이란 무엇일까요? 마케팅 경로에서 마케팅 활동 및 커뮤니케이션 등의 모든 접점에서 발생하는 의식적 또는 무의식적 감정이자 기억으로 저장되는 것으로, 시장 제공물 전체를 가치 판단하게 하는 것이라 정의할 수 있습니다.

이렇듯 경험은 고객을 대상으로 제공하는 물리적·가시적 활동과 함께 그 활동에서 만나는 순간적인 감정들입니다. 이런 경험이 중요한 이유는 고객의 기억으로 남기 때문입니다. 많은 기업이 고객들의 경험에 집중하는 이유는 기업과 브랜드를 선택하는 데 있어 이런 경험이 그 무엇보다 중요한 역할을 하기 때문입니다. 또한 부가 가치가 높기 때문이죠. 재화에서 상품으로, 상품에서 서비스로, 서비스에서 경험으로 가치가 확대될 때 기업에게 돌아가는 수익도 확대되는 이치입니다. 이를 경험경제라고 정의합니다. 밀가루만 만들어 팔면 1천 원을 받을 수 있습니다. 이를 케이크 믹스로 2차 가공하여 상품으로 만들어 팔면 2천 원을 받을 수 있습니다. 케이크 믹스가 아니라 케이크를 만들어 판다면 1만 원 이상을 받을 수 있고, 생일 파티를 열어주는 공간에 프로그램을 만들고 추억을 제공해준다면 10만 원짜리 상품이 될 수도 있다는 의미입니다.

경험경제에서 경험 가치에 따른 부가 가치의 변화 모습

데이비드 삭스(David Sacks)는 자신의 저서 《아날로그의 반격》에서 디지털 시대에서 아날로그들이 다시 그 역할을 찾고 새로운 경험을 제공한다고 이야기합니다. 이는 디지털이 세상을 모두 변화시킬 것이라는 섣부른 판단이 바뀌고 있음을 보여주고 있습니다. 왜 다시 아날로그일까요? 이는 아날로그 상품의 문제가 아니라 모든 상품과 서비스를 사용하는 인간이 아날로그이기 때문입니다. 디지털과 아날로그는 형식의 차이이지, 본질이 바뀌는 것이 아닙니다. 컴퓨터를 이용해 글을 쓰든, 종이 위에 글을 쓰든 형식만 다를 뿐, 머릿속에 든 스토리를 표현하는 것은 바뀌지 않습니다. 이는 디지털에 흥미를 잃었던 사람들이 복고를 추억하고 싶은 것일 수도 있고, 아날로그를 경험해보지 못한 세대들이 아날로그 자체를 새롭고 신선하게 느꼈기 때문일 수도 있습니다. 그래서 디지털 마케팅을 아무리 강조해도 결국 사람을 이해하는 방법, 접근하는 방법으로써의 디지털이지, 아날로그인 사람의 마음을 훔치는 것은 별개의 문제라는 것입니다.

마케팅이 디지털화가 될수록, 디지털에서 콘텐츠가 더욱 강조될수록 필요한 것은 인간의 감성입니다. 앞서 인간이 유일한 아날로그라고 이야기했습니다. 인간이 아날로그임을 감안하여 고객 경험을 다시 정의해본다면 고객 경험이란 유일한 아날로그인 인간이 상품이나 서비스를 이용하는 동안 감정(아날로그)을 자극하는 여러 행위의 조합이나 그로 인해 발생하는 기억의 산물이라 할 수 있습니다.

경험의 특성

경험은 과거의 기억을 바탕으로 미래의 가치 판단의 근거가 됩니다. 내 경험뿐 아니라 타인의 경험도 가치 판단의 근거가 되기 때문에 상당히 중요합니다. 이러한 경험은 기억하면서 변질되고 급격한 변화에 대한 대응을 느리게 하기도 합니다. 이렇게 만드는 고객 경험의 몇 가지 특성을 살펴보겠습니다.

첫 번째는 즉각성입니다. 상품이나 서비스에서 느끼는 감정이 곧바로 발생합니다. '다시 생각해보니 기분이 나쁘네'라든가 '돌이켜보니 참

좋았던 기억이야라고 생각할 때도 있지만 이 역시 그 당시의 감정을 되살리는 것입니다. 그러한 기억들과 감정은 브랜드 연상을 형성하는 매우 중요한 요소가 됩니다. 브랜드 경험을 이야기할 때 고객과 만나는 그 순간과 잘 설계된 접점의 구조가 중요한 이유입니다.

두 번째는 개별성입니다. 경험으로 인한 느낌은 고객마다 동일할 수 없습니다. 기능과 특질이 같다고 해도 서로 다른 경험으로 기억되고 저장됩니다. 그로 인해 고객은 스스로 경험했기 때문에 매우 객관적이라고 생각하겠지만 매우 주관적인 판단을 가지게 되는 것입니다. 그래서 경험경제 시대에 중요한 두 가지가 개별화와 맞춤화입니다. 이는 브랜드 경험을 설계할 때 필요한 차별화 요소입니다.

세 번째는 상호작용성입니다. 경험은 일방적인 전달로 생기지 않습니다. 상대와의 지속적인 상호작용으로 만들어지죠. 그리고 그 상호작용은 감정을 연계합니다. 따라서 기업이 브랜드 경험을 설계할 때 고객이 느낄 감정에 관심을 가져야 합니다.

마케팅은 시대가 변화하면서 중요해진 고객 경험의 특성을 고려하여 진화해왔습니다. 애자일 마케팅(Agile Marketing), 일대일 마케팅, 감성 마케팅이 등장한 것은 고객 경험의 특성에서 비롯된 마케팅 트렌드라 할 수 있습니다.

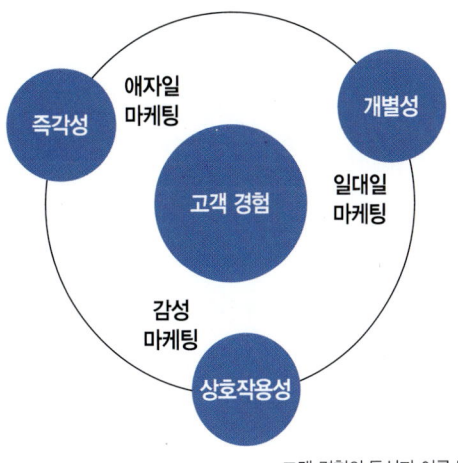

고객 경험의 특성과 이를 반영한 마케팅 트렌드

마케팅 전략은 고객 경험의 설계

가치관을 만들어주는 비즈니스

고객 경험은 고객을 대상으로 제공하는 마케팅 활동, 즉 물리적이고 가시적인 활동과 이 가시적 활동이 만나는 순간 발생하는 감정, 이 두 가지가 필요합니다. 물리적이고 가시적인 활동 자체와 고객의 감정을 헤아리는 것이 매우 중요하다는 의미입니다. 마케팅 전략을 이 두 요소에 비추어 본다면 결국 고객 경험을 설계하는 것이라고 말할 수 있습니다.

경험을 설계한다는 것은 비즈니스를 한다는 것과 같습니다. 앞서 비즈니스는 공급자가 소비자에게 가치를 제안하는 것이라 했습니다. 가치를 제공하는 모든 과정이 마케팅이라면, 경험은 그 가치를 판단하게 합니다. 그래서 현재 비즈니스에서 가장 중요한 것은 고객 경험이고, 가치를 제안하는 과정인 마케팅 전략은 곧 고객 경험을 설계하는 것이라 할 수 있습니다. 그리고 고객 경험은 비즈니스에 대한 가치관을 만듭니다. 이런 가치관을 만들어주는 것, 이것이 바로 비즈니스가 지금 해야 할 가장 큰 일 중 하나입니다.

'앱밍아웃'이란 말이 있습니다. 자신이 앱등이(애플과 곱등이의 합성어로, 애플의 추종자가 된 사람들을 말합니다)라고 커밍아웃한다는 의미입니다. 이들은 단순히 상품을 소비하는 것이 아닙니다. 해당 비즈니스에 대한 자신만의 가치관을 형성한 것입니다. 소비자에게 애플은 하드웨어 회사 이상이라는 것을 단적으로 보여줍니다. 이런 현상이 생긴 이유는 간단합니다. 하드웨어도 고객 경험의 일부이고, 고객 경험을 위해 고객이 애플을 만나는 모든 접점을 느끼고 경험할 수 있도록 설계했기 때문입니다. 즉 마케팅 전략 과정의 모든 순간, 애플의 모든 자원이 고객 경험에 집중했다는 말입니다.

애플스토어를 통해 애플의 방법으로 고객 경험을 느낄 수 있도록 제한하고, 아이튠즈와 앱스토어, iOS, macOS를 통해 UX를 컨트롤하면서 애플만의 감성으로 무장하고, 하드웨어와 소프트웨어를 통해 애플이 지향하는 바를 보여주었습니다. 이런 전 과정이 소비자들이 애플에 열광하게 만든 경험이 되었습니다.

애플스토어를 통해 다양한 고객 경험을 제공하는 애플

현재 애플의 위세가 스티브 잡스(Steve Jobs) 시절보다 못하다는 이야기를 많이 합니다. 당연한 이야기일 수 있습니다. '권불십년 화무십일홍(權不十年 花無十日紅)'이란 옛말이 있습니다. 시간이 흐르면 고객의 경험도 퇴색하고, 그로 인해 충성도가 약해질 수밖에 없습니다. 하지만 스티브 잡스가 고객 경험을 설계한 과정은 역사에 기록될 것입니다. 스티브 잡스의 고객 경험에 대한 고집이 현재의 애플을 만들었고, 그 과정과 결과를 뛰어넘는 사례가 나오기 쉽지 않아 보입니다. 애플의 마케팅 전략은 고객 경험 그 자체였습니다.

현재의 비즈니스 모델에서 가장 중요한 키워드는 고객 경험이라고 했습니다. 상품이나 서비스에 경험을 탑재하게 하거나 경험 자체가 비즈니스가 되고 있습니다. BMW코리아는 인천 영종도에 드라이빙 센터를 운영하고 있습니다. 이곳에서 택시 드라이빙 같은 체험을 소비자에게 제공하고 있지만 궁극적인 목표는 소비자가 직접 BMW를 경험해보아 브랜드에 대한 긍정적 이미지를 갖게 하고, 자동차를 구매하고자 할 때 BMW를 구매 리스트 최상단에 올리게 하는 것입니다. 드라이빙 센터를 방문하면 전시된 자동차를 살펴볼 수도 있고, 다양한 환경에서 직접 운전을 해볼 수도 있습니다. 또한 어른과 함께 방문한 아이들은 키즈 스쿨에서 다양한 체험을 해볼 수 있습니다. 이러한 일련의 활동은 기존 구매자의 충성도를 높이고, 잠재 소비자의 브랜드 관심도를 올리는 역할을 합니다.

소비자에게 각인되는 5단계

상품이나 서비스가 소비자에게 각인되고 충성도가 형성되는 5단계가 있습니다. 사람과 사람이 친구가 되기까지의 과정이 있듯 상품이나 서비스가 소비자의 충성을 끌어내기까지도 과정이 존재합니다. 1999년에 세계적인 디자인 회사 IDEO는 아셀라(Acela)라는 고속열차의 실내 디자인을 의뢰받았습니다. 그들은 가장 먼저 고객이 열차를 선택하고, 티켓을 구매하고, 탑승하고, 도착할 때까지를 그려보고 직접 경험해보았습니다. 단순히 디자인의 문제가 아니라 고객 경험을 어떻게 만드는 것이 중요한지 고려했기 때문입니다. 디자인도 상품이나 서비스의 일부이고, 고객 경험의 중요한 요소이기 때문에 고객 경험을 긍정적으로 만들어주기 위해 모든 과정을 살펴본 것입니다.

상품이나 서비스가 소비자에게 각인되기 위해서는 관심→ 인식→ 시도→ 선호→ 충성도의 단계를 거칩니다. 상황에 따라 몇 가지 단계를 건너뛰기도 하지만 대체로 이 단계를 거칩니다. 이 단계를 잘 거쳐야 고객 경험을 제대로 설계할 수 있습니다. 이를 위해 다양한 방법론이 나왔습니다. 초창기에는 고객만족(CS, Customer Satisfaction)이라는 추상적 의미에서 크게 벗어나지 못했지만 사회 변화의 비즈니스 방법, 디지털의 주도 등이 방법론을 크게 발전시키고 있습니다. CRM, CEM, CXD, CDJ, CXJ Mapping 같은 단어들이 이를 설명하고 있습니다. 물론 상품과 서비스를 설계하는 모든 과정을 망라하지는 않지만 고객의 사고와 행동에 초점을 맞추고 비즈니스 혹은 마케팅 전략을 구조화하는 방법입니다. 이는 뒤에서 더 자세히 살펴보겠습니다.

고객 경험을 설계하는 과정은 정답처럼 구성되어 있지 않습니다. 또한 고객 경험, 브랜드 경험, 사용자 경험 같은 의미로 혼재되기도 합니다. 경험 앞에 있는 단어가 아니라 경험이 중요합니다. 이런 경험들이 어떻게 연결되고, 어떻게 비즈니스에 영향을 미치는지 항상 관심을 가지고 살펴보아야 합니다.

MARKETING

고객 경험 설계 방법론

고객 중심 경영의 진화

앞서 여러 가지 이유로 공급자에서 소비자에게로 시장 권력이 이동되었다고 이야기했습니다. 그런 과정에서 다양한 기업 경영 트렌드도 자연스럽게 변화했습니다. 이를 반영한 것이 고객 중심 경영입니다. 소비자의 욕구가 다양해지고 계속 변화하면서 기업은 고객들이 어떻게 만족하는가를 중요하게 여기게 되었습니다. 그래서 '고객은 왕이다', '고객제일주의' 같은 말들이 나왔고, 이를 반영하여 정의한 용어가 바로 CS입니다. 또한 고객 자산(Customer Equity)이라는 용어가 등장하여 고객을 재무적 관점에서 보기도 합니다. 고객점유율(Share of Customer), 고객생애가치(Customer Life Value) 같은 단어들도 같은 맥락에서 생겨났습니다.

고객 중심 경영을 다시 정의해보면 고객의 관점에서 고객의 니즈에 집착하여 생각하고, 이를 충족시키는 실행이 수반되는 경영 전략입니다. 과거 회사 중심적 기업들은 모든 자원을 회사의 니즈에 따라 활용하였습니다. 이는 반드시 고객의 니즈와 일치하지는 않았지만 고객 중심 경영으로 패러다임이 변화하면서 기업의 니즈도 고객의 니즈를 따르고, 모든 자원의 활용도 고객 중심으로 이루어지게 되었습니다. 결국 기업은 장기적 생존을 모색하기 위해 고객 중심적 기업으로 변화할 수밖에 없었습니다.

이런 고객 중심 경영의 방법론이 많이 나왔지만 체계화되고 전략적인 방법론으로 활용되기 시작한 것은 CRM이 등장하면서부터입니다. 재화에서 인간으로 관점의 이동이 시작되고, 기술의 발달과 디지털의 등장으로 고객과의 관계 관리도 디지털 기반으로 이루어지게 되었습니다. CRM의 기본적인 철학은 거래 단위의 구매자보다 관계가 정립된 구매자의 장기적인 가치가 월등하다는 것을 알고, 이를 체계적으로 관리하자는 것입니다. 이는 기존의 잠재적 고객을 중심으로 STP 전략을 추진하던 단계에서 관계가 정립된 고객에게로 축이 이동되었다는 뜻이고, 이를 뒷받침해주는 데이터 축적과 분석 기술의 발달이 CS, 즉 고객만족이라는 추상성에서 벗어나 구체적인 수익성의 모습으로 관리가 가능하다는 것을 보여준 것입니다.

우리나라에서는 1990년대 후반부터 2000년대 초반까지 금융과 유통을 중심으로 CRM이 도입되었고 많은 투자가 이루어졌지만, 이후 CRM이란 용어가 점점 사라지고 콜센터를 CRM팀으로 부르게 되었습니다. 이는 CRM이 기업 경영의 기본적인 툴로 자리 잡았다는 의미일 수도 있으나 도입 당시 무분별하게 시스템 중심적으로 도입하여 투자 대비 효과를 제대로 검증하지 못하면서 경영자들의 관심에서 멀어졌습니다. 관심에서 멀어졌다 해서 사라졌다는 의미는 아닙니다. 예부터 우리나라 시장에 '단골'이라는 단어가 존재했던 것처럼 CRM은 과거에도 있었고, 현재에도 있고, 미래에도 있을 것입니다.

CRM의 유행과 함께 CEM이란 용어도 이 시기에 등장했습니다. 이는 번트 슈미트 교수에 의해 소개되었는데, 고객의 데이터라는 정량적인 관리도 중요하지만 고객의 전반적인 경험도 전략적으로 관리해야 한다는 의미에서 등장했습니다. CRM과 CEM이 주장하는 것은 고객과의 거래와 경험의 데이터에 기반하여 새로운 니즈와 인사이트를 발굴하고, 이를 활용해 고객과 지속적인 관계를 만들어 고객 가치를 높이고, 이는 결국 고객의 수익성, 즉 기업의 수익성으로 연결된다는 것입니다. 이후 '고객 경험'이란 단어는 비즈니스와 마케팅 전략에서 매우 중요한 자리를 차지하고 있습니다.

'고객 경험을 어떻게 다룰 것인가'에 대한 다양한 방법론이 나오고 있습니다. 온라인상에서 사용자와의 접점과 채널을 의미하는 UI의 사용성이나 편의성에 사용자의 만족이나 감정까지 확장한 UX는 디자인 측면에서 바라보는 관점이 강하다면, CX(Customer Experience)는 비즈니스 전반에서 고객의 행동과 움직임 그리고 상호작용에서 오는 감정까지 아우르는 방법론입니다. BX(Brand Experience)는 브랜드 관점에서 경험을 정의한 것인데, BX가 고객의 내적 사고와 관점, 가치관을 중심으로 한다면, CX는 외적 행동과 반응 그리고 표현되는 감정에 집중하고 있다고 할 수 있습니다. 이 모든 용어를 다룬다는 것은 사실 힘든 일입니다. 단어 하나만으로도 몇 권의 책을 만들 수 있습니다. 여기서는 큰 흐름과 간략한 개념을 이해하는 정도로 다루고, 현재 고객 경험을 다루는 방법론에서 가장 많이 이야기되고 있는 MOT와 CDJ, CXJ Mapping에 대해 좀 더 자세히 살펴보도록 하겠습니다.

MOT와 CDJ, CXJ Mapping

앞서 고객 경험은 물리적·가시적 활동과 감정으로 구성된다고 이야기했습니다. 지금부터 설명할 MOT와 CDJ, CXJ Mapping은 소비자의 감정까지 고려한 건축도면 같은 청사진이라 할 수 있습니다.

① MOT(Moment of Truth)

MOT라는 용어는 꽤 오래전에 등장했습니다. CX에서 MOT가 중요한 이유는 상품이나 서비스를 제공하는 기업과 고객이 만나는 곳이 바로 접점이기 때문입니다 포브스는 고객 경험을 '고객이 조직과 상호작용을 통해 모든 접점에서 받는 누적된 반응'이라고 정의했습니다. 경험에서 상호작용이 중요하다고 이야기했는데, 이 상호작용이 접점, 즉 MOT에서 발생한다는 것입니다.

MOT는 스페인의 투우에서 투우사와 소가 일대일로 대결하는 최후의 순간을 의미합니다. 스웨덴의 학자인 리차드 노먼(Richard Norman)이 처음 사용했고, 1980년대에 스칸디나비아 항공의 얀 칼슨 회장이 자신의 저서 《결정적 순간 15초》에서 한 해 1천만 명의 승객이 각각 5명의 스칸디나비아 항공 직원들을 접촉하고 있으며, 1회 고객 응대 시간을 평균 15초로 계산해 1회 15초 동안 고객의 마음에 5천만 번의 서비스 이미지를 새기라고 하면서 널리 알려졌습니다.

이후 FMOT(First MOT), SMOT(Second MOT), TMOT(Third MOT), UMOT(Ultimate MOT), ZMOT(Zero MOT) 등의 용어들이 나왔습니다. 이 용어들이 의미하는 바를 잠시 살펴보겠습니다.

미국의 P&G CEO인 래플리(A.G. Lafley)는 FMOT를 '소비자가 매대에서 그들의 상품 혹은 경쟁 상품을 구매하려는 순간'이라고 정의하였고, SMOT를 '소비자가 상품을 사용하고 좋아하거나 기억할 만한 경험을 전달받았을 때 또는 다시 살지 말지를 결정한 순간'이라고 정의하였습니다.

TMOT는 P&G에 근무한 경험이 있는 피트 블랙쇼(Pete Blackshaw)가 정의하였는데, '상품의 경험이 브랜드에 대한 감정이나 호기심, 열정과 분노를 일으키는 순간'이라 했습니다. UMOT는 '이러한 경험을 나누는 순간'이라고 정의하기도 합니다.

이러한 정의들에 더해 2011년 구글은 ZMOT라는 개념을 발표하였습니다. 이는 소비자가 온라인 검색을 통해 매장을 방문하기 전에 구매 의사결정을 내린다는 뜻으로, 정보나 타인의 경험이 기업에게 지대한 영향을 미친다는 것을 의미합니다.

구글이 내놓은 ZMOT의 개념도

MOT의 중요성은 디지털화된 세상이 되면서 더욱 중요해졌습니다. 소비자가 상품이나 서비스에 대해 접할 수 있는 접점이 너무나 많아져 사실 통제하기 힘들 정도의 세상이 되었는데, 이를 잘 관리하지 않으면 소비자의 관심을 받을 수 없습니다. 브라이언 솔리스(Brian Solis)는 한 고객의 마지막 MOT가 다른 고객의 0번째 MOT가 된다고 했습니다. 고객의 구매 여정의 모든 접점이 중요해졌다는 의미이고, 이는 구매 여정마다의 접점에서의 경험을 어떻게 정의하고 실행할 것인가가 결국 소비자의 선택으로 연결된다는 의미로 발전했습니다.

하지만 기업은 비즈니스를 영위하고 마케팅 전략을 설계하는 것이 더더욱 어려워졌다고 말합니다. 기업이 소비자의 모든 접점을 관리하는 것은 불가능합니다. 따라서 이러한 경향이 강해질수록 개인화된 마케팅과 디지털화된 상호작용이 더욱 중요해질 것이고, 기업이 소비자의 접점을 최대한 찾아내고 그에 대한 정의를 내려 관리할 수 있게 하자는 의미로 CDJ, CXJ Mapping이라는 방법론이 나오게 된 것입니다.

❷ CDJ(Customer Decision Journey)

소비자는 상품이나 서비스를 선택하고 구매하기까지 몇 가지 단계를 거칩니다. 이를 소비자 구매 행동 모델로 설명하려 합니다. 여러 가지 모델이 있는데, 최초의 모델은 1898년에 E.S 루이스가 주창한 AIDA 모델입니다. 소비자가 구매를 하는 과정이 'Awareness(인식)→ Interest(흥미, 관심)→ Desire(욕구)→ Action(행동, 구매)'으로 이루어진 다는 것입니다. 이후 1920년에 클렌드 홀이 이 과정에 기억(Memory) 단계를 추가한 AIDMA 모델을 주창했고, 기억 대신 확신(Conviction)이란 과정을 대체하여 AIDCA로도 사용되어 왔습니다. 이러한 모델은 80년이 넘도록 사용되었습니다.

하지만 사회가 변하고 기술이 발전하면서 시장도 변하고 소비자의 행동도 자연스럽게 진화했습니다. 2005년 일본의 광고 회사 덴츠는 AISAS 모델을 발표했습니다. AISAS는 'Awareness(인식)→ Interest(흥미, 관심)→ Search(검색)→ Action(행동, 구매)→ Share(공유)'로, 산업사회에서는 기업이 이끄는 대로 소비자가 따라왔지만 정보화 시대에는 구매 이후에도 재소비 창출에 적극적이라는 것입니다.

이런 모델의 의미는 소비자의 행동 과정을 이해하고 그 과정에 필요한 자원을 투입하고 커뮤니케이션하면서 최종 소비에 이르게 하자는 것입니다. 이런 모델을 시각화한 것이 마케팅 퍼널입니다. 구매(Purchase), 고객(Customer), 판매 과정(Sales Funnel) 등으로 다양하게 불리는데, 1924년 윌리엄 W. 타운센드(William W. Townsend)가 처음 이 개념을 제안했습니다.

마케팅 퍼널의 원형과 다양하게 변형되어 사용되는 모습

퍼넬 모델은 여러 단계의 의사결정 과정에 있어 채널과 메시지 최적화가 의사결정에 도움이 된다는 것을 잘 설명하고 있어 오랫동안 사용되어 왔지만 시대의 흐름에 맞춰 변화된 모습이 필요했습니다. 현대 소비자의 구매 행동 모델을 설명하는 데 한계에 봉착한 것입니다. 상품 선택의 폭이 확대되고, 소비자의 정보 접근이 용이해져 '완전 정보 시대'라는 말까지 나온 상황입니다. 거기에 더해 수많은 고객 접촉 포인트로 인해 핵심 구매 요인 혹은 구매 스폿을 잡아내는 것이 어려워졌습니다. 이런 환경으로 인해 깔데기 모델이라고도 불리는 퍼넬 모델은 더 이상 소비자의 구매 행동을 설명하기가 어려워졌습니다.

이러한 문제의 해법을 제시한 것이 컨설팅그룹 맥킨지가 제시한 CDJ입니다. 3개 대륙에서 5개 산업 영역 2만여 명의 구매 의사결정과 과정을 지켜보고 CDJ를 개발했습니다. '어떻게 하면 기업의 상품이나 서비스가 소비자의 구매 후보에 들어가게 할 것인가', '기업과 소비자의 쌍방향 의사소통을 확대하는 방법은 무엇일까', '소비자의 니즈를 충족시키고 구전 효과(Viral Marketing)를 일으킬 수 있는 마케팅 방법은 무엇일까'를 고민한 것입니다.

이 모델의 특징은 소비자 구매 모형이라는 말답게 소비자 입장에서 의사결정 단계를 재규정하였다는 것입니다. Initial Consideration Set(최초 고려군)→ Active Evaluation(적극 비교)→ Moment of Purchase(구매 순간)→ Post Purchase Experience(구매 후 경험)가 그것입니다. 그리고 이 의사결정 과정의 여행을 한 번 소비하고 끝나는 선형 구조가 아니라 앞으로 구매 의사에 끊임없이 영향을 주는 환형 구조로 설명했습니다.

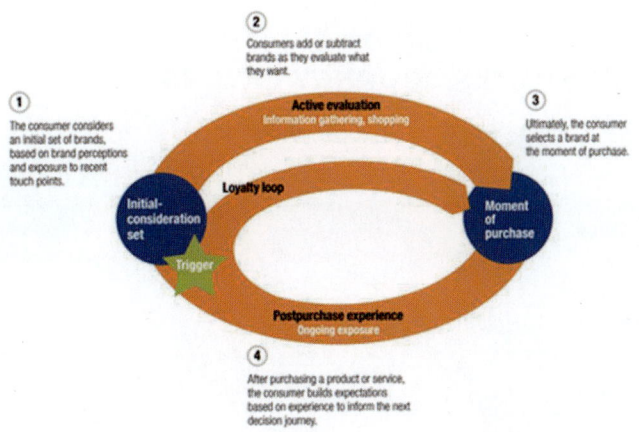

맥킨지가 개발한 CDJ의 개념도

이런 CDJ의 개념을 가지고 소비자가 상품이나 서비스를 경험하는 과정을 정의하고, 그 과정에서 생기는 고객 경험을 시각화하는 것이 CDJ, CXJ mapping입니다.

❸ CDJ, CXJ(Customer Experience Journey) Mapping

소비자의 구매 의사결정 과정을 여행으로 설정하고 지도를 그려보는 것이 맵핑 과정입니다. 이 과정을 통해 기회를 발견할 수도 있고, 문제점을 미리 찾아낼 수도 있습니다. 고객이 상품이나 서비스를 경험하게 되는 초기 접점에서부터 끝나는 순간까지의 모든 접점 과정을 그림이나 사진, 도표 등으로 시각화하는 것으로, 고객 접점뿐 아니라 이 과정에서 체험하는 부분까지 순차적으로 배열하여 누락되는 것이 없도록 꼼꼼하게 작업해야 합니다. 이런 과정을 통해 고객이 서비스를 어떻게 받아들이고 사용하는지 고객 관점에서 파악할 필요가 있습니다.

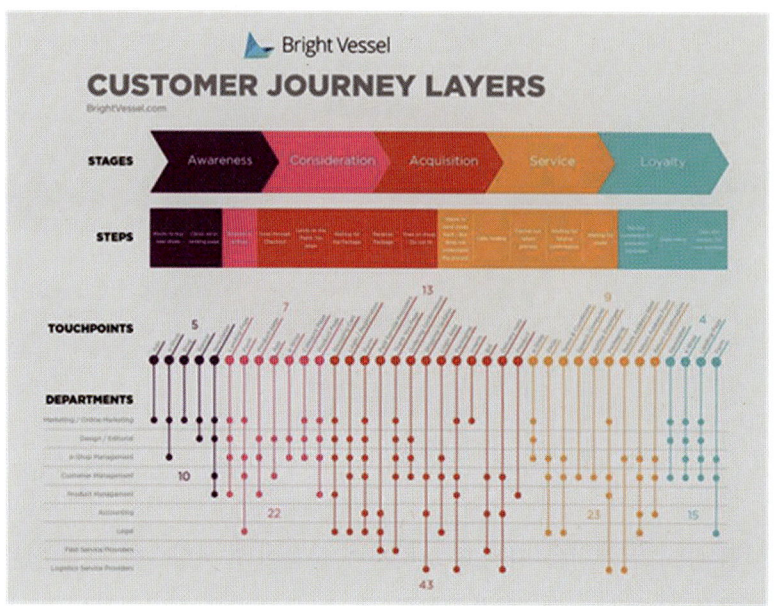

고객 여정 지도의 예

맵핑은 9단계를 거쳐 완성됩니다. 이 과정에서 필요한 양식이나 개념화에 대한 것은 각 기업의 상황에 맞게 적절한 것을 활용하면 됩니다. 특별히 정해진 것은 없습니다.

단계	할 일
1	우리 회사의 상품 또는 서비스의 목표를 리뷰한다.
2	조사한 자료(인터뷰, 설문조사, 각종 자료, 소셜 분석, 웹 분석 등)를 모은다.
3	고객을 만나는 모든 접점(MOT)을 찾아 작성한다.
4	고객 페르소나와 공감 맵을 작성하고, 각 단계별 고객의 감정을 구체화한다.
5	브레인스토밍 등을 통해 문제를 정의하고, 현상을 파악한다.
6	다양한 아이디어와 자료를 종합하고, 문제 해결 방법을 제시한다.
7	앞 단계에서 모아진 자료와 문제 해결 방법을 정리해 고객 여정 맵을 그린다.
8	그려진 지도를 정제하고, 디지털화하여 잘 표현한다.
9	전 구성원이 이해할 수 있도록 공유하고 이를 체화한다.

고객 여정 맵핑 9단계

많은 기업이 이러한 맵핑 작업을 통해 문제점을 개선하고 있습니다. 미국의 메르세데스 벤츠는 지속적으로 기술을 혁신했음에도 불구하고 여러 가지 도전에 직면했습니다. 특히 JD파워에서 실시한 고객만족도 조사에서 2010년부터 2012년까지 렉서스, 캐딜락, BMW, 링컨에 밀려 4~5위를 기록하고, 매출도 BMW에 밀렸습니다. 하지만 2012년 1월 스티브 캐논(Steve Cannon)이 CEO가 되면서 'Driven to Delight'라는 캠페인을 전개했습니다.

미국 자동차 시장은 딜러 중심으로 체계가 잡혀 있어 소비자의 딜러사 그리고 딜러사의 직원들과의 경험이 매우 중요합니다. 하지만 이때까지 메르세데스 벤츠는 그 부분을 간과했고, 스티브 캐논은 이를 바꾸기 위한 활동을 시작했습니다. 먼저 맨해튼에 플래그십 딜러사 오토하우스를 건축하고, 미국 전역의 표준 모델로 적용시키고자 했습니다. 또한 사원들에게 비전을 제시하고, 선언문을 작성하여 오래된 딜러의 사고방식과 행동을 변화시키겠다고 선포했습니다. 그리고 이를 실행에 옮기기 위해 CDJ Mapping을 실시하고, 이를 바탕으로 체질을 개선시키는 'LEAD를 추구하라'라는 교육 프로그램을 운영했습니다. 거기에 더해 고객 경험지수를 직접 개발하여 개선 여부를 지속적으로 확인하게 했습니다. 이러한 장거리 여행은 긍정적인 결과를 보여주었습니다. 2012년에 두 자릿수 성장을 했고, 2013년에는 영원한 경쟁자인 BMW의 판매 대수를 넘어섰습니다.

CDJ, CXJ Mapping은 기업의 전 직원이 참여해야 하고, 많은 자원이 들어갈 수 있는 여정이지만 고객 경험이 마케팅 전략에서 제일 중요해진 지금, 기업이 직면한 문제를 해결할 수 있는 가장 강력한 방법론 중 하나로 자리 잡고 있습니다.

넷째
마당

9장 | 마케팅도 제4차 산업혁명의 영향을 받는다

MARKETING

마케팅과
제4차 산업혁명

MARKETING

9장

마케팅도
제4차 산업혁명의
영향을 받는다

제4차 산업혁명과 마케팅의 변화

초연결 사회와 마케팅

2013년 스파이크 존스(Spike Jones) 감독의 영화 〈Her〉가 개봉되었을 때 인간이 인공지능 운영 체제와 사랑에 빠지는 스토리를 보고 어쩌면 가능한 이야기인지도 모르겠다는 생각을 했습니다. 이 영화가 개봉하기 전에 애플이 시리(Siri)를 세상에 내놓았고, 2014년 9월 아마존은 음성 인식 인공지능 비서 알렉사를 론칭했습니다. 이때까지만 해도 우리나라에서는 업계 관계자 이외에는 이에 큰 관심을 두지 않았습니다. 그런데 2016년 1월 다보스 포럼에서 제4차 산업혁명이라는 키워드가 던져지고, 2016년 3월에 이세돌과 알파고, 즉 인간과 AI가 대결을 펼치자 AI는 온 국민의 관심사가 되었습니다. 하지만 아직까지는 AI를 실감하지 못하는 사람도 많습니다. 이후 통신사와 포털에서 AI 스피커를 앞다퉈 내놓았지만 음원 앱의 프로모션으로 풀리거나 휴대폰 개통 사은품으로 사용되는 일이 다반사였습니다. 아마존의 알렉사가 초기에 할 수 있었던 일은 음악을 재생하는 일, 날씨나 교통 정보를 알려주는 일, 연동되는 가전제품(IoT)이 있다면 켜거나 끄는 일 정도였는데, 현재 국내 통신사와 포털의 인공지능 스피커가 이와 비슷한 수준입니다.

그런데 현재 아마존이 AI를 사용하는 쓰임새는 우리의 생각보다 멀리가 있습니다. 아마존은 2015년에 알렉사 스킬을 공개하여 AI 플랫폼 시대를 열었고, 아마존은 참석하지도 않은 2017년 CES(국제전자제품박람회)에서 최대 수혜자는 아마존이라는 평가를 받기도 했습니다. 아마존의 2017년 콘텐츠 예산은 넷플릭스 다음으로 많은 45억 달러에 이르렀고, 주문 의류 제조 시스템 특허를 획득하기도 했습니다. 무인 마켓 아마존고의 오픈과 아마존 북스의 확장 계획에 이어 홀푸드 인수 등을 보고 있으면 아마존의 야심은 단순히 온라인 소매업체가 아니라 전 세계를 아마존 제국으로 만들겠다는 것처럼 느껴집니다. 아마존 알렉사를 위시한 다양한 AI가 본격적으로 등장하는 모습을 상상해보면 시장에서 마케팅과 마케터의 역할이 더욱 획기적으로 변할 것으로 예상됩니다.

아마존이 유튜브에 올린 영상. 알렉사를 통해 대화하고 쇼핑하는 모습

아마존은 2016년 12월에 'Voice Shopping with Alexa'라는 영상을 유튜브에 공개했습니다. 내용은 대충 이러합니다. 워킹맘으로 보이는 여성이 자동차 키를 테이블에 던지며 보이지 않는 가족에게 15분 내에 저녁 식사를 할 것이라고 말합니다. 그리고 개밥 그릇이 비었음을 확인하고 Echo(아마존의 AI 스피커)를 통해 알렉사에게 개밥을 추천

해달라고 명령합니다. 알렉사는 구매 이력을 바탕으로 상품을 제안하고, 여성은 구매 명령을 내립니다. 그리고 자녀의 선생님을 위해 핫딜로 나온 초콜릿과 쓰레기봉투를 주문해달라고 요구한 뒤 음악을 틀어달라고 말합니다.

이러한 상황은 더 이상 영상에서만 볼 수 있는 것이 아닙니다. 2018년에 실시된 한 조사에 따르면 스마트 스피커 이용자 중 26.5%가 보이스 쇼핑을 이용한 적이 있다고 답했습니다. 이 과정을 살펴보면 기존 유통 과정에 필요한 많은 과정(인지→ 정보 수집→ 대안 평가)이 한꺼번에 사라져버렸습니다. 또 다른 영상에서는 날씨를 물어보고, 우버 택시를 부르고, 종이 타월을 주문합니다. 물론 이것이 유통 전체도 아니고, 모든 마켓이 이렇게 통일된다는 것도 아니지만 미래의 마케터들은 이 영상을 보고 내 자리는 어디일지 생각해볼 필요가 있습니다. 기존 구매 의사결정 경로가 사라졌다는 것은 마케팅도 많이 변화할 것임을 의미합니다.

이런 상황을 뒷받침하는 기술들은 초연결 사회, AI, 자율주행차, 머신러닝, IoT, 드론, 빅데이터, 오픈소스 등의 단어들인데, 마케팅에서 가장 관심을 가져야 할 단어는 바로 초연결 사회의 도래입니다. 앞서 이야기했듯 이는 고객 경험과 구매 여정 등에 지대한 영향을 미치는 단어입니다. 이 단어는 제4차 산업혁명을 언급할 때 많이 거론되고 있습니다. 이는 제4차 산업혁명의 실체가 어떤 것인지와 상관없이 초연결 사회는 이미 우리 눈앞에 와 있고, 마케팅 경로와 구매 여정을 송두리째 변화시키고 있습니다. 이런 시대에 맞게 나온 마케팅 방법론이 디지털 마케팅, 퍼포먼스 마케팅, 소셜 마케팅, 콘텐츠 마케팅, 인플루언서 마케팅 등입니다. 세상의 변화는 시장의 변화이고, 시장의 변화는 마케팅의 변화입니다. 제4차 산업혁명이 무엇인지 몰라도 소비자의 구매 여정이 변하고 있고, 이 변화에 능동적으로 대처하는 마케팅 전략만이 기업의 생존을 보장할 것입니다.

콘텐츠 마케팅과 인플루언서

콘텐츠 마케팅의 새로운 주체자

고객 경험을 설명하면서 일본의 광고 회사 덴츠가 소비자의 구매 여정이 ADIMA에서 AISAS로 변했다고 이야기했습니다. 그런데 2011년 덴츠는 소셜미디어 시대에 걸맞은 소비자 행동 모델 개념으로 SIPS를 내놓았습니다. 소셜미디어가 전 세계적으로 확산되고 모바일 시대가 정착되면서, 이것이 주류 미디어로 영향력을 발휘하고 있어 이에 맞는 소비자 행동 모델 개념을 새롭게 추가한 것입니다. SIPS는 Sympathize(공감)→ Identify(확인)→ Participate(참가)→ Share/Spread(공유/확산)를 말합니다.

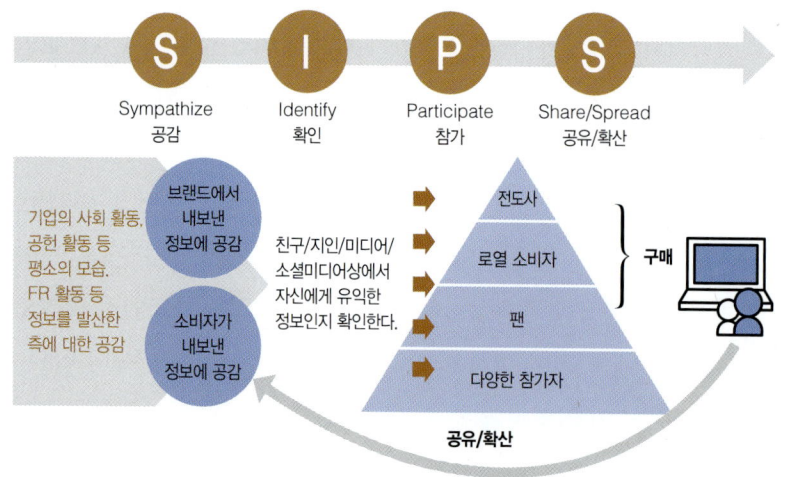

덴츠의 소셜미디어 시대의 소비자 행동 모델인 SIPS

기업은 이제 소비자의 공감을 얻어야 하고, 소비자가 기업 활동에 참여하도록 독려해야 하고, 이를 확산시켜야 한다는 의미입니다. 여기서 가장 주목해야 할 점은 정보 전달 방식의 변화입니다. 기존의 매스미디어 시대에는 발신자의 메시지를 소비자에게 전달하는 간단한 구조였지만, 이제는 소비자가 주도적으로 정보를 검색하고 공유하고 새로운 정보를 직접 만들어내는 구조로 변화하였습니다. 고객 경험에서 중요한 것 중 하나가 타인의 경험이라고 했는데, 이는 소비자의 가치 판단의 근거로 사용됩니다.

그래서 타인의 정보, 확장하자면 타인이 만들고 공유해주는 콘텐츠(여기서의 콘텐츠는 협의적 의미의 콘텐츠입니다)가 그 무엇보다 중요해진 것입니다. 콘텐츠는 공감을 이루게 해주는 가장 좋은 방법론 중 하나로 등장했고, 마케팅에서 점점 비중을 넓혀가고 있습니다. 콘텐츠와 함께 등장한 단어 중 하나가 인플루언서입니다. 인플루언서는 매스미디어 시대에서는 볼 수 없었던 새로운 형식의 콘텐츠를 생산해내는 콘텐츠 생산자이자 소비자의 구매 행동 모델에서 매우 큰 영향을 주는 마케터라 할 수 있습니다.

콘텐츠 마케팅과 인플루언서는 키워드 하나만으로도 책을 낼 수 있을 정도로 방대한 내용을 담고 있습니다. 그래서 여기에서는 개념적 정의와 마케팅에서의 역할 정도만 살펴보는 것으로 갈음하도록 하겠습니다.

콘텐츠 마케팅

콘텐츠 마케팅이 무엇인지 정의하기에 앞서 콘텐츠 마케팅이 부각될 수밖에 없는 배경을 다시 확인해보겠습니다. 앞서 마케팅 트렌드에서 트렌드를 구성하는 키워드를 설명했습니다. 플랫폼이 중심이 된 네트워크 세상이 되었고, 개인화와 진정성이 중요해졌으며, 이런 변화에 고객 경험이 더욱 중요해졌고, 고객 경험은 자신의 경험에 타인의 경험이 더해진다고 했습니다. 이는 기존의 마케팅 환경 자체가 바뀌고 소비자 개개인이 정보를 생산하고 소비하는 생태계가 만들어졌고, 과거 공급자들이 콘텐츠를 만들던 흐름에서 이제는 소비자들이 콘텐츠를 생산하고 소비까지 하는 시대가 되었다는 것입니다. 그리고 소비자의 구매 행동 모델도 검색하고 행동하고 공유하는 행태를 보이고, 소셜미디어 시대에는 특히 공감하고 참여하고 공유·확산되는 과정을 무한 반복하고 있습니다. 이에 최적화된 메시지 형태가 콘텐츠로 부상할 수밖에 없는 환경이 된 것입니다.

과거 매스미디어가 시장의 커뮤니케이션을 주도하던 시절에는 공급자의 일방적인 푸시 정보를 해석해야 했다면 이제는 공급자도 소비자의 메시지를 반영한 소비자 중심의 콘텐츠를 생산하고 소비하도록 유도하고 있습니다. 또한 공급 과잉을 해결하는 과정에서 이제는 소비자의 흥미와 공감, 관심을 받지 못하면 시장에서 빠르게 도태되기 때문에 그들과 끊임없이 관계를 유지하고 콘텐츠를 통해 고객 경험을 전달하고 있습니다.

그러면 콘텐츠 마케팅을 어떻게 정의해볼까요? 콘텐츠 마케팅을 정의하는 것은 매우 어렵습니다. 사실 콘텐츠라는 단어 자체가 해석하기에 광범위합니다. 그래서 앞서 마케팅 트렌드에서는 소비자에게 제공하는 효용이라는 의미에서 기업의 비즈니스 모델 자체도 콘텐츠라고 이야기했습니다. 콘텐츠 마케팅에서는 그보다 협의적 정의, 즉 커뮤니케이션 경로 내에서 스토리나 정보를 담은 내용물로서 해당 채널(미디어)에서 소비되기 용이한 다양한 형태의 제작물입니다. 콘텐츠 마케팅은 이런 관점에서 정의하도록 하겠습니다. 콘텐츠 마케팅 기관(Content Marketing Institute)에서는 이렇게 정의합니다.

'콘텐츠 마케팅은 명확하게 정의된 고객을 얻고, 궁극적으로는 고객으로부터 수익성 있는 행위를 유도하기 위해 고객에게 가치 있고 연관성 높은 일관된 콘텐츠를 생산하고 배포하는 데 중점을 둔 전략적 마케팅 접근 방식이다.'

즉 콘텐츠 마케팅은 타깃 시장을 잘 나누고, 그 시장에서 기업이 관계를 맺고자 하는 고객이 누구인지 정의한 뒤 그들이 좋아할 만한 콘텐츠를 만들어 고객의 관심을 끌거나 기업이 원하는 행동으로 옮길 수 있게 하는 마케팅 방법론이라 할 수 있습니다.

콘텐츠 마케팅은 콘텐츠 전략이나 브랜디드 콘텐츠, 브랜드 스토리텔링, 커스텀 미디어, 브랜드 저널리즘, 네이티브 광고 등으로 행위 자체가 어떤 내용과 목표를 하고 있는지에 따라 다양한 이름으로 존재하기도 합니다. 최근에는 콘텐츠 마케팅이 이런 용어들을 수렴하고 있다고 봐도 무방합니다.

콘텐츠 마케팅에 대해 갑론을박이 여전히 존재합니다. 기존의 전통적 마케팅 방식보다 간접적이기 때문에 그러하죠. 콘텐츠 마케팅은 소비자에게 우리의 상품이나 서비스를 사달라고 설득하는 것이 아니라 소비자들과 소통하는 것입니다. 상품과 서비스에 대한 정보를 일방적으로 발신하는 대신 그들에게 유용한 정보를 제공하거나 즐거움과 재미를 제공함으로써 우호적 감정을 생기게 하고 각인시키고자 하는 것입니다.

매스 마케팅 시대에 마케팅에서 커뮤니케이션이라 함은 올드미디어를 통한 일방적 송신이었습니다. 커뮤니케이션의 어원은 공유하고 나누는 것인데, 일방향 커뮤니케이션 시대에는 이를 제대로 반영하지 못했습니다. 뉴미디어 혹은 소셜미디어가 올드미디어를 추월해가는 상황에서 정확한 커뮤니케이션이 이루어지도록 하는 역할을 콘텐츠 마케팅이 하고 있는 것입니다.

콘텐츠 마케팅이 할 일은 두 가지로 요약됩니다. 첫 번째는 유용한 정보를 제공하는 것이고, 두 번째는 재미를 전달하고 공감대를 만드는 것입니다. 이런 콘텐츠 마케팅은 블로그, 이미지, 오디오, 비디오 등 다양한 형태로 제공되는데, 글에서 이미지로, 이미지에서 영상으로 비중이 옮겨가고 있습니다. 어떤 소셜미디어가 현재 가장 활발한 활동을 보여주는지, 소셜미디어들이 어떤 콘텐츠에 중점을 두는지를 보면 영상 형태가 가장 주목받고 있다는 것을 알 수 있습니다.

그렇다고 다른 형태들이 사라지거나 하는 것은 아닙니다. 전통적 방식의 마케팅에서도 이런 콘텐츠 마케팅의 내용이나 형식을 차용하고 있고, 오래된 형태의 콘텐츠 마케팅 방식도 유지·진화하고 있어 무엇이 가장 가까운 해답을 제공해준다고 단언하기 어렵습니다. 또한 콘텐츠 마케팅의 형식은 미디어의 형식에 맞춰지는 것이므로 콘텐츠 형식이 꼭 이래야 한다고 규정할 수도 없습니다. 다시 말하면 유튜브에는 유튜브의 형식을, 페이스북이나 인스타그램에는 그에 맞는 형식을 제공해야 한다는 것입니다.

콘텐츠 마케팅에서 한 가지 주목해야 할 점은 기업이 매체사의 역할을 해야 한다는 것입니다. 과거에는 매체사가 존재하고 이런 매체사가 문지기 역할을 했다면, 소셜미디어가 중심인 지금은 온라인이라는 세계는 디스플레이 역할만 하고 있기 때문에 기업이 직접 콘텐츠 생산과 저장을 해야 합니다. 마케팅을 잘한다는 기업들은 이미 그런 생태계를 구축했습니다. 해외에서는 코카콜라와 레고, 국내에서는 삼성전자와 현대자동차가 오랫동안 꾸준히 이런 작업을 해오고 있습니다. 특히 코카콜라는 2012년에 코카콜라 저니를 공개했는데, 전형적인 웹 사이트가 아니라 매체 사이트의 모습으로 변신시켰습니다. 고객들이 흥미를 가질 만한 스토리 플랫폼을 구축한 것입니다.

코카콜라 저니의 한국 버전과 글로벌 버전의 웹사이트

이제 공급자와 소비자는 항상 연결되어 있습니다. 그래서 공급자는 소비자가 필요로 하는 콘텐츠를 그들이 원하는 시간과 장소에서 제공할 수 있도록 준비해두고 있어야 합니다. 콘텐츠 마케팅은 전통적 방식의 파이프라인 비즈니스와 커뮤니케이션이 아니라 플랫폼 비즈니스와 커뮤니케이션 형태에 최적화된 마케팅 전략 중 하나입니다.

인플루언서

인플루언서는 '타인에게 영향력을 주는 사람'이라는 뜻입니다. 이들을 활용한 마케팅을 '인플루언서 마케팅'이라고 하는데, 큰 범주로 보면 콘텐츠 마케팅 안에 있다고 볼 수 있습니다. 인플루언서라는 개념은 최근에 생겼지만 인플루언서의 역사는 시장에서 상품과 서비스가 거래된 역사만큼이나 깁니다. 과거 시장에서는 물리적·공간적으로 정보 공유의 한계가 있었기 때문에 정보를 독점하거나 독점할 수 있는 권력이나 자본을 가진 권력자나 자본가가 인플루언서의 역할을 했습니다. 하지만 현재는 디지털화 완전 정보 시대를 맞아 정보를 얻고 공유할 수 있는 사람이 수없이 많아졌습니다.

기존의 셀러브리티(연예인 스포츠 스타 등의 유명인 또는 셀립)도 대중에게 주목을 받고 영향을 미친다는 의미에서 인플루언서와 동일한 역할을 했지만 인플루언서는 유명하지 않아도, 뛰어난 외모나 탁월한 퍼포먼스를 갖고 있지 않아도 소비자들에게 큰 영향력을 행사하고 있다는 점에서 다르다고 말할 수 있습니다. 많은 초등학생의 장래희망이 연예인에서 인플루언서로 바뀐 것만 봐도 그 영향력이 어느 정도인지 가늠할 수 있습니다.

인플루언서가 등장하게 된 이유는 콘텐츠 마케팅의 부상과 맥을 같이합니다. 정보를 공유하고 재미를 주는 전달자로서 인플루언서의 역할이 중요해진 것입니다. 플랫폼 비즈니스 시대가 되고, 정보를 생산하고 가공하고 공유할 수 있는 개인의 힘이 커지고, 네트워크를 통해 확산되고 가공된 콘텐츠보다 날것의 콘텐츠에 관심을 갖는 마케팅 트렌드 속에서 인플루언서는 필연적으로 발생할 수밖에 없었습니다. 그들이 주로 활동하는 곳은 콘텐츠 마케팅이 활발하게 일어나는 소셜미디어입니다. 유튜브, 인스타그램 등에서 활발하게 활동하고 있죠. 그들이 만들어내는 콘텐츠의 소재는 무궁무진합니다.

인플루언서 마케팅이 주목받는 몇 가지 이유를 정리해보겠습니다.

첫째, 이미 세분 시장이 형성되어 있습니다. 인플루언서들을 추종하는 팬들이 존재하고, 그들의 콘텐츠를 구독하는 소비자가 많게는 수백만 명이 넘습니다. 그들이 생산하는 콘텐츠와 연계하여 이미 세분화된 타깃 고객이 존재한다는 의미입니다. 상황이 이러하니 마케팅에서 그들을 주목할 수밖에 없는 것입니다.

둘째, 상호작용이 가능합니다. 소비자와 상호작용이 거의 실시간으로 이루어지기 때문에 파일럿(Pilot) 형태의 접근이 가능하고, 소비자의 반응을 즉각적으로 반영할 수 있습니다.

셋째, 비용 대비 효과가 좋습니다. 기존 매스 마케팅은 대중을 상대로 해야 하기 때문에 유명인이나 대형 이벤트 중심으로 커뮤니케이션 방법이 개발되었다면 인플루언서들은 마이크로 인플루언서부터 메가 인플루언서까지 다양한 형태로 존재하기 때문에 여건에 맞춰 마케팅 실행 계획을 세울 수 있습니다.

넷째, 소비자와 공감대가 형성되어 전통적 커뮤니케이션보다 소비자들이 갖는 메시지에 대한 저항이 적습니다. 친구 같고 가족 같은 인플루언서들이 전하는 메시지는 전통적인 공급자적 시각의 메시지보다 흡수율이 높을 수밖에 없습니다.

이처럼 다양한 이유로 인플루언서 마케팅이 지속될 것이라 생각합니다. 하지만 과거 블로그 마케팅이 점점 힘을 잃었던 것처럼 인플루언서들이 과도하게 공급자 중심의 메시지를 보내기 시작한다면 블로거들의 전철을 밟을 수 있다는 점과 소비자들도 동일한 피로감을 호소할 수 있다는 점을 유의해야 합니다. 인플루언서에 대해 깊이 조망한 책들도 많이 나와 있으니 더 자세한 내용이 궁금하다면 참고하기 바랍니다.

SNS 마케팅과 퍼포먼스 마케팅

SNS 마케팅과 퍼포먼스 마케팅의 개념 이해하기

SNS 마케팅과 퍼포먼스 마케팅에 대해 따로 설명하고자 합니다. 우선 SNS 마케팅은 'Social Network Service'와 마케팅을 결합한 마케팅 용어입니다. SNS(페이스북, 인스타그램, 트위터 등)는 특정 관심 사항과 활동을 공유하는 사람들을 네트워크로 연결해주는 온라인 서비스입니다. 자연스럽게 소비자들이 모여 기업의 마케팅 활동이 활발하게 이루어지게 되었고, 이를 지칭하는 마케팅 용어로 사용되고 있습니다. 마케팅적 측면으로 보면 사실 소셜미디어 마케팅이라고 하는 것이 더 적합하지만 SNS가 사람들에게 더 익숙하기 때문에 SNS 마케팅이라 불리고 있습니다.

퍼포먼스 마케팅은 온라인이라는 전제가 있어야 합니다. 고객의 행동을 추적하기 위한 데이터들을 찾고, 모으고, 트래킹하여 인사이트를 모아 마케팅 과정에 적용하고 실제 결과물, 즉 구매나 행동으로 유도하는 마케팅을 망라해서 이야기합니다. 이에 대한 결과 지표로 ROAS(Return on as spend)를 사용하는데, 이는 매출을 광고비로 나눈 결과입니다. 이외에도 퍼포먼스 결과를 나타내는 지표가 많습니다. 노출 수, 클릭 수, 유입 비용, 전환율, 전환 비용 등 다양한 성과 측정 기준을 마케팅 캠페인 목적과 결과에 따라 사용합니다.

디지털화가 더욱 가속화되고 있고, 사람들이 점점 아날로그와 디지털의 경계가 사라진 디지털 프리 세상을 살아가고 있기 때문에 SNS 마케팅과 퍼포먼스 마케팅에 대한 비중이 커지고 있습니다. 이는 숫자로도 확인할 수 있습니다. 2018년 제일기획에서 발표한 한 자료에 의하면 디지털 광고비가 전년 대비 14.4% 성장하여 4조 원을 돌파하였고, 광고비 집계 이래 최초로 TV와 라디오를 합친 방송 광고비를 넘어섰습니다. 또한 한국인터넷진흥원의 발표에 따르면 온라인 광고 시장에서 매체별 비중도 이미 모바일이 PC를 넘어섰습니다.

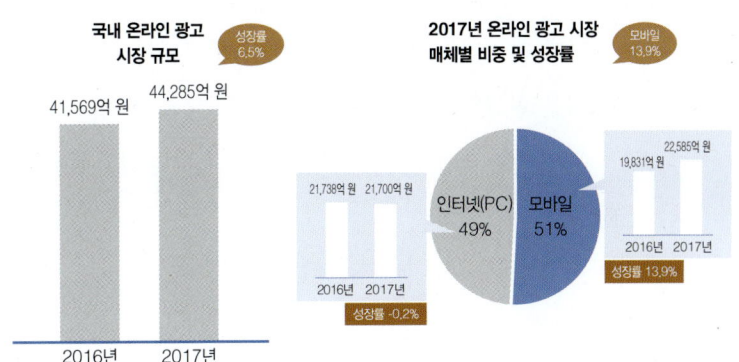

국내 온라인 광고 시장 규모(출처: 한국인터넷진흥원)

과거 마케팅은 마케팅 경로마다 투입되는 자원들이 소비자의 선택이나 구매에 얼마나 영향을 주는지 측정하기 힘들었습니다. 그래서 오프라인에서 주로 마케팅이 이루어지던 시대에는 유통 현장에서 직접적인 세일즈 프로모션을 하거나 매스미디어 광고를 통해 소비자의 기억 속에 공급자의 브랜드를 남기는 매스 커뮤니케이션이 마케팅의 중심이었습니다. 이를 측정하는 방법은 직접적인 혜택 제공에 대한 결과나 인지도 측정 정도에 머물러 있었죠.

하지만 다양한 트렌드 변화로 인해 사람들은 네트워크화된 플랫폼 속에서 개인화된 채널과 메시지를 통해 기업과 커뮤니케이션을 하고 있습니다. 그래서 과거에는 알고 싶어도 알 수 없었던 소비자의 행동을 추적하기가 쉬워졌고, 이를 숫자로 나타내는 것이 당연하게 되었습니다. 물론 ZMOT에서도 언급했듯 그 경로가 더욱 복잡해져 소비자의 마음을 읽는 것이 더 힘든 것도 사실이지만 온라인에서 소비자의 움직임을 주시하고 어디에서 어떻게 활동하고 최종 선택을 내리는지 더욱 가까이에서 추적할 수 있게 되었습니다.

기업은 최소 비용으로 최대 이익을 추구합니다. 마케팅이 이를 따르는 것은 당연한 이치입니다. 기업들이 소비자가 몰려 있는 SNS에 관심을 갖고, 광고비를 투입하고, 이를 추적하는 기술을 만들고, 어떻게 하면 콘텐츠나 메시지에 호응하게 할지 연구하고, 이를 시스템화하는 SNS 마케팅과 퍼포먼스 마케팅이 마케팅 전체에서 지분이 커지는 것은 자연스러운 현상입니다.

SNS 마케팅 시장과 전략에서 실행까지

❶ SNS의 현재와 미래

SNS라고 불리는 서비스들이 있습니다. 페이스북, 인스타그램, 카카오스토리 등이 바로 그것입니다. 그런데 현재 시점에서 SNS를 페이스북이나 인스타그램의 초창기 모습으로 설명할 수는 없습니다. 그 모습은 매우 복잡하고 많은 기능과 현상이 섞여 있기 때문입니다. 또한 온라인 세상도 변화하고 진화하고 있기 때문이죠.

어떻게 분류하느냐에 따라 SNS와 메신저를 구분하기도 하지만 지금은 그런 경계가 무의미합니다. 요즈음에는 페이스북에서도 메신저를 사용할 수 있습니다. 또한 많은 사람이 사용하는 메신저인 카카오톡을 단순히 메신저라고 정의할 수 없는데, 그 안에서 채팅만 하는 것이 아니기 때문입니다. 기업 광고, 쇼핑, 결제 등 과거 오프라인에서 행해지던 소비 과정이 메신저라 불리든 SNS라 불리든 한 앱 안에서 이루어지고 있습니다.

그뿐만이 아닙니다. 동영상을 서비스하는 곳에서도, 뉴스나 정보를 제공하는 포털 사이트에서도, 심지어 쇼핑 서비스를 제공하는 곳에서도 광고 서비스나 SNS 서비스를 도입하는 움직임이 보입니다. 이럴 때 어떻게 SNS 마케팅을 해야 할까요?

❷ SNS 마케팅 전략과 실행

SNS가 목적이 아니라는 사실을 간과하는 경우가 많습니다. 마케팅은 이제 과거처럼 상품을 고객에게 알리고 판매를 유도하는 활동에 머물러 있지 않습니다. 기업 경영 전반에 걸쳐 마케팅적 사고와 활동이 기저에 깔려 있기 때문에 단순히 마케팅을 수단으로 보는 것은 매우 위험합니다. SNS에서 어떤 활동을 하였다는 것을 목적으로 하는 것은 무의미합니다. 공급자가 소비자에게 제공하는 가치를 어떤 경로를 통해 어떤 메시지로 전달할 것인지 잘 설계하는 과정 속에서 SNS는 일부일 뿐입니다.

디지털이 세상 많은 일에, 특히 마케팅 영역에 많은 부분을 차지하고 있지만 여전히 사람들은 오프라인에도 있고 온라인에도 있습니다. 그 경계를 넘나들며 마케팅 경로를 설계하고 그 과정 하나하나에 어떻게 호응을 유도할 것인지 전반적인 마케팅 계획을 수립해야 합니다. 그리고 나서 SNS를 활용하여 어떤 메시지를 그 안에 흐르게 할 것인지 고민해야 합니다. 물론 마케팅 활동도 파편화되다 보니 마케터들의 영역도 세분화되어 각자의 역할만 하게 만드는 기업도 있지만 이런 환경일수록 큰 틀에서 숲을 봐주는 역할을 하는 마케터가 절실히 필요합니다.

SNS 전략이라고 해서 과거 마케팅 전략에서 볼 수 없었던 전혀 새로운 것들이 등장하는 것은 아닙니다. 다만 채널의 속성과 그 채널을 이용하는 사용자의 속성이 과거보다 빠르고 다양해졌다는 사실을 간과

하지 않고, 신속한 계획과 실행이 이루어져야 합니다. SNS 특성을 반영하여 마케팅 커뮤니케이션이 이루어져야 한다는, 과거 마케팅 전략과 다른 점을 감안하여 계획하고 실행해야 합니다.

- **즉시성:** TMI(Too Much Information)의 시대이면서도 빠른 시대입니다. 거기다 소비자와의 관계도 그 어느 때보다 느슨해졌습니다. 이럴 때일수록 빠르고 다양하게 시도해보고 복기(바둑에서 한 번 두고 난 바둑의 판국을 비평하기 위해 두었던 대로 다시 처음부터 놓아 보는 일)를 해볼 필요가 있습니다. 물론 복기할 시간이 없을 수도 있습니다. 비대한 조직일수록 의사결정을 내리는 시간이 오래 걸립니다.
SNS에서 두각을 나타내는 기업들의 특징은 의사결정이 매우 빠르다는 것입니다. 현업의 의사가 바로 반영되어 빠르게 실행으로 옮겨집니다. 이는 소비 주체가 더욱 젊어지고 있고, 소비 언어도 그들에게 맞게 구사되고 있기 때문에 소비 주체와 비슷한 마케터들의 계획과 메시지가 더 호응을 얻는다고 해석할 수 있습니다. 최신 트렌드를 계속 주시하면서 소비자들이 어떤 포인트에서 어떤 이슈들에 호응하는지 인사이트를 얻고, 거기에 기업의 아이디어를 더해 발산해야 합니다. 유행하는 이슈를 그대로 차용하거나 흐름에 편승하면 차별성을 얻을 수 없습니다.

- **연결성:** 기업의 성격도 마찬가지이지만 온라인 속 서비스들의 성격도 모호해지고 있습니다. 모든 것이 연결되는 세상이다 보니 어떻게 연결되고 있는지를 살펴보고 마케팅 계획을 세워야 합니다. 페이스북과 유튜브, 블로그, 인스타그램 등이 어떤 흐름을 가지고 연결되는지, 새로 등장한 서비스는 무엇이 있고 기존의 서비스와 어떤 차별점이 있는지, 사람들이 호응하는 것은 무엇이고 그 이유는 무엇인지 등을 연결해서 살펴보지 않고 하나의 서비스만 들여다보는 일은 아니

보는 것만 못할 수도 있습니다.

각 서비스의 속성을 살펴 콘텐츠도 정의해야 하고, 해당 서비스의 성격과 이용자의 특성에 따라 이벤트도 달리 구상해야 합니다. 그러면서도 이런 흐름은 일맥상통해야 합니다. 이래서 점점 마케팅을 하는 것이 힘들어지는 것입니다.

- **독창성:** 독창성을 살리는 일은 매우 어렵습니다. 매일매일 새로운 것이 쏟아지다 보니 어지간히 신선하지 않고서는 소비자의 관심을 끌 수 없습니다. 온갖 새로운 시도를 해도 하나가 먹힐까 말까입니다. 그렇다고 아무것도 하지 않고 가만히 있을 수만은 없습니다. 지속적으로 쌓아야 할 일과 새로운 시도를 구별하고, 동시에 진행해야 합니다. 이는 과거의 마케팅에서도 동일하게 적용된 원리입니다. 시대가 바뀌고 기술이 발전했다고 새로운 원리가 적용되는 것은 아닙니다. 순식간에 지나가는 소비자의 손가락을 붙잡을 수 있는 콘텐츠가 필요합니다. 그런데 그 콘텐츠 또한 누적이 필요합니다. 누적 없이 어느 날 갑자기 돌풍을 일으키는 마케팅은 그리 흔하지 않습니다. 누적된 마케팅 실력을 가진 기업이 말랑말랑한 접근을 수용했을 때 소비자들이 환호하기도 합니다. 새로운 것이 늘 좋은 것은 아니라는 의미입니다. 지금은 완전 정보 시대입니다. 남의 것을 가져다 쓰거나 옳지 않은 행동을 하면 금세 알려지게 되어 있습니다. 우리만의 핵심 역량과 콘텐츠를 가지고 꾸준하면서도 가끔은 신속하고 독창적으로 서비스를 기획하고 커뮤니케이션해야 합니다.

퍼포먼스 마케팅을 위한 전제조건

퍼포먼스 마케팅은 매우 협소한 용어일 수도 있습니다. 디지털 고객 여정에서 소비자에게 제공되는 메시지를 통해 어떤 행동이나 구매를 일으키도록 하는 과정을 말합니다. 하지만 이 과정에서 소비자에게 제공되는 정보가 직접적인 메시지 하나만인지 생각해보아야 합니다. 이 과정에 참여하기 전에 소비자는 이미 다른 정보를 다른 채널이나 주변 사람들을 통해 얻었을 수도 있습니다. 그렇다면 그 메시지가 꼭 좋은 결과를 가져왔다고 확신할 수 있을까요? 또는 메시지에 대한 다른 정보를 검색해볼 수 없거나 지인들의 정보를 찾아볼 수 없는데 공급자가 제공하는 메시지만으로 행동의 전환이 될까요? 퍼포먼스 마케팅도 큰 마케팅의 일부라는 사실을 잊지 말아야 합니다.

소비자가 우리 상품이나 서비스에 대해 어떤 호불호를 가지고 있는지 모르는 상태에서 호응을 이끄는 메시지는 역효과를 가져올 수도 있습니다. 경쟁자의 정보와 비교해보지 않은 채 보내는 메시지도 그럴 수 있습니다. 퍼포먼스 마케팅을 위해서는 플랫폼 환경의 이해도 필요하고, 참여한 플레이어들의 실력과 실제 사례 분석도 필요합니다. 당연히 이런 모든 과정을 진행하기 위해서는 사전에 타깃에 대한 정보를 수집하고 이해하는 과정, 채널을 이해하고 선택하는 과정, 메시지를 구성하고 창조하는 과정을 거쳐야 합니다. 이 모든 과정을 거시적 관점으로 바라보고 전체 흐름을 파악하고 통제할 수도 있어야 합니다. 이런 전제조건들이 잘 이루어져 있어야 퍼포먼스 마케팅을 시작할 수 있습니다. 만약 퍼포먼스 마케팅을 시작했다면 몇 가지 사항을 주의하며 계속 수정·보완해 나가야 합니다.

첫째, 매체의 특성을 이해해야 합니다. 매체의 특성은 기술적 특성뿐 아니라 사용자의 특성은 어떠한지, 사용자들이 이용하는 콘텐츠의 내용은 어떠한지, 어떤 스토리에 호응하는지 등을 조사해야 합니다. 이런 과정을 거쳐야 실수를 줄일 수 있습니다. 이는 효율과 직결되는 문제입니다.

둘째, 원하는 목표를 정하고 테스트러닝을 해야 합니다. 원하는 목표가 있다고 해서 모두 이루어지는 것은 아닙니다. 방향성을 정하고 목적에 맞는 계획을 세웠다면 목표를 세우고 직접 실행하거나 에이전시를 이용해야 합니다. 다만 이 과정에서 능력 있는 마케터나 에이전시를 고르는 안목이 필요합니다. 안목은 하루아침에 생기는 것이 아닙니다. 끊임없는 학습과 테스트만이 안목을 기르는 방법임을 잊어서는 안 됩니다.

셋째, 스토리와 콘텐츠 형식 그리고 매체의 궁합을 살펴야 합니다. 퍼포먼스 마케팅이 숫자로 표현된다고 해서 콘텐츠가 중요하지 않다는 것이 아닙니다. 숫자는 잘 보여주기 위한 수단일 뿐이고, 숫자로 가기 위한 여정은 결국 어떤 이야기나 흥미를 소비자에게 보여주느냐에 달려 있습니다. 소비자의 니즈가 없는 곳에 많은 비용을 투입하거나 전혀 흥미롭지 않은 콘텐츠를 던져놓고 미끼를 물길 바라는 것은 엄청난 낭비입니다.

사실 이제는 SNS 마케팅, 소셜미디어 마케팅이라고 말할 필요가 없습니다. 퍼포머스 마케팅도 마찬가지입니다. 디지털 환경에서는 이 모든 것이 마케팅 전 과정에 자연스럽게 녹아들어 있습니다. 마케팅 이론이라는 것은 만고불변이 아닙니다. 시대가 변하고, 기술이 발전하고, 사람들의 생각이 바뀌면서 방법과 접근이 달라졌습니다. 올드 마케팅이란 말은 없습니다. 최신 마케팅이란 말도 없습니다. 현재의 마케팅을 하는 것이 퍼포먼스 마케팅입니다.

디지털과 인간 중심 마케팅

마케팅과 커뮤니케이션

디지털이 아날로그를 잡아먹을 것이라는 예측이 난무한 때가 있었습니다. CD가 나오면서 LP가 사라질 것이라 했고, MP3가 나오면서 CD가 사라질 것이라 했습니다. 하지만 여전히 LP를 통해 음악을 들려주는 카페가 있고, LP를 디지털로 만들어주는 기기들도 나오고 있습니다. MP3가 대중화되었지만 더 좋은 소리를 찾는 사람들은 여전히 CD를 찾습니다. TV의 등장과 함께 사라질 거라 생각했던 라디오는 디지털의 은혜를 입고 스마트폰과 컴퓨터에서 여전히 사랑받고 있고, 신문과 잡지도 사라질 매체라 예견되었지만 형태가 조금 바뀌었을 뿐 그 역할이 사라지지는 않았습니다.

예를 들자면 한도 끝도 없습니다. 사라질 것 같았던 수첩은 디지털로 변환되면서 새 생명을 얻었고, 펜은 디지털로 저장되는 디바이스로 새롭게 태어났습니다. 디지털 세상이 되면서 사라질 것 같았던 것들이 사라지지 않는 이유는 그것들 자체가 아날로그와 묶여 있기 때문입니다. 전달자는 대부분 아날로그에서 미디어로 바뀌었지만 메시지는 여전히 아날로그이고, 그 메시지를 주고받는 사람이 마지막까지 남을 아날로그이기 때문입니다.

마케팅에서 디지털의 역할이 그 어느 때보다 중요하고 많은 비중을 차지하고 있지만 여전히 아날로그가 중요한 이유는 소비자들에게 전할 메시지가 여전히 아날로그이기 때문입니다. 마케팅은 시장에서 일어나는 대부분의 활동을 말하지만 그중에서도 결국 소비자를 설득하는 일이 중요합니다. 메시지를 꾸준히 주고받으며 소비자가 행동하도록 끊임없이 상호작용해야 합니다. 이 과정에서 수단은 디지털화가 되었지만 그 방식, 어렵게 이야기해서 인코딩하고 디코딩하여 기호를 주고받는 과정은 아날로그라는 것입니다. 스튜어트 홀(Stuart Hall)이 정의한 커뮤니케이션은 암호화하는 과정인 인코딩과 해독하는 과정인 디코딩으로 구성되는데, 이는 소비자가 경험과 정보를 통해 만들어놓은 뇌 속의 프레임을 통해 서로 주고받는 것입니다.

마케팅에서 커뮤니케이션이란 결국 공급자가 제공한 정보를 바탕으로 소비자의 행위를 유도하는 것입니다. 이 과정은 철저하게 아날로그입니다. 이것이 바로 우리가 디지털 시대에도 여전히 아날로그를 주목해야 하는 이유입니다. 과거에 아날로그와 디지털을 대척점에 세운 이유는 그런 주장을 하는 사람들이 아날로그가 목적이고 디지털은 수단이라는 매우 간단한 이치를 제대로 생각하지 않았거나 아날로그를 죽여 디지털로 새로운 가치를 창출하기 위함이었을 것입니다. 하지만 이제는 소비자들이 이런 과정을 다 이해하고 있다는 점이 달라졌습니다.

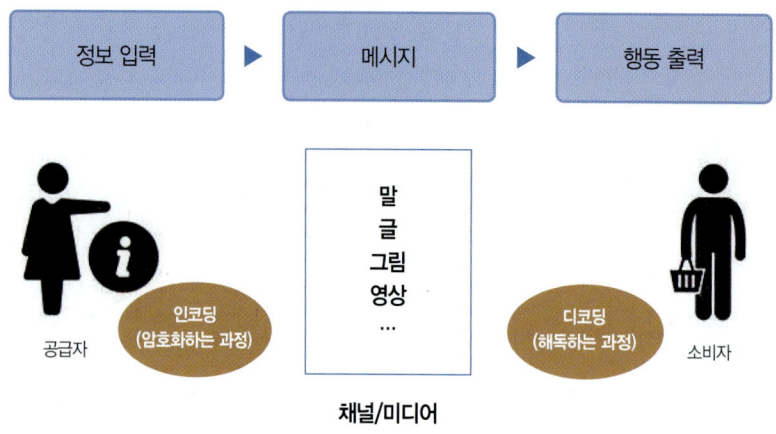

커뮤니케이션의 수단은 디지털이지만 메시지는 아날로그다.

마케팅의 진짜 목적은 진정성 전달

마케팅에서는 디지털 수단들이 매우 중요하지만 이 수단들을 운영하는 것이 목적이 아닙니다. 마케팅의 목적은 진정성 있는 메시지를 통해 소비자의 행동을 이끌어내는 것이기 때문에 디지털은 영원히 수단일 뿐입니다. 그래서 그 방법론에 목매다 보면 목적이 보이지 않을 수도 있습니다. 마케팅의 첫 번째 목적은 수익을 내는 활동으로 연결시키는 것이지만 이것만이 목적이라면 수익을 내게 해주는 존재, 즉 소비자가 배제된 활동이 돼버립니다.

이 책에서 다양한 방법론을 이야기하면서도 수단을 어떻게 활용하는지에 대해서는 많이 다루지 않았습니다. 이유는 간단합니다. 수단은 기술로 배우면 언제든지 사용할 수 있지만 목적은 한 번 잃어버리면 찾기 힘들기 때문입니다. 아날로그가 죽는다는 전제로 디지털이 탄생한 것이 아닙니다. 세상에는 태초부터 아날로그와 디지털이 공존하고 있었고, 최근에 디지털이 세상에 등장한 것일 뿐입니다.

제4차 산업혁명이라는 화두가 세상에 던져졌습니다. 주요 선진국들은 이와 관련된 어젠다를 정해 국가적 정책으로 추진하고 있고, 마케팅 영역에도 많은 영향을 받고 있습니다. 다만 이런 흐름의 중심에 빠진 것이 있으니, 그것은 바로 아날로그와 인간입니다. 디지털 트랜스포메이션이 중요해졌고, 마케팅 테크놀로지가 현재의 마케팅에 있어 핫이슈이긴 하지만 더욱 많은 논의가 이루어져야 하는 것은 아날로그 컨디션입니다. 아날로그 컨디션을 한마디로 말하면 소비자인 인간입니다. 제4차 산업혁명이라는 화두는 인간의 삶의 변화를 말하고 있습니다. 결국 생존에 대한 이야기입니다. 그런데 제4차 산업혁명의 목적이 국가와 기업의 생존 문제에 국한되다 보면 아이러니하게도 인간의 존엄성 말살이라는 반복되는 역사가 나타날 수도 있습니다.

마케팅에 있어서도 마찬가지입니다. 제4차 산업혁명에 등장하는 키워드들이 디지털을 말합니다. 빅데이터, 로보틱스, AI, IoT, CPS 등 하나같이 디지털 용어입니다. 이런 용어들이 마케팅 환경과 과정을 바꾸고 있지만 이 모든 것은 결국 마케팅 수단입니다. 마케팅이 앞으로 계속 중심에 둬야 할 것은 수단이 아닌 목적임을 잊지 말아야 합니다. 과거 비즈니스에서 기업이 그 중심에 있었다면 지금은 그 중심에 소비자가 서 있습니다. 2005년에 베스트셀러 《블루오션 전략》을 출간한 르네 마보안(Renee Mauborgne)은 2017년에 《블루오션 시프트》를 내놓으며 경쟁이 아닌 창조적 생산을 그리고 인간다움을 이야기했습니다. 필립 코틀러도 《마켓 4.0》에서 수평적·포용적·사회적 비즈니스 환경에 대해 이야기하면서 지금은 인간 중심의 마케팅이 더욱 중요하다고 강조했습니다.

디지털 마케팅 시대에서 기업이 수익을 내고 비즈니스를 지속할 수 있는 가장 최우선의 마케팅 전략은 인간 중심 마케팅이 될 것입니다. 지금까지 마케팅의 역사와 방법론, 트렌드 등에 대해 설명한 것은 결국 인간 중심 마케팅만이 비즈니스 정글에서 살아남는 생존 방법이라는 것을 이야기하기 위함입니다.

인간 중심 마케팅을 하는 마케터가 되기 위한 몇 가지 팁을 정리하면서 이 책을 마무리할까 합니다. 초기 마케팅 언어는 소비자의 언어와 다르지 않습니다. 이는 시장에서 공급자와 소비자가 동일했기 때문입니다. 그래서 메시지가 왜곡되지 않고 수용하기 쉬웠습니다. 그러나 현재의 마케팅 언어는 매우 화려하고 이해하기 어렵습니다.

소비자들은 초기의 소비자 모습으로 돌아가길 원합니다. 소비자에게 시장의 권력이 돌아가면서 이제 소비자의 목소리로 시장이 돌아가길 바라고 있고, 경험과 가치를 주시하는 시장이 되기를 원합니다. 지금의 소비자는 그리고 미래의 소비자는 공급과 소비의 경계를 중요하게 생각하지 않습니다. 또한 시장에서 자신의 존재감을 스스로 증명하고자 합니다. 이런 때 마케터들은 새로운 옷을 입어야 합니다. 그 새로운 옷의 이름은 소비자입니다. 소비자의 언어로 말하고, 소비자의 취향을 수집하고, 시장의 변화에 맞게 소비자를 따라 꾸준히 옮겨 다니며 생존해야 하는 마케노마드가 되어야 한다는 의미입니다. 소비자가 되어야 하는 마케터에게 요구되는 모습은 어떤 것일까요?

첫째, 경험 디자이너가 되어야 합니다. 경험은 디지털 시대에도 여전히 아날로그인 인간에게 제공할 수 있는 최고의 마케팅 메시지입니다. 경험은 유추나 조사만으로 만들어지지 않습니다. 소비자는 소비자의 목소리로, 소비자의 행동으로 생겨나는 체험형 메시지를 더욱 선호합니다. 이런 경험 설계를 어떻게 하느냐가 급변하는 시장에서 선택받을 수 있는 유일한 방법입니다. 이를 위해 마케터는 소비자의 관점에서 구매로 연결되는 의미 있는 가치를 만들어 제공해야 합니다. 가치는 그냥 획득되는 것이 아닙니다. 소비자에 대한 지속적인 관심과 세심한 관찰의 결과물입니다. 공급자와 소비자 사이에 있는 가치사슬 전반에 걸쳐 새로운 경험을 제공하여 고객 가치를 높이는 경험 디자이너가 되길 소비자들은 바라고 있습니다. 마케터는 가치와 경험을 상품과 서비스에 녹이는 설계 디자이너가 되어야 합니다.

둘째, 갭 커넥터가 되어야 합니다. 인간의 역사는 도전과 응전이라고 하듯 마케팅의 역사는 공급자의 이상이나 현실, 소비자의 이상이나 현실 사이에 존재하는 차이를 좁혀가는 과정이었습니다. 여전히 진행형이고 항상 새로움을 추구하는 욕망의 동물인 소비자는 자신이 상상하는 것들이 시장에서 이루어지는 모습을 보고 싶어 합니다. 하지만 공급자가 앞서나가든 소비자가 앞서나가든 항상 둘 사이에는 연결되지 않는 틈이 생길 수밖에 없습니다. 앞으로 마케터는 이런 차이를 좁히는 일을 하는 사람이 되어야 합니다. 이 세상은 문제로 가득 차 있습니다. 이런 상황에서 마케터는 공급과 소비 사이에서 발생하는 틈을 메우는 사람이 되어야 하고, 그 틈을 메우기 위해서는 결국 소비자의 언어와 취향을 사용해야 합니다. 다시 말하면 마케터는 소비자가 되어야 한다는 뜻입니다.

셋째, 인간형 브랜드 메이커가 되어야 합니다. 필립 코틀러는 공급자 입장에서 소비자를 세분화할 때 충성도도 높고 수익성도 높은 그룹을 '친구 집단'이라 했습니다. 친구가 된다는 것은 소비자가 어떤 공급자를 선택할 때 인지에서 출발하여 궁극적으로는 옹호하게 된다는 의미입니다. 마케터는 새로운 시장에 적응해서 인간처럼 행동하는 브랜드를 만드는 중추적 역할을 해야 합니다. 마케터가 소비자에게 어떤 솔루션을 제공할 때 소비자는 신뢰를 보내게 됩니다. 그리고 그 솔루션에 만족하면 사랑이라는 감정을 발생시킵니다. 최종적으로 소비자에게 자신의 삶을 온전히 살아가도록 영감을 주게 되면 소비자는 그 브랜드를 변호하고 존중하는 수준까지 이르게 됩니다. 마케터는 소비자들에게 솔루션을 제공하고, 사랑을 받도록 경험을 설계하고, 소비자의 삶 속에 들어가 응원하고 영감을 주는 사람이 되어야 합니다. 그 결과, 브랜드는 인간과 같은 모습으로 여겨지게 되고, 마케터는 그런 인간형 브랜드를 만드는 창조주가 됩니다.

근대 철학의 창시자인 데카르트(Descartes)는 '나는 생각한다. 그러므로 존재한다'라는 명제로 생각하는 인간과 이성의 역할을 강조했습니다. 그는 인간의 지식은 경험에서 시작하지만 경험을 통해 얻은 지식은 정확하지 않고 주관적이라고 주장했습니다. 마케터는 이렇게 주장해야 합니다.

"소비자의 지식은 경험에서 시작하고, 경험에서 얻은 지식은 객관적이라고 생각한다. 그리고 그 경험을 위해 최대한 감성을 활용한다."

이성으로 판단하는 소비자는 더 이상 존재하지 않습니다. 본인의 경험과 감성에 기대는 아날로그형 소비자가 시장의 중심에 있습니다. 마케터가 팔고 있는 것은 상품이나 서비스가 아니라 욕망이자 가치입니다. 필립 코틀러는 "진정한 마케팅이란 만든 것을 파는 기술이 아니라 무엇을 만들지 아는 것이다"라고 말했습니다. 이 말을 해석해보면 소비자의 니즈를 규정하고 이해하고 만족을 안길 해결책을 창조하는 것이 마케팅이라는 것입니다. 시장은 이런 마케팅을 하는 마케터를 원하고 있습니다.

마케팅,
무작정 따라하기도 어렵다

마케팅을 논하는 것은 참으로 어렵습니다. 마케팅은 정답이 없다는 것이 가장 큰 이유이지만 디지털화된 사회 트렌드를 살펴보면 마케팅을 더욱 힘들게 하는 환경으로 변화하고 있고, 그 변화의 속도와 폭이 너무나 큽니다. 마케팅을 논하는 찰나 새로운 것이 등장하는 시대에 책으로 마케팅을 논한다는 것은 올드하고, 디지털화된 세상에 어울리지 않아 보이기도 합니다. 그럼에도 불구하고 마케팅의 태동부터 현재의 디지털 마케팅까지 다룬 이유는 마케팅은 소비자의 삶 속에서 경험과 축적을 통해 발산되는 니즈를 찾고, 니즈에 합당한 상품이나 서비스를 만들어 소비자의 니즈를 충족시키는 것이기 때문입니다. 속도의 시대이기는 하나 하루아침에 이루어지는 과정이 아니기 때문에 그 축적의 역사를 이해하고 현재의 찰나를 살펴보아야 새로운 마케팅 과정을 만들어낼 수 있습니다.

누군가는 마케팅 결과만을 기다립니다. 하지만 결과가 과정을 다 설명해줄 수는 없습니다. 누군가는 운칠기삼의 시대가 지나고 운구기일의 시대가 왔다고 말합니다. 그만큼 결과를 예측하기 어렵고, 의도가 개입한다고 해서 의도대로 움직이는 세상이 아닙니다. 그럼에도 불구하고 기가 계속 남아 있는 이유는 운이 결과의 100%를 만들지 못하기 때문입니다.

마케팅의 목적은 소비자를 움직여 결국 비즈니스가 지속되게 하고, 수익을 내고, 사회적 가치를 만들어내는 것입니다. 마케팅 환경이 나날이 복잡해지고 빨라지고 있음에도 불구하고 이 정의는 유사 이래 계속 변하지 않았습니다. 그래서 마케팅을 구성하는 많은 수단이 변화하고 있지만 그 목적을 위해 필요한 것은 움직이는 시장에 대한 인사이트이고 과정의 축적입니다.

가끔은 내가 왜 마케팅에 발을 들여놓았을까 후회하기도 합니다. 시장의 중심에서 마케터로 산다는 것은 재미있는 일이기도 하지만 생명력이 짧고 수행 과정이 참으로 어렵습니다. 그리고 시간의 흐름만큼 능력이 쌓이지도 않습니다. 그럼에도 마케팅을 계속 논하는 이유는 마케팅은 중독을 일으키기 때문입니다. 소비자와 만나는 MOT에서 되돌아오는 긍정적인 반응은 마케터가 계속 마케터로 존재하는 이유가 됩니다. 그리고 나의 경험이 타인의 경험으로 존재하고, 일부분 가치 판단의 근거가 될 수 있기 때문이기도 합니다.

무작정 따라한다고 해서 훌륭한 마케터가 될 수 있는 것은 아닙니다. 하지만 아무것도 가진 것이 없을 때는 무작정 시작해서 쌓아가는 방법밖에 없습니다. 무작정이 어느 정도 해결이 된 다음에 나의 마케팅을 고민해도 늦지 않습니다. 그런 무작정 도전에 조금이나마 도움이 되길 바라는 마음으로 긴 장정을 마치고자 합니다. 고맙습니다.

찾아보기

ㄱ

가격	139, 258
가격 결정	139
가격 전략	142, 156
가격 정책	141
가성비	258
가치 제안	107, 109
가치사슬	46
감성 마케팅	212
개인화	279
갭 커넥터	343
거래 불확실성 감소	150
거래의 정형화	150
거래의 집중화	149
거시 환경 분석	44
검색엔진 마케팅	211
경영 전략	177
경쟁 기반 가격 전략	144
경쟁자 분석	58
경제적 요인	46
경품 마케팅	214
경험 디자이너	342
경험경제	299
경험산업	298
경험의 특성	300
계층적 체계	229

고객 가치 기반 가격 전략	143
고객 경험	32, 297
고객 관계	36
고객 분석	52
고객 중심 경영	306
고객 집착	37
고객만족	305
고객세분화	90
고프로	298
골디락스 가격 전략	144
공유경제	290
공중관계	161
공통 마케팅	214
관계 마케팅	211
관찰조사	65
광고	160
구글 애널리틱스	66
구색 갖추기	150
기관의 정의	224
기상 마케팅	214
기술적 요인	47
기호	218
기획력	197
긱이코노미	285
김난도	267

ㄴ

내수 비즈니스	45
네트워크	293
넷플릭스	281
노브랜드	252
농심	259
니치플레이어	59, 60

ㄷ

다각화 전략	190
다이렉트 마케팅	21, 211
다이소	86
다이어그램	207
대량 맞춤	100
대량생산 시대	220
댕기머리	102
데이 마케팅	214
데이비드 베컴	85
데이비드 아커	233
데이비드 오길비	112
데이터베이스 마케팅	211
델	260
도미노피자	292
독창성	335
드라이빙 센터	304
디지털	300

디지털 마케팅 시대	341	마케팅 조사	63	문화 마케팅	214
디지털 트랜스포메이션	341	마케팅 퍼널	311	물가변동성	46
디지털 프리 세상	331	마케팅 프로세스	50	물리적 매체	29
디지털 흔적	79	마케팅 학회	21	미시 환경 분석	50
디지털카메라	30	마케팅 혁명	19		
디플레이션	46	마케팅믹스	36, 116		
		마케팅의 4P	36	**ㅂ**	
ㄹ		마케팅의 교과서	37	바이럴 마케팅	212
		마케팅의 목표	36	반응 추적	67
러셀 한린	226	마케팅의 범주	32	배달 앱	282
레고	135	마케팅의 어원	18	배달의민족	81, 98, 190
레이블링	132	마케팅의 역할	25, 36	백화점	82
레트로 마케팅	213	마케팅의 영역	34	법인	43
로고와 심볼	233	마케팅의 위치	24	베스트 글로벌 브랜드	223
로버트 케이스	19	마케팅의 정의	18	벤치마킹	202
로열티 프로그램	22	마켓 리서치	33	보스턴컨설팅그룹(BCG)	56
로직트리	201	마켓 센싱	33	보조 수단	131
로컬모터스	100	마크 심슨	85	복합적 세분화의 시대	79
롤스로이스	113	맞춤 서비스	100	본원적 욕구	38
르네 마보안	90	맞춤화 비즈니스 모델	59	분배 전략	77
리소스	167	매스 마케팅	74, 100	브랜드	119, 217, 231
리얼리티	232	매스 마케팅 시장	76	브랜드 가치	131
리테일 브랜드	86	맥킨지	55	브랜드 경영	247
리포지셔닝	110	맵핑 9단계	314	브랜드 경험	255
		맵핑 과정	313	브랜드 구조	230
ㅁ		메이커	221	브랜드 구축 전략	237
		메트로섹슈얼	85	브랜드 네임	233
마이크로 마케팅	100	모델 단순화	20	브랜드 미션	232
마이클 포터	61, 97	모바일 마케팅	211	브랜드 서킷 모델	243
마케터의 정의	225	목표 선정	69, 182	브랜드 아이덴티티	109
마케팅 4P	115	목표의 조건	183	브랜드 아이덴티티 기획 모델	233
마케팅 개념	31	무인양품	126, 257	브랜드 에쿼티	249
마케팅 경로	124	문서 작성 법칙	209	브랜드 요소	233
마케팅 관리 철학	27	문제 해결 능력	195	브랜드 운영 전략	238
마케팅 전략	174, 177			브랜드 이미지	257
마케팅 전략 수립 절차	181				

브랜드 자산	248	산업 구조 분석	60	소비 트렌드	89
브랜드 재활성화 전략	244	산업혁명	19, 273	소비자 세분화 용어	92
브랜드 저널리즘	263	삼성 휴대폰	32	소비자 행동 모델 개념	322
브랜드 전략	235	삼성전자	76	소비자의 공감	323
브랜드 철학	232	삼성카드	89, 189	소비재	127
브랜드 체계	227	상표	217	소셜미디어	322
브랜드 커뮤니케이션	105	상품	121, 123, 257	소쉬르	218
브랜드 커뮤니케이션 전략	239	상품 기획	128	속도의 문제	270
브랜드 태그라인	232	상품 서비스 개발	33	수단적 욕구	38
브랜드 페르소나	246	상품 수명주기	137, 188	수익 창출 사업	57
브랜드 평가	250	상품 전략	154	스마트 스피커	321
브랜드의 어원	219	상품 포트폴리오	56	스마트폰	47
브랜드의 정의	223	상품(브랜드) 슬로건	108	스캠퍼	205
브랜디드 콘텐츠	262, 287	상품화	137	스콧 갤러웨이	231
브랜딩	105, 130	생산 개념	27	스타 마케팅	214
브레인스토밍	205	생산 과정	19	스타벅스	122, 135
브릭 앤 모르타르	58	생산 방식	20	스튜어트 홀	339
블랙몬스터	85	생산의 시대	220	스포츠 마케팅	212
블러경제	287	생산재	127	스피드팩토리	28, 279
블로그 마케팅	212	서비스	118	슬로건	234
블루클럽	101	석유 회사 BP	48	시리	319
비디오테이프	29	선별적 활용	268	시장 도전자	60
비즈니스 전략	174	설득의 마케팅 시대	20	시장 매력도	97
비즈니스적 관점	91	성별 세분화	84	시장 선도자	60
비차별적 마케팅	100	성장 사업	57	시장 세분 변수	80
빅데이터 분석	67	성장 전략	188	시장 제공물	38, 124
삐에로쇼핑	86, 288	세그멘테이션	72, 83	시장 참여자	64
		세분 시장	76	시장 추종자	60
		세분 시장 요인	95	시장 특화 전략	97
ㅅ		세일즈	35	시장세분화	74, 79
사양/철수 사업	57	세일즈퍼슨	70	시장의 발달	17
사우스웨스트 항공사	104	셀러브리티	328	시장점유율	57
사전적 정의	224	소득 세분화	86	시장조사	63
사회적 마케팅 개념	31				
사회적 요인	46	소량 맞춤 생산	278	신규 사업	57

신라면 블랙	259	열린 세상	288	잠재적 시장	92
실제성	290	오스본 체크리스트	205	장소 마케팅	212
실행 계획 수립	191	온드 미디어	162	잭 트라우트	62
심리묘사적 세분화	86	온디맨드	59	전략 수립	177, 185
		온라인 추적조사	67	전략 수립 과정	175

ㅇ

		옴니채널	153	전사적 전략	177
아날로그	300	와인 레이블	132	접근 가능성	91
아디다스	28, 100, 279	욕구 5단계	109	정량조사	65
아마존	36, 118, 140, 151, 289, 320	욜로	87, 267	정성조사	65
		우황청심환	219	정치적 요인	46
아마존 북스	151	원가 기반 가격 전략	143	제4차 산업혁명	319, 340
아마존 프라임	37	원초적 니즈	126	제록스	203
아마존드	141	원투원 마케팅	211	제롬 매카시	115
아이덴티티	231	위버섹슈얼	85	제프 베조스	37, 140
아이디어	135	윌리엄 맥과이어	241	제프 베조스의 냅킨	38, 140
아이디어 도출	204	유통	146, 259	존슨앤존슨	248, 291
아이폰	119	유통 경로	148	종속 가격 전략	144
알렉사	151, 320	유통 공룡	152	즉시성	334
애자일 마케팅	301	유통 구조	147, 148	지리적 변수	80
애플	104, 119, 126, 231, 303	유통 시대	73	지리적 세분화	80
애플 휴대폰	32	유통 전략	154	직접 마케팅	163
애플스토어	303	이마트	252	집중적 마케팅	101
액션 플랜	192	이미지	234	징글	234
앤소프 매트릭스	190	인간 중심 마케팅	342		
앨빈 토플러	298	인간형 브랜드 메이커	343	ㅊ	
앱등이	302	인구통계적 세분화	81	차별적 마케팅	99
앱밍아웃	302	인적 판매	161	차별화	107
언드 미디어	162	인플레이션	46	차별화 전략	189
업계 리더	59	인플루언서	323, 327	차트	207
업계 지위	59	인플루언서 마케팅	70, 210	채널별 경험	154
에이브러햄 매슬로우	109	일대일 마케팅	211	체험 마케팅	214
에코 마케팅	213			초연결 사회	294
연결성	334	ㅈ		촉진 믹스	160
연령과 생애주기 세분화	82	자사 분석	53	츠타야	120

치믈리에	190	틈새시장 추구자	60	피라미드 스트럭처	202
				피터 드러커	35, 183

ㅋ

				필립 델브스 브러턴	35
카카오뱅크	124	파이프라인 비즈니스	285	필립 코틀러	27, 60, 72, 123, 344
캐릭터	233	판매 개념	30	필스버리	19
캐시카우	56	판매 촉진	161		
커넥티드 카	294	팔로어	59		

ㅍ

ㅎ

컨베이어 벨트	20	팝콘	278	하나님	69
컨틴전시 플랜	192	패키징	131, 234	하쿠호도 컨설팅	242
코닥	30	퍼널 모델	312	핵심 성과 지표	54
코즈 마케팅	214	퍼셉츄얼 맵	110	행동적 세분화	88
콘텐츠 마케팅	210, 286, 323	퍼포먼스 마케팅	330	허브 켈러허	104
콘텐츠 믹스 비즈니스	288	페이드 미디어	162	현대자동차	87
콘텐츠 비즈니스	125	포드 모델 T	19, 28, 73, 129	현대카드	259, 260
크라우드 소싱	135	포지셔닝	62, 69, 103, 111	협의의 마케팅 전략	174
크라이슬러	20	포지셔닝 매트릭스	110	화폐의 등장	16
크로스섹슈얼	85	포지셔닝 맵	110	환경 분석	43
크로스오버 쇼퍼	152	포지셔닝 분석	62	환경적 요인	48
클릭 앤 클릭	58, 66	포트폴리오 체계	228, 229	후지필름	30
키워드 마케팅	212	푸시 마케팅	212	휴대폰	122
		푸시 전략	163	희소 마케팅	213
		풀 전략	163		

ㅌ

저서

		풀무원	102		
		퓨처크래프트	279	《결정적 순간 15초》	308
타기팅	94	프라이싱	140	《마케팅 관리론》	27
타깃 메시지	89	프레임워크	54	《마케팅 원리》	36, 72
타인의 경험	323	프로듀스	101 284	《마케팅 트렌드》	87
타임 마케팅	212	프로모션	32, 132, 157, 260	《마켓 4.0》	341
탈중간상화	152	프로모션 믹스 전략	163	《명심보감》	217
테스트 마케팅	137	프로토타입	136	《미래쇼크》	298
테크크런치	281	프리 마케팅	213	《블루오션 시프트》	341
통합적 마케팅 커뮤니케이션	158	프리미엄 브랜드	96	《블루오션 전략》	90
트렌드	267	플랫폼	283	《손자병법》	51
트렌드의 속성	271	플랫폼 비즈니스	283	《아날로그의 반격》	299
트리플 미디어	162				
틈새 마케팅	101				

《장사의 시대》	35	B급 감성	269	SAM	98
《전략적 브랜드 관리》	248	CDJ	310	SIPS	322
《트렌드 코리아》	267	CDJ, CXJ Mapping	58, 313	SIPS 모델	159
《포지셔닝》	112	CPS	47	SMOT	309
《플랫폼 제국의 미래》	231	CRM	39, 307	SNS 마케팅	330
		CS	306	SNS 전략	333
숫자		CTL	164	SOM	98
1인 가구 시장	75	CX	308	STP 전략	69
1차 데이터	63	Cyber Physical Systems	282	SWOT 분석	45
2차 데이터	63	FAD	272	TAM	98
3C 분석	51	FMOT	309	TMI	334
3D 프린팅 기술	28	GE 비즈니스 스크린 매트릭스	57	TMOT	309
3M	55	IMC	165	UI	104
4C	51, 117	KPI	54	UMOT	309
4E	117	LG생활건강	99	VIP 마케팅	213
4M	55	LG전자	81	ZMOT	309
4P	103	MD 전략	154		
4P믹스	116	MECE	199		
5F	60	MGM 마케팅	213		
5F 모델	61, 97	MOT	58, 308		
5W1H	192	MOT 마케팅	213		
7S	55, 56	NB	129		
		O2O	59, 153, 281		
영어		PB	129		
AI	319	PB 확대 전략	155		
AIDA 모델	158, 311	PEST 분석	45, 48		
AIDMA	58, 158	PESTE 분석	45		
AISAS	58, 159, 311	PESTEL 분석	45		
AMA	21, 224	PLC	66		
ATL	164	POPCORN	278		
BCG 매트릭스	57	PPL 마케팅	214		
BMW코리아	304	PPM	56		
BTL	164	RFM	90		
BX	308	ROAS	330		